Benno Hafeneger

Jugendarbeit als Beruf

Für Brigitte und Nina

Benno Hafeneger

Jugendarbeit als Beruf

Geschichte einer Profession in Deutschland

Westdeutscher Verlag

Gefördert mit Mitteln der Hans-Böckler-Stiftung.

Der Westdeutsche Verlag ist ein Unternehmen der Verlagsgruppe Bertelsmann.

Umschlaggestaltung: Horst Dieter Bürkle, Darmstadt
Gesamtherstellung: W. Möller Druck und Verlag GmbH, Berlin
Gedruckt auf säurefreiem Papier

ISBN 978-3-531-12317-2   ISBN 978-3-322-99497-4 (eBook)
DOI 10.1007/978-3-322-99497-4

Inhalt

Abkürzungsverzeichnis

AGJJ   –   Arbeitsgemeinschaft für Jugendfürsorge und
                    Jugendpflege
AGJ   –   Arbeitsgemeinschaft für Jugendhilfe
ARSO   –   Arbeitsgemeinschaft sozialpolitischer Organisationen
AWO   –   Arbeiterwohlfahrt
BAG-JW –   Bundesarbeitsgemeinschaft Jugendaufbauwerk
BDKJ   –   Bund der Deutschen Katholischen Jugend
BDM   –   Bund Deutscher Mädel
DBJR   –   Deutscher Bundesjugendring
DJ   –   Deutsches Jungvolk
DV   –   Deutscher Verein
GSA   –   Gilde Soziale Arbeit
GYA   –   German Youth Activities
HJ   –   Hitlerjugend
HOT   –   Haus der Offenen Tür
IAH   –   Internationale Arbeiterhilfe
JGG   –   Jugendgerichtsgesetz
JWG   –   Jugendwohlfahrtsgesetz
JM   –   Jungmädelbund
KJA   –   Kreisjugendausschuß
KPD   –   Kommunistische Partei Deutschlands
NS   –   Nationalsozialismus, nationalsozialistisch
NSDAP   –   Nationalsozialistische Deutsche Arbeiterpartei
NSV   –   Nationalsozialistische Volkswohlfahrt
OMGUS –   Office of Military Gouvernment United States Zone
                    (in Germany)
PD   –   Parteidienststelle
RJF   –   Reichsjugendführung
RJWG   –   Reichsjugendwohlfahrtsgesetz
SA   –   Sturmabteilung
SBZ   –   Sowjetische Besatzungszone
SPD   –   Sozialdemokratische Partei Deutschlands
SS   –   Schutzstaffel

Abkürzungsverzeichnis

Einleitung

Wie jede Profession, so hat auch die Jugendarbeit ihre Geschichte. Aber eine empirisch fundierte, analytische Darstellung dieser Berufsgeschichte ist noch nicht versucht worden. Diese Fehlanzeige gilt für alle Organisationen und Arbeitsfelder: die kommunale Jugendpflege, die Jugendverbände, die Jugendsozialarbeit, die Jugendheime/Offene Jugendarbeit; sie gilt auch für die jeweiligen Professionalitätsprofile mit den fachlich-ausgebildeten, abgrenzbaren Qualifikations- und Kompetenzmerkmalen. Die zahlreichen Veröffentlichungen zur Entstehung, zu Stadien der Ausdifferenzierung und Institutionalisierung, der politisch-pädagogischen und rechtlichen Verortung und inneren Ausgestaltung der Jugendpflege/-arbeit als Instanz öffentlicher Erziehung (vgl. u. a. Panter 1965, Wedekind 1971, Hasenclever 1978, Lüers 1979, Giesecke 1981, Faltermaier 1983, Krafeld 1984, Jordan/Münder 1987, Naudascher 1990, Böhnisch/Gängler/Rauschenbach 1991); zur Geschichte der Jugend und der Jugendforschung als *Objekt der Wissenschaften* (vgl. Dudek 1990); zur bürgerlichen und proletarischen Jugendbewegung (vgl. u. a. Lessing 1976, Jahrbücher des Archivs der deutschen Jugendbewegung 1981 ff.); zur Professionalisierung in der Sozialarbeit und der Geschichte der Ausbildung bzw. einzelner Ausbildungsstätten sowie den Ursprüngen und der Etablierung von *sozialen Berufen* in der Entwicklung der Sozialpädagogik als akademische Disziplin (vgl. u. a. Barabas u. a. 1975, 1977, Sachße/Tennstedt 1980, Münchmeier 1981, Landwehr/Baron 1983, Sachße 1986, Müller 1988 a und b, Naudascher 1990, Böhnisch/Gängler/Rauschenbach 1991) können jene Lücke nicht schließen.

In historisch-chronologischer Perspektive begannen Professionalisierung und Begründung von Professionalitätsprofilen in der Jugendarbeit (zunächst als Jugendpflege) um die Jahrhundertwende. Jugendarbeit als Beruf wurde als integrierter Bestandteil politisch-gesellschaftlicher und interessengeleiteter (Sozial)Pädagogisierung von Jugend und ihren Problemen begriffen; mit dem Ziel, auf Jugendliche mit Einrichtungen, Maßnahmen und Angeboten einen erzieherischen, jugendschützerischen, kontrollierenden, repressiven, (politisch) bildenden, beratenden – in integrierender Perspektive – Einfluß zu nehmen. Zunächst beschäftigten sich damit eher professionsunabhängige bzw. berufsfremde „Fachleute", die dann – beginnend in der wilhelminischen Zeit und stärker in der Weimarer Republik (neben der Ehrenamtlichkeit) – sukzessive durch die „klassischen Professionen", die ausgebildeten Fachleute der Sozialarbeit, -pädagogik (als Prozeß der *Verbeamtung*) abgelöst wurden. Mit dem Professionalisierungsschub in der Weimarer Republik begann eine wissenschaftlich begründete Pädagogisierung und Sozialpolitisierung von sozialen (Jugend)problemen, verknüpft mit der Herausbildung von ein- und abgrenzbarer Professionalität in der sozialen Arbeit.

Die ersten Versuche von professionalisierter Jugendpflege in der wilhelminischen Zeit (1890–1918) basierten auf den preußischen Jugendpflege-Erlassen; die Entstehung der modernen Jugendhilfe (-strukturen, -diskussion und -praxen) reicht insgesamt freilich in das letzte Viertel des vorigen Jahrhunderts zurück. Für die Weimarer Republik war die Verabschiedung und Inkraftsetzung des Reichsjugendwohlfahrtsgesetzes (RJWG) die Rechtsgrundlage für eine allmähliche, wenn auch begrenzte Professionalisierung in der Jugendpflege. Eine umfassende verstaatlichte Professionalisierung in der außerschulischen Jugenderziehung wurde erst in der Zeit des Nationalsozialismus durchgesetzt. In der Geschichte der Bundesrepublik differenzierte sich die Jugendarbeit in der Nachkriegszeit und den fünfziger Jahren im Kontext des (Reichs)Jugendwohlfahrtsgesetzes (R-JWG) in die Jugendsozialarbeit, die Jugendfürsorge, die kommunale und verbandliche Jugend(pflege)arbeit. Professionalisiert wurden zunächst die Jugendfürsorge, die Jugendsozialarbeit, die kommunale Jugendpflege und die Offene Jugendarbeit (German Youth Activities). Dem folgten – auf dem Hintergrund gesamtgesellschaftlicher Entwicklungen, dem Bedeutungsverlust formeller Systeme (Schule, Familie) – weitere „interne" Modernisierungs- und *Professionalisierungsschübe:* in den sechziger Jahren vor allem in der politischen und pädagogischen Verortung von Jugendarbeit (-bildung) als eigenständiger *Erziehungs- und Bildungssäule;* in den siebziger Jahren wurde die Professionalisierung vor allem in der Jugendverbandsarbeit, der kommunalen Jugendpflege und Offenen Jugendarbeit erheblich ausgeweitet und über staatliche Förderung abgesichert. In den achtziger Jahren gab es aufgrund von neuen Vergesellschaftungs- und Jugendproblemen (vor allem Jugendarbeitslosigkeit, definierten Rand- und Problemgruppen), neuen Themen (Mädchen in der Jugendarbeit, ländliche Jugendarbeit, Ökologie, Neue Medien, Kulturarbeit, interkulturelle Jugendarbeit u. a.) sowie weiteren Bereichen der Jugendsozialarbeit (Berufshilfen) und projektbezogenen Arbeitsfeldern – bei gleichzeitiger Krisendiskussion, der neuen Akzentuierung von Ehrenamtlichkeit und teilweisem Stellenabbau – einen weiteren Ausbau der Professionalisierung. Die vielfältigen und vielschichtigen Einrichtungen, Maßnahmen, Angebote und Einflußversuche lassen jedoch keine wirkungsgeschichtlichen, den realen Grad ihrer Durchsetzung und der Erreichbarkeit der Adressaten betreffenden Schlußfolgerungen zu.

Jugendhilfe und damit auch Jugendarbeit als Teil des Gesamtsystems sozialer Arbeit entwickelte und differenzierte sich in ihrer nunmehr fast hundertjährigen Geschichte aus unterschiedlichen Traditionen von größtenteils ehrenamtlicher Arbeit und über eine lange Ausbildungsgeschichte zu einem sozialstaatlichen Leistungs- und Angebotsbereich mit den Merkmalen: Verfachlichung, Verwissenschaftlichung, Verberuflichung. Durchzogen ist der Bedeutungszuwachs der Jugendhilfe (als Kehrseite und Krise des Bedeutungsschwundes formeller Erziehungssysteme und auch gegen Selbstorganisationsansätze gerichtet) und die Professionalisierung als ein wesentlicher Teil dieses Prozesses von phasenbezogenen Paradigmenwechseln bzw. parallel existierenden Paradigmen im Spannungsfeld von Sozialdisziplinierung, „Lückeerziehung", funktionaler Einordnung ins staatliche Kontroll- und Erziehungssystem, Integrationshilfe in die Gesellschaft, der Forderung nach freier Entfaltung und Förderung der Persönlichkeit mit Rechtsansprüchen, politischer Bildung und Emanzipationsvorstellungen – begründet im Kontext der jeweiligen politischen, gesellschaftlichen, ökonomischen, sozialen und kulturellen Strukturen und Verhältnisse. Insgesamt ist in der Geschichte *von Jugend* und sich verändernden Bedingungen des Aufwachsens auch eine zunehmende Übernahme (Vergesellschaftung) von außerschulischen Erziehungsaufgaben durch Erwachsene, Staat und Gesellschaft (Verbände, Großorganisationen) zur Durchsetzung von erwünschten Verhaltensanforderungen und vororganisierten, *normalen* „Laufbahnen" zu konstatieren. Wenn in der Jugendarbeit von *der Jugend* allgemein gesprochen wird, ist zunächst die männliche, volksschulentlassene, arbeitende Jugend gemeint, später dann auch die (gefährdete) weibliche Jugend und schließlich richtet sich die Erziehungsperspektive auf *die Jugend* generell.

Die Geschichte der Professionalisierung und von Professionalität in der Jugendarbeit macht gleichsam als Indikator die zeittypisch unterschiedlichen (kompromißhaften) Vergesellschaftungs- und Erziehungsinteressen und -prozesse an *Jugend* deutlich. Dabei hat die Jugendpflege und -arbeit zwei Aspekte: Sie unterlegt Jugendlichen eine *defizitäre* Situation, die es im jeweiligen Eigeninteresse erzieherisch zu

beeinflussen bzw. zu „korrigieren" gilt und zugleich versteht sie sich
als ein Regelangebot, das sich *an alle* Jugendlichen mit dem Ziel richtet, in erwachsene soziale Zusammenhänge (auch kritisch) hinein zu
sozialisieren. Parallelentwicklungen zu den Verrechtlichungs- und
Institutionalisierungsprozessen in der Jugendarbeit sind (subsidiäre)
staatliche Trägerschaft, Sozialstaatsabhängigkeit der freien Träger
und deren (fachliche, trägerbezogene) Eigenlogik.

In unterschiedlichen Modernisierungsschüben zielen Professionalisierung und Professionalität mit z. T. divergierenden Interessen,
Profilen, Selbstkonzepten, mit unterschiedlichen Akzenten und Ge-
wichtungen immer – so das pädagogische Grundmodell – auf eine (Sozial)Pädagogisierung in der *Bearbeitung,* auf die Domestizierung und
Beeinflussung der jungen Generation mit ihren Problemen und Le-
bensrisiken, wobei Verhaltenszumutungen und gesellschaftliche
Kontrollansprüche durch Erwachsene reguliert werden. Dazu gehören so unterschiedliche und widersprüchliche Prinzipien und Praxen
wie Eingriff, Kontrolle, Repression, Prävention, Kompensation, Versorgung, Bildung oder Versuche und Ansätze, eine emanzipatorische,
klienten- und betroffenenorientierte Perspektive zu realisieren. Dabei
sind die jeweiligen historischen, pädagogischen, sozialisations- und
sozialpolitischen Problemsichten, Interessen, Strukturen, Träger und
Begründungen deutlich unterscheidbar. Eine individualisierende
und pädagogisierende Umdeutung sozialstruktureller Problemkon-
stellationen ist ihnen – bei vielen Unterschieden – aber tendenziell
weitgehend gemeinsam. Mit dieser Entwicklungsperspektive – mit zu
unterscheidenden nationalpolitisch-autoritären, trägeregoistischen
oder sozialreformerisch-emanzipatorischen Orientierungen bzw. Ak-
zentuierungen – gewinnt die professionalisierte Jugendarbeit gleichzeitig ihre strukturelle und institutionelle (und auch theoretische,
wissenschaftlich begründete) Selbständigkeit sowie ihre praktischen
Ausdifferenzierungen im bürokratisierten, verwissenschaftlichten
und professionalisierten sozialen Dienstleistungssystem. Es gibt *anerkannte,* definierte soziale (und politische) Probleme und Interessen
von bzw. an Jugend, die es professionell zu versorgen und zu *managen*
gilt. Leitmotive, Jugendbilder und Paradigmen der historisch fortschreitenden, sich qualitativ und quantitativ verändernden professionalisierten Interventionen mit ihrem integrierenden, nacherziehenden oder präventionsorientierten Charakter sind: Vergesellschaftung,
(Sozial)Pädagogisierung und *normale* Lebensführung; Aufrechterhaltung der Normalbiographie (gegen abweichende Lebensorientierun-

gen) mit dem Zentrum Lohnarbeit, Arbeitsmotivation, und -wille sowie geschlechtsspezifischer Arbeitsteilung bzw. der Integration von Familie, Hausarbeit und Erwerbsarbeit. Dies wird personal getragen und durchgesetzt von sich spezifisch zu diesen Zwecken ausbildender und ausgebildeter Professionalität.

Diese Prozesse sollen im folgenden mehr generell und im Überblick in den zeitlich und inhaltlich unterscheidbaren Vergesellschaftungs- und *Professionalisierungsphasen* dargestellt werden. Zeitphasenbezogene und epochenabgrenzende Detailanalysen, träger-, geschlechter- und arbeitsfeldbezogene Differenzierungen, Typologien und abgrenzbare Charakteristika von Professionalität bzw. professionellem Alltagshandeln, die (konflikthaften) Veränderungen des Verhältnisses von ehrenamtlicher und verberuflichter Jugendarbeit, Professionalisierung und ihre *wirkliche* Bedeutung für den Alltag von Jugendlichen u. v. a. Fragen sind noch zu bearbeiten. In bezug auf Reichweite und Wirkung mag Peukerts Einschätzung für den genannten Zeitraum stimmen; eine Verallgemeinerung für die Geschichte der Jugendpflege/-arbeit kann aber weder analytisch noch empirisch schlüssig nachgewiesen werden. Peukert resümiert für die Jugendpflege im Zeitraum zwischen 1890 und 1922: „In ... Wechselwirkung von sozialreformerischem Ursprungsimpuls, heteronomen Vereinszielen und Ansätzen zu autonomer Jugendbewegung, von antisozialistischer und militaristischer Instrumentalisierung und zugleich zukunftsweisender Organisation des Verhältnisses von Staat und gesellschaftlichen Verbänden entwickelte sich die Jugendpflege ... Je mehr sie sich jedoch etablierte und festere Konturen gewann, desto weniger vermochte sie dem ursprünglichen Ziel, die Freizeit der Masse von jungen Fabrikarbeitern durchzugestalten, zu genügen. Die Jugendpflege wandte sich anderen, leichter zu organisierenden Zielgruppen zu" (1986, S. 114).

Bei dem folgenden Überblick stütze ich mich vor allem auf eine ausgewählte Präsentation, kritische Sichtung und Auswertung von Primärquellen (Selbstzeugnissen) und Archivdokumenten, aber auch auf neuere wissenschaftliche und praxisnahe Veröffentlichungen, soweit sie das Thema mit aufgreifen. Die Geschichte der Professionalisierung und von Professionalität in der Jugendarbeit interessiert mich deskriptiv-empirisch und unter den analytischen Aspekten bzw. Kategorien *Vergesellschaftung und Pädagogisierung*. Die Nähe zum Quellenmaterial und ausführliche Zitate sollen in wissenarchäologischer

Perspektive informieren und belegen. In den jeweiligen Abgren-
zungs- und Periodisierungsphasen wurde die Diskussion unterschiedlich intensiv geführt – aber immer immanent und zeitbezogen;
dies soll behutsam in seinen immanenten Argumentationszusammen-
hängen und kontextbezogen rekonstruiert werden. Dabei geht es um
die Darstellung der politisch-pädagogischen Diskussion von „Professionalisierung und Professionalität", um die jeweiligen Institutionen/
Organisationen, Träger und Handlungsfelder, die verschiedenen
pädagogischen (und politischen) Intentionen und – zumindest andeu-
tungsweise – die jeweils spezifischen gesellschaftlichen und politischen Zusammenhänge. Die Entwicklungen von Professionalisierung
und Professionalität sind einerseits – mit vielfältigen Spannungen
und strukturellen Konflikten – zeitbezogen in politische Vorgaben
und staatliche Interessen, in Eigeninteressen von Trägern und Erwachsenenorganisationen eingebunden, andererseits sind sie mit Le-
gitimationsdefiziten, argumentativem Nachholbedarf, ungelösten
Praxisproblemen konfrontiert; das verweist auch auf die Abhängigkeit und Beeinflußbarkeit von Selbstdefinitionen, Konzepten und Praxen (Handlungsspielräume) durch die hauptamtlichen Mitarbeiter.
Die Rekonstruktion von Jugendarbeit in der partikularen Perspektive
Verberuflichung ist in eine vielschichtige und komplexe *Gemengelage*
eingebettet.
    Wenn von Jugend/Jugendlichen, Mitgliedern, Teilnehmern, Per-
sonen, Mitarbeitern, Jugendpflegern u. a. Allgemeinbegriffen die
Rede ist, sind immer – soweit nicht ausdrücklich erwähnt und hervorgehoben – Jugendliche und Erwachsene beiderlei Geschlechts gemeint.

    Für die Unterstützung und Mitarbeit danke ich Jörg Eigenbrodt;
die Veröffentlichung war zunächst gemeinsam geplant und konzipiert, konnte dann aber – aufgrund seines Arbeitsplatzwechsels mit
einem inhaltlich neuen Tätigkeitsfeld – nicht realisiert werden.

Frankfurt/M., im Herbst 1991   Benno Hafeneger

I. Wilhelminische Zeit (1890–1918)

Jugend und Jugendpflege

Der Beginn von Verrechtlichung der Jugendphase und der *aktiven staatlichen Jugendpolitik* datiert – über die „Fürsorge für die schulentlassene Jugend" und die preußischen Erlasse zur Jugendpflege in den Jahren 1901, 1905 und 1908 – in den Zeitraum 1911 bis 1914. Hierin drückt sich die absolute Vorrangstellung des preußischen Staates im autoritären (und radikalen, aggressiven) Nationalstaat des Kaiserreiches der Vorkriegszeit aus, denn „der preußische Staat ist im alten Reich den übrigen Bundesstaaten, soweit sie ihm auf diesem Arbeitsfeld überhaupt folgen wollten, in der Jugendpflege beispielhaft vorangegangen" (Siemering 1931, S. 632). Zeitlich vorgelagerte Phasen der Jugendpflege reichen bis zum Jahre 1848, zu den systematischen pädagogischen Überlegungen von Schleiermacher, den christlich inspirierten Intentionen von Wichern und Kolping, den evangelischen Jünglingsvereinen und katholischen Gesellenvereinen, den Gruppen aus den christlich-bürgerlichen Organisationen und den Arbeiterbildungsvereinen, zurück (vgl. Wedekind 1971, Krafeld 1984, Naudascher 1990). Die *dritte Phase* der Jugendpflege – auf die hier wegen der Entwicklung von Professionalisierung und erste Ausprägungen von Professionalität Bezug genommen wird – liegt nach Wedekind um 1900, als Preußen „durch Erlaß in die Entwicklungen eingreift" (ebda., S. 8) und einen Finanzfond für die Jugendpflege schafft.

Das Jugendalter wird um die Jahrhundertwende öffentlich thematisiert und der Gesellschaft mit ihren erziehenden Institutionen zu einem sozialen, pädagogischen und psychologischem Problem. Jugend und Kindheit geraten um 1890 als Phänomen in den Horizont der Wissenschaften bzw. den Diskurs entstehender Jugendforschung, die zunächst unter dem Begriff „Jugendkunde" firmiert. Psychologie, Soziologie und (Sozial)Pädagogik lösen allmählich – bei vielen Widerständen – als sich etablierende universitäre (und außeruniversitäre) Disziplinen die dominierenden pathologisch-medizinisch-therapeutischen Sichtweisen von „Jugend" und deren Problemen ab. Dabei bleibt der Lebensabschnitt „Jugend" bzw. die Jugendentwicklung – bei allen jugendpsychologischen und -soziologischen Differenzen – der Suche und Beschreibung von der „wirklichen natürlichen Eigenart der Jugend", von allgemein gültigen Gesetz- und Regelmäßigkeiten verhaftet, damit gleichzeitig auf die Suche nach den Indikatoren für deviante Phänomene und deren erzieherischen (jugendschützerischen und therapeutischen) Bearbeitungsmöglichkeiten bezogen. Es dominiert eine immanente Ursachendiagnose für vielfältige Erscheinungsformen jugendlichen Verhaltens, letztlich die „Diagnose von Verwahrlosung aus der Bindungslosigkeit" (Peukert 1986, S. 54). Hintergrund der Jugenddiskussion sind die entstehende bürgerliche Jugendbewegung und Jugendkulturbewegung, das soziale Elend der volksschulentlassenen, proletarischen Großstadtjugend sowie die öffentliche Schulkritik. Dies alles ist Zeichen gesellschaftlicher Instabilität, die sich ausdrückt in: krisenhaften und widersprüchlichen ökonomischen, sozialen und kulturellen Modernisierungsprozeßen; Urbanisierung; dem Wandel in den Erwerbsverhältnissen und Beschäftigungsstrukturen; Armut, Wohnungsnot und Unterernährung; der Verjüngung der Gesamtbevölkerung; dem Trend zur Kleinfamilie; der Krise des Bildungssystems – letztlich Ausdruck von sich tiefgreifend verändernden bzw. brüchig werdenden Sozialstrukturen und sich auflösender Sozialmoral der wilhelminischen Gesellschaft. Erwachsenwerden als junger Berufstätiger in Fabriken, Freizeit an *Abenden und am Wochenende*, disponibles Taschengeld, gewerkschaftliche und politische Einflüsse konturieren einen neuen *Jugendtypus, der in einem potentiell – leiblich und sittlich – krisengefährdet erscheinenden Lebensabschnitt nicht mehr ein unproblematisches Hineinwachsen in vorgegebene erwachsene Lebenszusammenhänge garantiert. Der Hamburger Pfarrer Clemens Schultz schreibt 1912 den Arbeiterjugendlichen den Negativbegriff Halbstarke zu. Not der Seele und der Kultur*, Gefährdung und Verwahrlosung werden als pathologische Phänomene deklariert und die am meisten gebrauchten Vokabeln in der Problemzuschreibung der mit Jugend befaßten Ärzte, Lehrer, Pfarrer, Pastoren, Jugendpfleger, Psychologen und Richter. Aus der entstehenden Jugendkunde/Jugendforschung und von Praktikern in der Jugendpflege wird in der Zeit von 1890 bis 1914 ein vielschichtiges, z. T. multidisziplinäres „Wissen über Jugend", über die Vielfalt der Lebensbedingungen und Erfahrungswelten, den widersprüchlichen Alltag und die unterschiedlichen sozial-kulturellen Milieus bis hin zu „Handbüchern der Jugendpflege" und erziehungspraktischer „Ratgeberliteratur" veröffentlicht. Beispielhaft sei hier auf die Veröffentlichungen „Jugendlehre" (1904), „Lebenskunde" (1905) und „Erziehung und Selbsterziehung" (1917) von Friedrich Wilhelm Foerster hingewiesen. In einer christlich begründeten Moralerziehung und zur *wirksamen Charakter-*

bildung gibt er Eltern, Lehrern, Geistlichen und Jugendpflegern pädagogische Ratschläge. Er fordert für den erzieherischen Alltag u. a. als Ziele und Tugenden durchzusetzen: Selbstbeherrschung, Eingehen auf die wirkliche Welt des Kindes, Demut, Ehrerbietung, freiwilliger Gehorsam, Hilfen zur Triebbeherrschung. *Verständige Benutzung der freien Zeit, anständige und gesunde Vergnügungen, freundschaftliche Berührung* mit gebildeten Menschen werden erzieherische Zielformulierungen. Als Bedingungen für eine wirksame *Charakterbildung*, die an den *besseren Charakterkräften des Zöglings* ansetzt und diese zur Entfaltung bringt, formuliert Foerster an die Adresse der Erzieher:

> „Erstens muß der Erzieher ein Realist sein, d. h. er muß das Material aller Erziehung, die menschliche Natur, ohne alle Illusionen vor Augen haben, damit die Mittel der Erziehung stets dem wirklichen Zustand des Zöglings angepaßt sind. Zweitens muß der Erzieher ein unzweideutiges, unverrückbares universales Ziel haben, d. h., er muß genau wissen, wohin er erziehen und hinaufbilden will – nur zielbewußte Erzieher können zielbewußte Charaktere bilden. Drittens muß sich der Erzieher soweit wie möglich selber in den seelischen Zustand bringen, der seinem Ziele entspricht" (1959, S. 6).

In der Jugendforschung ist, neben den Erkenntnissen, Ergebnissen und Beiträgen der *Wiener Schule* und der *Hamburger Schule* (vgl. Dudek 1990), vor allem Siegfried Bernfeld hervorzuheben. Er akzentuiert u. a. eine psychoanalytisch *universale Jugendkunde*, weist in der Jugendforschung auf eine multidisziplinäre Perspektive hin und differenziert in den zwanziger Jahren nach zwei schichtspezifischen Pubertätsverläufen: der *einfachen* und der *gestreckten* Pubertät. Er besteht auf dem Zusammenhang von Jugendforschung und Jugendpolitik und begründet gleichzeitig eine notwendige Veränderung des Erziehungswesens. Bernfeld vertritt eine *parteiliche Jugendkunde*, in der er ein Instrument zur Aktivierung jugendlichen Selbstbewußtseins sieht (1915, 1923).

Ausbildung

Auch in den Ausbildungstätten bzw. dem sich entwickelnden eigenständigen Ausbildungswesen (Münchmeier 1981, Landwehr/Baron 1983, Rauschenbach 1991) wird neben dem Set sozialpädagogischer Methoden (als anerkanntes professionelles Problemlösungswissen) auch Jugendkunde – Jugendpflege im Unterricht verankert.

Die soziale Berufsausbildung hat sich (als Geschichte des Berufes) aus der vorwissenschaftlichen Aus- und Fortbildung der ehrenamtli-

chen Mitarbeiterinnen in den *Gruppen für soziale Hilfsarbeit* entwickelt.
Sie beginnt mit einjährigen Ausbildungskursen – mit der Entstehung
der ersten sozialen Frauenschulen – im Herbst des Jahres 1899. Die
Idee der Ausbildung für soziale Hilfstätigkeit hat Vorläufer in der dia-
konischen Arbeit von Frauen (z. B. das *Rauhe Haus* unter Johannes
Wichern, die Ausbildungsstätte für Diakonissen in Kaiserswerth unter Theodor Fliedner) und der Kindergärtnerinnen-Seminare (in der
Tradition von Fröbel) im 19. Jahrhundert; daran knüpfen die Seminare
für soziale Berufe zu Beginn des 20. Jahrhunderts an. Im Jahre 1908
wird unter der Leitung von Alice Salomon der erste zweijährige Aus-
bildungskurs angeboten; die *Mädchen- und Frauengruppen für soziale
Hilfsarbeit* gründen 1908 die erste Soziale Frauenschule in Berlin. „Mit
zwanzig Schülerinnen wollte sie (Alice Salomon d. V.) anfangen.
Achtzig waren gemeldet, davon die Hälfte für die berufsvorberei-
tende Unterstufe und die Hälfte für die berufsfachliche Oberstufe"
(Müller 1988a, S. 137). 1913 studieren in der Unter- und Oberstufe 93
bzw. 30 Schülerinnen in einem Fortbildungskurs, 43 besuchen einen
Abendkurs und 58 sind Hospitantinnen. In ihrer Eröffnungsrede am
15. Oktober 1908 sagt Alice Salomon:

> „ ... den Mädchen und Frauen in unserer Stadt, unseres Landes Arbeit zu ge-
> ben. Arbeit, das heißt nicht Beschäftigung, nicht Zeitvertreib, sondern eine Tä-
> tigkeit, die nicht nur Zeit – sondern auch ihre Gedanken, ihr Interesse in An-
> spruch nimmt; die zunächst für einige Jahre den Inhalt ihres Lebens ausma-
> chen soll, um den herum alles andere, was das Leben ihnen an Freuden, Ge-
> nüssen, Anregungen bietet, sich nur – gleichsam wie eine schmückende Ara-
> beske – als Beiwerk gruppiert ... Es ist Wunsch und Hoffnung der Gründer
> unserer Schule, daß Sie hier Ihre Arbeit finden sollen. Wunsch und Hoffnung
> zugleich. Und die Berechtigung zu dieser Hoffnung nehmen wir aus der Wahl
> der Unterrichtsgebiete, die im Mittelpunkt unseres Lehrplanes stehen. Es sind
> pädagogische und soziale Fächer. Es sind pädagogische und soziale Aufga-
> ben, für die Sie hier vorbereitet werden sollen ... Daneben wollen wir – und
> dem wird ausschließlich die Oberstufe dienen – den Schülerinnen Gelegen-
> heit zu berufsmäßiger Schulung in sozialer Arbeit geben, eine Arbeit, die sie
> befähigt, verantwortliche Stellungen sowohl als bezahlte soziale Berufsarbei-
> ter wie im unbesoldeten Hilfsdienst auszufüllen. Wenn wir dabei keinen Un-
> terschied zwischen der Ausbildung zu beruflicher Arbeit und zu sozialer
> Hilfstätigkeit machen, wenn wir die Oberstufe diesen beiden Zweigen dienst-
> bar machen wollen, so geschieht das in der Überzeugung, daß die unbesoldete
> soziale Arbeit genau so gut, genau so gründlich getan werden soll und des-
> halb auch derselben Vorbereitung bedarf "(zitiert nach: Müller 1988a, S. 139).

Die treibenden Kräfte bei der fachlichen Begründung zur Überwin-
dung des *gefährlichen Dilettantismus* in der sozialen Arbeit und in der
politischen Durchsetzung des Verberuflichungsprozesses in der So-

zial- und Jugendarbeit sind der 1916 (sechs Jahre nach dem ersten Jahrgang von Absolventinnen der Berliner Sozialen Frauenschule) gegründete Berufsverband, *Deutscher Verband der Sozialbeamtinnen*, aber auch die halboffizielle *Centralstelle für Arbeiter-Wohlfahrtseinrichtungen* (später Zentralstelle für Volkswohlfahrt) und die bürgerliche Frauenbewegung (Bund Deutscher Frauenvereine) und ab 1917 die Konferenz der Sozialen Frauenschulen und der von Carl Mennicke in den zwanziger Jahren gegründete Berufsverband *Bund Deutscher Sozialbeamter*. Um 1910 wird aus dem Helfen im Ehrenamt ein anerkannter Frauenberuf; 1912 wird mit einem Aufbaulehrgang von Kindergärtnerinnen zur Jugendleiterin ein neues Berufsbild eingeführt. Das inhaltliche Interesse an einer einheitlichen Ausbildung konzentriert sich vor allem auf „die einheitliche pädagogische Interpretation der Berufsvollzüge; die Vereinheitlichung und Integration mannigfaltiger und recht disparater Tätigkeitsbereiche zu einer Profession" (Münchmeier 1981, S. 147). 1913 gibt es im Deutschen Reich – neben den vielen meist zehntägigen Kursen (z. B. in Preußen im Jahre 1911 366 und im Jahre 1912 434 mit 22 139 Teilnehmern) für Bezirks- und Kreisjugendpfleger – 14 Ausbildungsstätten bzw. Frauenschulen (Salomon 1917, Sachße 1986). Neben der Möglichkeit für höhere Töchter aus dem Bildungsbürgertum, eine anspruchsvolle Ausbildung in einem Lehrerinnenseminar zu absolvieren, wird die soziale Arbeit für sie in Deutschland zu einem weiteren Arbeitsfeld und einer Domäne in der beruflichen Qualifizierung. Zwischen 1898 und 1928 entwickelt sich durch die Mobilisierung des sozialen Engagements von jungen (berufslosen), ehrenamtlich engagierten Frauen aus dem Bildungsbürgertum, getragen von den sozialen, kulturellen und pädagogischen Reformbewegungen und eigenen Emanzipationsinteressen, ein differenzierter Qualifizierungs- und Verberuflichungsprozeß in der sozialen Arbeit. Im Jahre 1926 gibt es in Deutschland 31 Frauenschulen. Die Ausbildung beginnt sich als typischer Frauenberuf auf vorwissenschaftlichen Fachschulniveau zu etablieren.

In der „Sozialen Frauenschule" und dem „Sozialpädagogischen Institut" in Hamburg (unter der Leitung von Marie Baum und Gertrud Bäumer) umfaßt der Lehrplan in der „Sozialen Frauenschule" im Jahre 1917 insbesondere: Geschichte, Bürgerkunde, Volkswirtschaftslehre, Einführung in die Praxis der Wohlfahrtspflege, Psychologie und Pädagogik, Sozialethik, Gesundheitslehre, Kulturpflege und Organisationslehre. Der zwei Stunden umfassende „Unterkurs" (entspricht einem heutigen Angebot im Grundstudium) Psychologie und

Pädagogik differenziert sich in eine Einführung in die Psychologie im ersten Semester und Jugendkunde im zweiten Halbjahr. Der zwei Stunden umfassende „Oberkurs" (entspricht einem heutigen Angebot im Hauptstudium) Pädagogik beinhaltet: Erziehungslehre auf jugendkundlicher Grundlage; besondere Berücksichtigung der sozialen Jugendprobleme und der volkserzieherischen Aufgaben von Kindergarten, Hort, Jugendverein etc. Die „pädagogische Abteilung" (neben der „sozialen Abteilung") des „sozialpädagogischen Institutes" (das auf der Ausbildung der „Sozialen Frauenschule" aufbauend für die Praxisfelder spezialisierte) bezieht sich auch auf die Arbeit in der Jugendpflege. Dazu wird erläutert:

> „Neben dem Ausbau der Fürsorge für die gefährdete Jugend ist aber auch die Unterstützung des Elternhauses in der Pflege des körperlich und sittlich gesunden Kindes in gleicher Entwicklung begriffen ... Die Jugendpflege, das heißt die Fürsorge für die schulentlassene Jugend durch Vereine, Klubs, Wanderungen usw. hat seit dem preußischen Jugendpflegeerlaß gleichfalls eine systematische Ausgestaltung erfahren, in deren Folge man zur Anstellung besoldeter Jugendpflegerinnen übergegangen ist" (Baum/Bäumer 1917, S. 20f.).

Staatliche Jugendpflege

In der wilhelminischen Zeit um die Jahrhundertwende und bis 1918 sind es – neben der entstehenden bürgerlichen und der aus der Jugendpflegeausgegrenzten, nicht geförderten und in den Jugendpflegeausschüssen nicht vertretenen proletarischen (sozialistischen) Jugendbewegung (vgl. Lessing 1976, Giesecke 1981) – vor allem die vaterländischen Organisationen und Vereine (Berufs-, Wehrverbände und Jugendwehren), der Jungdeutschlandbund, mitgliederstarke Turn- und Sportverbände sowie die Kirchen mit ihren traditionellen evangelischen und katholischen Jünglingsvereinen (deren Arbeit bis weit in das 19. Jahrhundert zurückreichen, vgl. Wedekind 1971, Krafeld 1984, Naudascher 1990), die sich – von Erwachsenen(organisationen) mit Unterstützung des Staates inszeniert – ehrenamtlich der außerschulischen Jugenderziehung der schulentlassenen (zunächst vor allem der männlichen) Jugendlichen vom 14.–20. Lebensjahr aus den unteren sozialen Schichten widmen. In der Freizeit machen national bzw. christlich-monarchistisch gesinnte Pastoren, Pfarrer, Lehrer, Kreisschulinspektoren, Ärzte, Richter, Anwälte, Landwirte, Gewerbetreibende, Ingenieure, Angehörige des Militärs (vor allem Offiziere), vaterländisch-patriotisch gesinnte Männer und Frauen aus allen Ständen und Berufen mit *aufopferungsvoller Begeisterung* und *hingebender*

Treue Dienst in der Jugendpflege: mit erzieherischen und militärischen Angeboten (Wehrertüchtigung und militärischer Geist), in
Form von Sport, Wandern, Beschäftigung, Besichtigungen, Unterhaltung; in Jugendheimen, -werkstätten und -büchereien; mit nationaler
Gesinnung und religiöser Erbauung, Unterweisung und Belehrung in
einem christlich-harmonistischen und zugleich autoritären Gesell-
schaftsverständnis. Die Teilnahme ist freiwillig und eine Mischung
„aus vergleichsweise verständnisvoller Interpretation der subjektiven Befindlichkeit junger Berufstätiger und einer hausbackenen Akti-
vitäten-Liste" (Müller 1991, S. 223).

Im Handbuch der Jugendpflege von Frieda Duensing aus dem
Jahre 1913 heißt es unter Bezugnahme auf den Erlaß vom 18. Januar
1913: „Die Arbeit an der Jugendpflege ist in der Regel ehrenamtlich"
(S. 835). Auch Hertha Siemering betont die Jugendpflegerarbeit in *Nebenamt*: „Die nebenamtlichen Bezirks- und Kreisjugendpfleger sind
als Beauftragte der zuständigen Regierungspräsidenten anzusehen"
(1931, S. 396). Das Verständnis von Freiwilligkeit und Ehrenamtlichkeit richtet sich – vor allem trägerpolitisch motiviert und seitens der
Kirchen deren Einfluß absichernd – auch gegen die vermeintlichen
Gefahren eines staatlich *geschulten Beamtentums* und *starren Bürokra-
tismus*. Neben dem Appell an die Kreise der Gebildeten, warmherzi-
gen *Volksfreunde* und *Berufsstände* (Pfarrer, Offiziere, Lehrer u. a.) wird
gleichzeitig auf die Notwendigkeit von beschäftigten, leitenden Kräften verwiesen, ohne die der nebenamtliche Dienst – vor allem unter
großstädtischen Verhältnissen – nicht auskomme.

Die herrschaftspolitischen Vergesellschaftungs- und Erziehungsinteressen der staatlich subventionierten und nationalen Jugendpflege richten sich vor 1914, ausgehend vom preußischen Staat durch
die ersten Jugendpflegeerlaße vom 18. Januar 1911 und 30. April 1913
(zunächst ressortierend beim Handelsminister, dann beim Ministerium für geistliche, Unterrichts- und Medizinalangelegenheiten –
Kultusministerium), vor allem an die arbeitende (proletarische)
männliche Jugend. Sie sollte vor vermeintlichen *sittlichen, geistigen
und leiblichen Gefahren und Gefährdungen* sowie Ungehorsam, politischer Radikalisierung (vor allem durch die Sozialdemokratie, die Ar-
beiterjugend- und Arbeitersportvereine) bewahrt und geschützt werden; sie sollte mit Jugendpflege als *Präventivmaßnahme* (Müller) und
Obrigkeitsdenken politisch und sozial diszipliniert sowie durch
Kontrollhandeln in die staatliche Ordnung integriert werden. „Diese
Jugendlichen von der Straße zu holen, ihre Handlungs- und Orientie-

rungsmuster in kontrollierende Bahnen zu lenken, an die Stelle ihrer Aufsichtslosigkeit pädagogische Betreuung und vielseitige Freizeitangebote zu setzen, war eine der herausragenden Strategien konfessioneller und freier Jugendpflege" (Dudek 1990, S. 76). Der *jugendliche Gesellungstrieb* und das hemmungslose Ausleben der aus der Lohnarbeit entstandenen Freiheiten in der Freizeit sollten durch Jugendpflege domestiziert werden, indem das Jugendheim als Ersatz für die Straßenclique diese Energien in pädagogisch kontrollierte Bahnen lenken und in ihrem rebellischen Habitus eindämmen sollte. Der *Straßenjunge* wird in der Jugendpflege zur Negativfigur für Abweichung, Gefährdung, Verwahrlosung, Zuchtlosigkeit, Wildheit und Unbändigkeit. *Jugend* wird auf dem Hintergrund der Modernisierung im ökonomischen Bereich, der sozialen, politischen und kulturellen Dynamik, zum ersten Mal als eine eigenständige Entwicklungsphase und als gesellschaftliche Größe begriffen. Die Jugendbewegungen werden – in unterschiedlicher Perspektive – zum Indikator des sozialen Wandels und der krisenhaften Modernisierungsprozesse im Kaiserreich. Aus Sicht des Militärs fehlende bzw. in gesundheitlich schlechtem Zustand befindliche Rekruten sowie die Arbeit der Sozialdemokratie, das Auftreten der sozialistisch organisierten Jugend (Arbeiterjugendbewegung) ab 1904 sind für den autoritären preußischen Staat eine *Herausforderung*. Aber auch sozialreformerische, bürgerlich-liberale Bestrebungen außerhalb und innerhalb der evangelischen Kirche (z. B. in der konfessionellen, jugendpsychologisch und milieubezogen begründeten Jugendarbeit von Walther Classen und Clemens Schultz in Hamburg), von einem harmonistischen und mit der Gesellschaft versöhnenden pädagogischen Leitbild, „Liebe, Autorität und Subjektbezogenheit", getragen, sind mit ihren nacherziehenden und präventiven Orientierungen in sozialen Orten wie Jugendheimen und Volksheimen für die staatlichen und kirchlichen Autoritäten und Institutionen Anlaß zur Besorgnis, zu neuer Vergewisserung (Modernisierung) und Reaktion (Dudek 1990). Weder die beiden christlichen Kirchen noch die Jugendorganisationen können gegen Ende des 19. Jahrhunderts die „pädagogische Lücke (Freizeit, d. V.) zwischen Schulentlassung und der durch Militärdienst und Eheschließung markierten Erwachsenenwelt" (Peukert 1986, S. 109) nennnswert und einflußreich schließen. Politisch-ideologische Integration (Bindung), Erziehung zu Arbeit, Gottesfurcht und Vaterland, *Rettungsarbeit* an einer *zuchtlosen, verdorbenen, entchristlichten und entkirchlichten Volksjugend* sind die dominierenden Interessen am Objekt (der großstädtischen, proletarischen) Jugend; durchgesetzt mit Mit-

teln (Fonds) staatlich geförderter Jugendpflege und ihren Orts-, Kreis-
und (ersten hauptamtlichen) Bezirksausschüssen für Jugendpflege sowie der Bestellung von ehrenamtlichen Kreis- und von Bezirksjugend-
pflegern. Zu den Erwartungen und Fähigkeiten heißt es im Jugendpflegeerlaß von 1911:

> „Da im übrigen die Erfolge der Jugendpfleger wesentlich von ihrer Persön-
> lichkeit abhängen, wird ihre Berufung nur dann angebracht sein, wenn die
> Persönlichkeit des Betreffenden die sichere Gewähr dafür bietet, daß durch
> ihn die mit seiner Berufung verfolgten Zwecke tatsächlich erreicht werden".

Gesellschaftliche und kulturelle, zukunftsbedrohende Untergangs-
und Krisenszenarios werden entworfen und kennzeichnen viele zeit-
genössische Veröffentlichungen. Besonders drastisch malt Ernst Flössel in entrüstungspädagogischer, autoritär-pädagogischer Diktion
und gegen den Einfluß der Sozialdemokratie gerichtet die „Lücke in
der Erziehung" aus:

> „Die Lücke in der Erziehung des in Betracht kommenden Teiles der Jugend
> muß aber eine desto tiefere sein, je weniger die Familienerziehung und Fami-
> lienzucht für die Arbeiterjugend in der Kindheit eine genügende Grundlage
> sittlichen Wohlverhaltens zu schaffen imstande gewesen ist, oder wenn Erzie-
> hung und Zucht überhaupt gänzlich gefehlt haben. Die Schule der Straße ist
> eine Lehranstalt der Verwilderung. Die Volksschule aber reicht für die Erzie-
> hung zur Sittlichkeit und Wohlanständigkeit nicht aus, selbst während der
> Schulpflichtigkeit, wenn der Einfluß der Familienzugehörigkeit mit der Ein-
> wirkung der Schulzucht nicht Hand in Hand geht ... Die frühzeitige Verwen-
> dung der kindlichen Arbeitskraft im Großgewerbebetriebe reißt die bereits of-
> fene Lücke immer tiefer; sie schädigt nicht allein die Gesundheit, sondern hin-
> dert und benachteiligt auch die geistige und moralische Ausbildung der Kin-
> der, und mit dem Tage der Schulentlassung hat überhaupt jede Erziehung
> und jede engere Beaufsichtigung ihr Ende erreicht; die Schule des Arbeiters ist
> mit dem vierzehnten Lebensjahre am Ende angelangt" (1895, S. 55f).

Friedrich Wilhelm Foerster versucht die krisenhafte Entwicklung der
Epoche zu beschreiben und erzieherische Konsequenzen zu ziehen;
dies reicht von der sich ausbreitenden *Genußphilosophie* und der *sexuellen Not* bis hin zu *Verlust von Maßstäben*. Kultur- und zivilisationskri-
tisch schreibt er:

> „Wir leben in einer Epoche, in der in weiten Kreisen die großen Ideale des per-
> sönlichen Lebens verblaßt sind ... Dies trifft deutlich an einer ganzen Reihe
> von höchst bedenklichen Zeiterscheinungen zutage ... Da ist zunächst die
> wachsende Verwahrlosung der Jugend ... Die Reize von außen haben ins Un-
> angemessene zugenommen, die Widerstandskräfte von innen aber sowie die
> äußeren Hilfen und Schutzmittel für das Heil der Seele haben ebenso unange-
> messen abgenommen. Unsere ganze Zivilisation läuft ja doch auf eine immer
> raffiniertere Bedienung der materiellen Seite der menschlichen Natur hinaus
> ..." (1959, S. 1).

Die pädagogische Kritik richtet sich gegen die nachlassende Zucht in der Familienerziehung, die schwindende Autorität der Eltern und von Autoritätsverhältnissen generell. In der (schul)pädagogischen Diskussion um *Rettungsmaßnahmen* werden u. a. Forderungen nach einer dreijährigen obligatorischen Fortbildungsschule (so in einer „Preisschrift" von Georg Kerschensteiner im Jahre 1900) formuliert, die zur Schließung der Erziehungslücke für die 14–17jährigen beitragen soll. Diese Altersphase und die Freizeit gilt es unter erzieherische Kontrolle zu bringen. Als Zentrum der Verdorbenheit aber gilt – neben dem Wirtschaftsleben und dem loser werdenden Zusammenhalt der Familie – in der (sozial)pädagogischen Diskussion die freie Zeit der Jugendlichen. Hier liegen das gesellschaftliche Gefährdungspotential (Verwahrlosung, Kriminalität, sexuelle Gefährdung) und die politischen Bedrohungen (Radikalisierung, sozialreformerische und revolutionäre Vorstellungen), zu denen stichwortartig immer wieder aufgelistet werden: Verführungsangebote (Wirtshäuser, Alkohol, Nikotin, Tanz, Rummelplätze, Genußsucht, Zeitungen, Bücher; der *Schmutz und Schund* in Groschenheften, Romanen und der Literatur), die Auflösung von Tugenden (wie Ehrerbietung, Achtung, Höflichkeit und Respekt), die Straßen und Plätze (auf denen *zweck- und ziellos herumgetrieben wird*), die sittlichen (sexuellen) Gefährdungen (Prostitution) und Gefahren vor allem in dem verderblichen Leben in Großstädten und Industriezentren. Da nun auch die „dörfliche Sittlichkeit" (Lembke) und das Landleben in Gefahr schienen, werden zur Kontrolle der Freiräume, zur Abwehr, Rettung und Erziehung der Jugend und auch als *Therapie*, eine *besondere Jugendpflege*, pflegende und fördernde Integrationsmaßnahmen „für die noch normalen aber bedrohten, gewerblich tätigen Jugendlichen" (Peukert 1986, S. 109) begründet und gefordert. Dazu sieht Kerschensteiner vor allem die *nicht schulmäßigen Erziehungskräfte*, die *oberen Stände* herausgefordert; sie sind und bleiben für ihn „die Erzieher des Volkes" (1901, S. 77). Für Kerschensteiner hat zunächst die Schule die Hauptaufgabe für die staatsbürgerliche Erziehung der Jugend; für die Erziehung der nicht mehr volksschulpflichtigen Jugend sieht er außerschulisch den gebildeten Mittelstand prädestiniert:

„Doch ist auch in unserem gebildeten Mittelstande Verständnis und Hilfsbereitschaft für Aufgaben der Volks- und nicht zum wenigsten der Jugenderziehung durchaus nicht selten. Die Volks- und Arbeiterbildungsvereine, die Volkshochschul- und Volkshygienevereine sind ein Beweis für die Opferwilligkeit, Arbeitsfreudigkeit und Uneigennützigkeit gelehrter Stände, die Knaben- und Mädchenhorte, die Lehrlings- und Mädchenschutz- und Jugendvereine ein Beweis für die Hingabe eines gebildeten Bürgertums und Angehöriger geistlichen Standes an sociale Aufgaben. Sollen aber unsere Bemühungen um die staatsbürgerliche Erziehung von einem größeren Erfolge gekrönt sein, so muß sich der Kreis derjenigen, die sich ihrer socialen Pflichten bewußt sind, noch wesentlich erweitern, besonders unter den Besitzenden" (1901, S. 63).

In der praktischen Umsetzung denkt Kerschensteiner vor allem an schulische und außerschulische Erziehungs- und Bildungsangebote: an kaufmännische Fortbildungsschulen, Frauenarbeits- und Haushaltungsschulen, an Turnvereine, Sanitäts- und Feuerwehren sowie an die Stärkung der Wehrhaftigkeit. Für die Fortbildungsschulen und das *Netz von Erziehungskräften* gelten als pädagogische Leitmotive: Menschlichkeit und Hingebung, Gemeinsinn und Opferwilligkeit, Selbstbeherrschung, Entschlossenheit und Mut.

Der „Kampf um die Jugend" richtet sich in seinen nationalen (vaterländischen) und politischen Interessen in erster Linie gegen die „sozialdemokratische Jugendbewegung (bzw. den Einfluß der Sozialdemokratie, d. V.), die ihren Sitz in der Stadt hat" (Lembke 1913, S. 7). Dabei richtet sich das öffentliche Kontroll- und Erziehungsinteresse zunächst vor allem – und dafür war der Jugendbegriff eine Chiffre – auf die männliche, proletarische Großstadtjugend. Bereits in der wilhelminischen Zeit wird in der Diskussion um eine wirksame Jugendpflege die Maxime *Rettung* (der verlorenen Jugend) sukzessive von einer sozialpolitischen und der *Erziehung* verpflichteten abgelöst; die Aufmerksamkeitsrichtung und die Paradigmen ändern sich langsam von *Strafe* in *Erziehung.* Es entstehen ein erster sozialpädagogischer Pluralismus und konkurrierende, nebeneinander existierende Vorstellungen von Jugendpflege. Gegenüber der aus konfessionellen Kreisen formulierten Entrüstungsliteratur (Stichwörter: Verwahrlosung und Verwilderung) mit rettungspädagogischen Vorstellungen, der nationalen und sportlichen Gesinnungspflege, der militärischen Jugendpflege und Kriegspädagogik gibt es vor allem mit den sozialreformerischen Versuchen von Walther Classen und Clemens Schultz bereits vor 1914 erste subjektbezogene Ansätze, Begründungen und Perspektiven in bürgerlich-liberalen und kirchlichen Kreisen, die frei von Strafe und individuellen Schuldvorwürfen, Jugend vor allem als Opfer der Industrialisierung sowie einer „tiefergehenden Volkserkrankung" sehen (Dehn 1919, S. 83).

Mädchen in der Jugendpflege

Mit dem Erlaß vom 30. April 1913 wird auch die *Pflege* der weiblichen schulentlassenen Jugend gefördert und an die Jugendpflegeausschüsse (nach dem Erlaß von 1911) angegliedert. Geeignete Frauen sollen in der nebenamtlichen Kreis- und Bezirksjugendpflege (Jugendpflegerinnen, denen Unkosten erstattet wurden) aktiv werden; sie werden wie ihre männliche Kollegen *nur im Nebenamt und ehrenamtlich bestellt*. Im Erlaß wird als Zielsetzung u.a. formuliert:

> „Wer ein körperlich und sittlich starkes, gottesfürchtiges, königs- und vaterlandstreues Geschlecht heranbilden will, muß auch dafür sorgen helfen, daß die weibliche Jugend an Leib und Seele gesund, innerlich gefestigt und mit dem Wissen und Können ausgerüstet wird, daß für ihren zukünftigen Beruf als Gehilfinnen des Mannnes, als Erzieherinnen der Kinder, als Pflegerinnen des Familienglückes, als Trägerinnen und Hüterinnen guter Sitte unentbehrlich ist" (zitiert nach: Ratgeber für Jugendvereinigungen, Juli 1913, S. 206; der Erlaß ist abgedruckt in: Naudascher 1990, S. 41ff).

Das Konzept und die Konstruktion eines - von männlichen Interessen bestimmten – Weiblichkeitsbildes, der Geschlechterbeziehungen und geschlechtsspezifischer Rollen- und Arbeitsteilung, das sich an der Durchsetzung und Einübung der Pflichten der zukünftigen Mutter und Hausfrau orientiert und an das *eigentliche Zentrum ihrer Kraft* („weibliches Lebensideal", Foerster) appelliert, bedeutet konkret für die Angebotsformen im Rahmen der Jugendpflege: körperliche Bewegung (Schwimmen, Turnen, Bewegungsspiele, Wandern) und Körperpflege, Übungen in Kranken- und Kinderpflege, Samariterkurse, Garten- und Blumenpflege; Charakterbildung und Berufsberatung; Förderung von Gemeinschaftsformen (Jungfrauenvereine, Mädchenclubs, Arbeiterinnenclubs), von Räumlichkeiten (Mädchen-, Ledigenheime) und Abendheimen mit Näh-, Strick-, Flick-, Bügel- und Handarbeiten, Gesang und Lektüre. Der sozialpädagogische Diskurs konzentriert sich auf die *Hygienediskussion,* die vermeintlichen Gefahren sexueller Verwahrlosung und auf die Einübung, Hinführung zur Frauen- und Mutterrolle, gemeint als Tugenderziehung und hauswirtschaftlich-praktische Qualifizierung der Mädchen. Vertreterinnen der bürgerlichen Frauenbewegung und der sozialen Arbeit (z. B. Alice Salomon) wehren sich einerseits gegen das Klischee *natürlicher Anlagen* und beharren auf Erfahrung, Ausbildung und Qualifikation; andererseits werden immer wieder der besondere Beitrag des *weiblichen Wesens,* die Frau- und Mütterlichkeit genannt, die nicht im privaten Ehe- und Familienraum verkümmern dürften, sondern in einen sozialen Beruf eingebracht, gepflegt und kultiviert werden könnten. Dies meint Gleichberechtigung und (freiwillige) Unterordnung zugleich.

Walther Classen fordert in pathetischer und patriotischer Diktion einen neuen Erzieherstand für die schulentlassene Jugend und meint dabei Männer und Frauen: „Aus mancherlei Berufen wachsen zur Zeit diese neuen Erzieher heran. Wir Deutschen haben uns Schule und Heer trefflich und lebenskräftig gebildet. Diesen Stamm der Erzieher reifender Jugend sollen wir noch schaffen. Davon, ob und wie wir das fruchtbar zu leisten vermögen, wird unseres Volkes Zukunft bestimmt" (1913, S. 843).

Beginn der Professionalisierung

Professionell ausgestattete staatliche Jugendpflege entwickelt sich in der wilhelminischen Zeit in ersten Ansätzen über die Erlasse von 1911 und 1913 (im Bereich der freien Träger vor allem bei den Kirchen), sie ist aber keine Forderung der freien (verbandlichen) Träger und schon gar nicht der entstehenden bürgerlichen (Wandervogel) und proletarischen Jugendbewegung. Die bürgerliche Jugendbewegung ist mit ihren Mentalitäten, Visionen der Zivilisations- und Kulturkritik (Natur, Echtheit, Gefühl, Innerlichkeit, Körper, Volk); ihren kultivierten Leitbildern und Vorstellungen von Selbsterziehung und -organisation, ihrer Abgrenzung zur Erwachsenengesellschaft und jugendbezogenen ästhetisierten Leitbildern (Anlehnungen an Romantik und Mittelalter, Mythos eines neuen Menschen) sich selbst und ihren erkämpften Nischen – die in ihrer Ambivalenz auch Teil des Prozesses von Sozialdisziplinierung sind – verpflichtet (vgl. u. a. die Beiträge in den Jahrbüchern des Archivs der deutschen Jugendbewegung, Witzenhausen 1981 ff.). Die proletarische Jugendbewegung ist mit staatlichen Verboten und Ausgrenzung belegt, sie steht in kämpferischer Auseinandersetzung oder kritischer Distanz zu Staat (z. B. dem Reichsvereinsgesetz von 1908, nach dem Personen unter 18 Jahren weder Mitglied in einem politischen Verein werden noch an einer öffentlichen politischen Versammlung teilnehmen dürfen), Gesellschaft und Kultur sowie in Auseinandersetzungen mit den Integrationsinteressen der erwachsenen Arbeiterbewegung (Lessing 1976). Obwohl beide Jugendbewegungen an Erwachsene gebunden sind und von ihnen geführt werden (als Pädagogisierung *nach innen*), haben sie eine neue relative Autonomie (soziale Selbsterziehung, Freiräume und Le-

ben in Gruppen von Gleichaltrigen) entwickelt; für beide konnten aus
unterschiedlichen Gründen staatliche Abhängigkeiten, Einbindung
(Korporativismus) z. B. über Subventionierung von Mitarbeitern, gar
nicht erst in den Denkhorizont geraten. Die Idee, hauptamtliche
Gruppenleiter oder Jugendführer einzustellen, wäre, im jeweils unterschiedlichen Selbstverständnis des Wandervogel, der Arbeiterjugendbewegung oder den Wilden Cliquen, geradezu kontraproduktiv
gewesen. Jugendverbände aus dem bürgerlich-christlichen Bereich
begrüßen die Erlasse und die Einrichtung von staatlichen Jugendpfle-
gefonds (z. B. die Ausstattung des preußischen Jugendpflegeerlasses
in Höhe von 1 Million RM im Jahre 1911), andere Jugendvereinigungen
(vor allem aus dem sozialistischen Bereich) wehren sich gegen die Erziehungsabsichten des Staates; freie Träger aus dem Bereich der Jugendbewegung und -verbände sind aus Gründen der Konkurrenz *um
Jugend* in ihren Einschätzungen gespalten und skeptisch, einige fordern das Geld in freier Verfügung für ihre eigene Arbeit. Obwohl die
Jugendverbände nur einen kleinen Prozentsatz der Jugendlichen organisieren und erreichen (die Jugendpflege, und das heißt vor allem
die konfessionellen Jugendvereine und -verbände, erreichen mit ihren Angeboten um 1900 nur etwa 10%), ist ihr Selbstverständnis, daß
sie als *Jugendbewegung und -führung* die *lebendigsten Beziehungen zu der
Jugend* des Volkes hätten. Sie meinen am besten zu wissen, was dieser
Jugend not tue, und aufgrund ihrer pädagogischen Erfahrungen würden sie überdies über die geeigneten Methoden verfügen, die *halb-
wüchsigen Burschen und Mädchen zu führen.*

Seitens der sich etablierenden freien Träger (Jugendverbände,
Wohlfahrtsverbände) stellen vor allem die Kirchen erste Überlegungen über die Ausbildung sowie die Anstellung von *berufsmäßigen Jugendpflegern als Vereinsleiter* (Martin Jäger) an. Bei einer zahlenmäßig
großen Mitgliedschaft in den Vereinen wird – neben der zentralen
Aufgabe, die Jugend selbst zur Mitarbeit im Verein zu mobilisieren –
angeregt, eine *berufsmäßige Jugendpflege* zu verlangen. Im Rahmen der
großstädtischen evangelischen Jugendarbeit heißt es u. a.: „Gerade
der erfolgreiche Berufsarbeiter unter der Jugend wird daher genötigt,
eine Arbeitsteilung in Verwaltung und Leitung seines Vereins vorzu-
nehmen und sich nach geeigneten Hilfskräften umsehen, die ihn in
seinem vielgestaltigen Amte entlasten" (Jäger 1912, S. 3). Durch die
Selbstrekrutierung sollen junge, fähige Kräfte für die Jugendarbeit
freigestellt werden und sich unter Anleitung eines bewährten Ver-
einsleiters als Vereinssekretäre in ihren zukünftigen Lebensberuf ein-

arbeiten. Diese Professionalisierung – bekannt geworden als *Frankfurter Modell* – konnten sich nur große, finanzkräftige Vereine leisten; der CVJM hat beispielsweise in Stuttgart acht Sekretäre angestellt, in großstädtischen kirchlichen Jugendvereinen oder Kirchengemeinden werden Gemeindehelfer für die konfessionelle Jugendpflege freigestellt. Martin Jäger bleibt für die Perspektive in der Einstellung hauptberuflicher Jugendpfleger skeptisch: „Solange in den meisten für die Jugend interessierten Körperschaften erst einmal die Bewilligung der Mittel zur Anstellung nur eines einzigen berufmäßigen Jugendpflegers durchgefochten werden muß, kann von der Anstellung berufsmäßiger Mitarbeiter neben diesen noch auf lange Zeit keine Rede sein" (ebda., S. 5). Er fordert gleichzeitig für das Amt des Jugendpflegers eine *geordnete Laufbahn* und eine Sonderausbildung, wofür er den Kompetenzzusammenhang *Kenntnisse und Charakter* reklamiert; als Weg bietet er an: „Näher läge es, sonderliche Jugenderzieher der angrenzenden Berufsstände für die Jugendpflege hauptamtlich einzustellen, also Jugendpfarrer, Fortbildungsschullehrer ... Läßt ihre (der Jugendpfleger, d. V.) jugendliche Frische nach und ist eine Ablösung aus dem Jugendpflegerberuf notwendig, so finden sie auf dem Gebiet der Inneren Mission leicht passende Verwendung" (1913, S. 836).

Ausführlich beschreibt Jäger die siebenmonatige Sonderausbildung von Diakonen als angehende vereinseigene Jugendpfleger. Dabei sind ihm von Bedeutung: die Verbindung von theoretischem Unterricht, „... Kenntnis des Jugendlebens. Hierbei müssen sowohl die äußeren Verhältnisse, unter denen die Jugend heranwächst, wie die inneren Entwicklungsbedingungen berücksichtigt werden" (1913, S. 837); die Aneignung von praktischen Fertigkeiten, dazu gehören „körperliche Ertüchtigung: Turnen und Turnspiel, Wandern und Geländeübungen, Pfadfinderschaft und militärische Übungen, Schwimmen, Radfahren, Rodeln, Pflege der Musik und Handfertigkeitsunterricht" (1913, S. 840); die aktive Teilnahme an einem möglichst vielseitigen Vereinsleben.

Den ersten hauptamtlichen Bezirks- und ehrenamtlichen Kreisjugendpflegern kommen als Beauftragten des Staates bei Erstattung der Unkosten, aber keinen Zuschüssen für Personalkosten, nach den Jugendpflegeerlassen des Preußischen Kultusministeriums vom 18. Januar 1911 bzw. 30. April 1913 (wie bereits in dem Erlaß von 1901) „fördernde, anregende und entwickelnde" Aufgaben der wohlgesonnenen bürgerlichen und militärischen „freien" Träger sowie Fortbildungs- und Koordinationsaufgaben zu. „Nicht die Frontarbeit, die unmittelbare Betreuung der Jugendlichen, ist ihnen aufgegeben, sondern es gilt das Wirken Dritter anzuregen und zu fördern" (Siemering 1931, S. 399). Die staatliche Interventionsperspektive ist janusköpfig: sie zielt auf *Erziehung und Wohlfahrtspflege im Dienst an der heranwachsenden Jugend;* die Jugendpfleger sind aber „nicht nur um der Jugend, sondern auch um des Staates willen da. Jugendpflege soll staatserhaltend wirken" (Siemering 1931, S. 401). Die Erlasse setzen in der Durchsetzung der *inneren Einheit des Volkes* auf die primär ehrenamtliche, verantwortliche Leitung und Führung durch Lehrer, Ärzte, Geistliche, Richter, Offiziere, Gewerbetreibende und andere Erwachsene. Im Jugendpflegeerlaß vom 18. Januar 1911 heißt es u. a.: „Das Werk der Jugendpflege bedarf aber vor andern des Wohlwollens und der opferwilligen Mithilfe aller Vaterlandsfreunde in allen Ständen und Berufsklassen" (Erlaß vom 18. Januar 1911, abgedruckt in: Ratgeber für Jugendvereinigungen, Februar 1911, S. 138 ff.). Appelliert wird an die *selbstlose Hingebung,* vor allem als Aufforderung an Lehrer und Lehrerinnen, in den Turn-, Spiel- und Sportvereinigungen und den Vereinen für Volkswohlfahrt mitzuarbeiten. Den Stadt- bzw. Ortsausschüssen für Jugendpflege (von denen die Arbeiterjugendvereine ferngehalten werden bzw. ausgeschaltet sind) wird aufgetragen, „Männer und Frauen ausfindig zu machen und zu gewinnen, die fähig und bereit sind, der eigentlichen Hauptarbeit, dem persönlichen Dienste an der Jugend, sich zu widmen" (ebda).

Neben den Stadt-/ Orts- werden Kreis- und Bezirksausschüsse für Jugendpflege gebildet. Diese Ausschüsse sollen zur lebendigen Volksgemeinschaft beitragen, sie „sollten eine gegenseitige Anregung, Förderung und Belebung und eine Aussprache über die verschiedensten Gebiete bezwecken" (so die zuständige Ministerialrätin Helene Weber, in: Ratgeber für Jugendvereinigungen, September 1916, S. 166). In den Ausschüssen sollen die Verantwortlichen der praktisch tätigen Vereine, Repräsentanten und Beamte der Kommunen sowie Honoratioren und Förderer der Jugendpflege zusammenarbeiten, denn „die Jugendpflege (sei) als eine nationale Aufgabe ersten Ranges ... unabweisbare Pflicht vornehmlich auch der oberen Schichten der Gesellschaft" (Erlaß vom 18. Januar 1911). In den 20 „Grundsätzen und Ratschlägen für Jugendpflege", die dem grundlegenden preußischen Ministerialerlaß von 1911 beigegeben sind, wird als staatliches Ziel u.a. formuliert:

> „Aufgabe der Jugendpflege ist die Mitarbeit an der Heranbildung einer frohen, körperlich leistungsfähigen, sittlich tüchtigen, von Gemeinsinn und Gottesfurcht, Heimat- und Vaterlandsliebe erfüllten Jugend. Sie will die Erzie-

hungstätigkeit der Eltern, der Schule und Kirche, der Dienst- und Lehrherren unterstützen, ergänzen und weiterführen" (abgedruckt in: Naudascher 1990, S. 37).

Die Bezirksjugendpfleger sind von ihrer Ausbildung her überwiegend Lehrer, sie werden meist vom Schuldienst freigestellt und sind hauptamtlich; die bestellten Kreisjugendpfleger sind in der Regel ehrenamtlich tätig (Giesecke 1981, S. 143). Ab 1916 setzt sich die Erkenntnis durch, daß die behördliche Jugendpflege und Vereine auf Dauer mit ehrenamtlichen Kräften nicht auskommen würden; dennoch bleiben die meisten Bezirks- und Kreisjugendpfleger im Kaiserreich ehrenamtlich. Die Mitarbeiter in der Jugendpflege gründen ab Beginn des Jahres 1911 Jugendhelfervereinigungen, die im Rahmen ihrer Tagungen und Schriften vor allem fachliche, ausbildungs- und berufspolitische Fragen diskutieren. Bei der 2. Hauptversammlung der Hessischen Jugendhelfervereinigung am 10. Mai 1911 referiert Schoell auch über Anforderungen an deren professionelles Profil: „... und als Berufsarbeiter brauchen wir Leute mit natürlichem Geschick, voll Begeisterung für die Sache und ausgerüstet mit einer gründlichen technischen Bildung gerade für diese Arbeit. Ausführbar ist das nur in größeren Verhältnissen" (in: Ratgeber für Jugendvereinigungen, Oktober 1911, S. 99). Gegründet werden neben den konfessionellen auch die ersten überkonfessionellen berufspolitischen Interessenvertretungen der Jugendpfleger; sie entstehen im Kontext des Erlasses von 1911. Es gibt eine große Zahl von Treffen, Konferenzen von Jugendpflegern und Ausbildungskurse für (ehrenamtliche) Jugendpfleger, die in Abendveranstaltungen mit Vorträgen, Berichten, Besichtigungen und Diskussionen für ihre Arbeit qualifiziert werden. Walther Classen (1913) wehrt sich gegen solche verkürzte Qualifizierungsversuche lediglich in Abendkursen, ihm erscheinen Ausbildungskurse mit einer Dauer von 8–14 Tagen angemessen, um insbesondere zu qualifizieren in: Psychologie, Pädagogik, Organisationslehre; Leibesübungen, Turnen und Wandern; literarischen Abenden, Leseabenden, Theateraufführungen und Handfertigkeitsunterricht; Staatsbürgerkunde, nationalem Leben; Gesang und Musik; hygienischen und juristischen Kenntnissen; geschlechtlicher Erziehung; hauswirtschaftlichen Aufgaben; Volkskunde, Anthropologie und Rasse. Beispielhaft sei hier der Kurs des *Hauptausschusses für Leibesübungen und Jugendpflege* in Berlin vom 12. bis 24. Februar 1912 erwähnt, an dem 314 Personen teilgenommen haben; überwiegend waren es Lehrer, daneben eine größere Anzahl von Offizieren und viele Leiter von Jugendabteilungen

Ausbildungskurfus für Jugendpflege

Veranstaltet vom Magistrat Charlottenburg gemeinsam mit dem Hauptausschuß für

Mit Sonderkurfen für die

Tageszeit	September 1912			
	Sonnabend 28.	Sonntag 29.	Montag 30.	Dienstag 1.
Vormittags 9—11 Uhr	Heep Pfarrer, Lic. — Wesen u. Ziel der intellektuellen Bildung für Jugenpflege	½9—10 Uhr Kriegsspiel, geleitet von Offizieren des Königin-Elifabeth-Garde-Grenadier-Regiments Nr. 3	Klare Rektor — Jugendpflege im Anschluß an die Gemeindeschule	Heinrich Professor — Das Turnen im Jugendverein
11—1 Uhr	Hacfe Fortbildungsschulbirektor — Zur Charakteriftik der Großstadtjugend	½2—½1 Uhr Spielvorführungen u. sonstige Übungen des volkstümlichen Turnens von Mitgliedern der Jugendpflegevereine auf dem städt. Spielplatz Weftend an der Spandauer Chauffee	Brendel Lehrer — Berufsberatung und Jugendpflege	Dr. Barth Oberstabsarzt a. D. — Hygiene der Leibesübungen
Nachmittags 5—7 Uhr		Turnvorführungen der Damenabteilungen der „Allgemein. Turnerichaft", der „Charlottenburger Turngemeinde" u. d. Vereins „ehemaliger Schülerinnen der Mädchenfortbildungsschule" in der Turnhalle der Gemeindeschule XXI. Witzlebenitraße 35	Dr. v. Erdberg, tellvertretender Geschäftsführer der Zentralstelle für Volkswohlfahrt — Mufeumsführungen	Dr. Reimers Abteilungsvorsteher der Zentralstelle für Volkswohlfahrt — Kriegsspiele
Abendveranstaltungen	8 Uhr abends Besuch des Lehrlingsheims „Jugendklub Charlottenburg" — Krumme Straße 87		8¼ Uhr abends Besuch a) des „Christlichen Vereins junger Männer", Schüleritraße 36, Quergeb. b) des Jugendbundes „Luifen" Berliner Straße 58, Hof r. pt.	8 Uhr abends Schwimmvorführungen von Mitgliedern der hiefigen Schwimm- u. Turnvereine der weiblich. u. männlich. Jugend in der städtischen Schwimmhalle Krumme Straße 10

in größeren Städten und Vorortgemeinden.
Jugendpflege in Charlottenburg in der Zeit vom 28. September bis 7. Oktober 1912.
Pflege der weiblichen Jugend.

Oktober 1912

Mittwoch 2.	Donnerstag 3.	Freitag 4.	Sonnabend 5.	Sonntag 6.	Montag 7.
Dr. Rolffs Amtsgerichtsrat Jugendverein u. Jugendgericht	Berthold Knetsch Dozent für Musikwissenschaft Pflege der Musik im Jugendverein	Alwine Reinold Lehrerin Warum ist Jugendpflege für schulentlassene Mädchen geboten?	Frau Gertrud Zucker Leiterin der Frauenabteilungen des städt. Arbeitsnachweises Berufsberatung u. Jugendpflege		Frau Professor Dr. Spiegel Heime für die schulentlassene weibliche Jugend
Opitz Fortbildungsschullehrer Massenausflüge	Grothe Leiter des Lehrlingsheims „Jugendklub Charlottenburg" Theaterspiel im Jugendverein	Elise Deutsch Directorin der städtischen Mädchenfortbildungsschule Fortbildungsschule u. Jugendpflege	Rose Vollmar Fortbildungsschullehrerin Jugendpflege im Dienste der Erziehung zu sozialer Gesinnung und zu sozialem Handeln	½11 Uhr Museumsführung im Kaiser-Friedrich-Museum durch Dr. von Erdberg	Dr. Luther Pfarrer Die Jugend und die Kunst
Grothe Leiter des Lehrlingsheims „Jugendklub Charlottenburg" Technik des Jugendvereins		Dr. med. Alice Profé Die körperliche Erziehung d. schulentlassenen weiblichen Jugend	Anna von Gierke Vorsitzende d. Vereins „Jugendheim" Die Fachausbildung für die Jugendpflege	5 Uhr Besuch d. Vereins ehemalig. Schülerinnen der Mädchenfortbildungsschule Bismarckstr. 22	
8 Uhr abends Zwangloses Zusammensein im Charlottenburger Ratskeller (kl. Saal) Berliner Str. 72/3	8½ Uhr abends Gemeinsame Veranstaltung der Charlottenburger Jugendvereine im großen Saal des „Tiergartenhofs" Berliner Straße 1	8½ Uhr abends Besuch d. Vereins „Abendheim für Mädchen" Goethestraße 22			

	Freitag	Sonnabend	Sonntag	Montag	Dienstag	Mittwoch	Donnerstag	Freitag	Sonnabend	Sonntag
vormittags	1. Organisation u. Vereinsleitung	ein Spielfest		1. Organisation u. Vereinsleitung	Dasselbe i. d. älteren Abteilung			religiöse u. sittliche Erziehung		eine Wanderung oder Schauturnen
	2. Der Arzt	der Arzt		2. Der Arzt	der Jurist	der Jurist	der Jurist .	Literatur Theaterspiel		
	3. Volkskunde	Volkskunde		3. Der Arzt hält eine Besprechung	Turnen u. Turnspiel. Geschichtliches	Die Geschichte im Jugendverein	der Jurist hält eine Besprechung	Musik u. Gesang	Wandern und seine Organisation	
	je 1 Stunde Turnen oder Turnspiele			je eine Stunde Turnen oder Turnspiele						
nachmittags	frei	Besprechung mit dem Leiter des Kursus		frei	Besprechung mit dem Leiter	frei	frei	Besprechung mit dem Leiter	frei	
abends	Empfangsabend, Besprechung	in einem Verein	in einem Verein bei vollem Sonntagsbetrieb	Die Abende in einem Verein An einem dieser Abende alle Kursisten bei einem Riegenturnen						Ein Elternabend

der Turn-, Sport-, Abstinenz- und konfessionellen sowie berufsständischen Vereine. Die Vorträge und Besichtigungen an zehn Abenden konzentrieren sich auf: ethische Aufgaben der Jugendpflege, soziale Hygiene des Jugendalters, Geschichte und Organisation der Jugendpflege; Wandern, Spiel, Sport und Kriegsspiel; Lektüre, Arbeit in einem Jugendclub.

Angebote für die Ausbildung in männlicher und weiblicher Jugendpflege gibt es in großem Umfang, an letzteren nehmen vor allem Lehrer außerhalb ihrer Schulzeit teil. In der Denkschrift mit dem Titel *Übersicht über die Ergebnisse der staatlichen Veranstaltungen zur Ausbildung und Fortbildung von Turnlehrern sowie von Jugendpflegern in Preußen während des Etatjahres 1912* wird vor allem auf die körperliche Ertüchtigung der Großstadtjugend, die religiös-sittliche und hygienische Erziehung sowie auf praktische Ausbildungsfragen (Gestaltung von Abenden, Einrichtung von Heimen u. a.) hingewiesen. 1911 werden in Preußen 366 Aus- und Fortbildungskurse für Jugendpfleger durchgeführt; 1912 sind es 434, an denen 22 139 Personen teilgenommen haben; davon sind 11 755 Lehrer und 2870 Lehrerinnen. Die halbamtliche „Zentralstelle für Volkswohlfahrt" führte von 1909 bis 1912 sechs Jugendpflegerkonferenzen durch.

Im „Handbuch für Jugendpflege" von 1913 werden im Kaiserreich sechs Träger der Jugendpflege – Einzelne, freie Vereine, die Fortbildungsschule, die Kirche, Kommunen und Kommunalverbände, der Staat – ausgewiesen. Neben den kommunalen und staatlichen Trägern führen viele Institutionen und Verbände der freien Träger Fortbildungskurse für Jugendpfleger durch, außerdem werden Handbücher, Ratgeber und Materialien zur Arbeit des Jugendpflegers herausgegeben.

Zur Umsetzung der Ziele der Jugendpflege wird ein traditioneller Kanon von Methoden empfohlen: u. a. die Bereitstellung von Räumen und Plätzen für Spiel und Unterhaltung, Besichtigungen, Jugendbibliotheken, Vorträge, Handfertigkeitsunterricht, Leibesübungen jeder Art, Wanderungen. Brigitte Naudascher skizziert als Funktionen der preußischen Jugendpfleger u. a.:

> „– Jugendpfleger sollten Werbung für die Jugendsache betreiben, und zwar sowohl unter nichtorganisierten Jugendlichen als auch in den Kreisen der oberen Mittelschichten und Oberschichten.
> – Im Zusammenhang damit sollten neue Mitarbeiter gefunden und Lehrgänge und Kurse unter Heranziehung geeigneter Dozenten organisiert werden.
> – An geeigneten Orten war zu überprüfen, wie eine Zusammenarbeit mit Schulen aussehen könnte.
> – Eine wesentliche Aufgabe bestand in der Kontaktaufnahme und Zusammenarbeit mit kirchlichen und Sportvereinen, wie überhaupt die Verbreitung gesunder Leibesübungen in jeder Form im Mittelpunkt jugendpflegerischer Überlegungen zu stehen hatte.
> – Um die organisatorische Arbeit sicherzustellen, hatten sich Jugendpfleger um den Aufbau von Orts-, Kreis- und Bezirksausschüsse zu kümmern; die Hauptaufgabe der Bezirksausschüsse bestand in der Beschaffung von Fördermitteln von privaten Geldgebern.
> – Vor Ort trugen die Jugendpfleger die Verantwortung für die Beschaffung von Mitteln, geeigneten Anlagen und Räumlichkeiten sowie deren Ausstattung; mit staatlichen Beihilfen war dabei vorsorglich und sparsam umzugehen.
> – Die Arbeit mit Mädchen mußte von Jugendpflegerinnen geleistet werden. Sie setzten Schwerpunkte in der Anleitung zur Haushaltsführung, zur Hygieneerziehung, zur Bewahrung deutscher Werte in der Erziehung und zur Förderung musischer Bildung" (1990, S. 239).

Den nationalpolitischen Zielen, Begründungen und Funktionbestimmungen, der regen Diskussion in Fachzeitschriften stehen (bisher kaum untersuchte) Praxen und Reichweiten gegenüber, die Josef Hederer so bewertet:

> „Jugendarbeit im Jahre 1913: Warmherzige Menschen haben sich in den verschiedensten Orten der volksschulentlassenen Jugend angenommen. Sie wußten aus eigenem Erleben, wie sehr der unfertige Mensch in den Entwicklungsjahren des Anschlusses, des Verständnisses, der Hilfe bedarf ... Es steht

ein älterer, gutgestellter Kaufmann vor mir, ein etwas wunderlich gewordener Junggeselle, über den wohl manche den Kopf schütteln; ein Mann mit warmen Herzen, der Welt und Menschen in langer Arbeit und durch viele Reisen kennengelernt hat. Er hat ein Auge für die Jugend, hat diesen, dann jenen Jungen angesprochen, ist ihnen nähergetreten und ihr Freund geworden. Er lädt sie zu sich, ist genau unterrichtet über ihr Leben und Streben, ist ihr lebendiges Wissen, duldet es nicht, daß sie sich dem Schlendrian hingeben, fährt sie bisweilen hart an und gewinnt damit eine immer stärker werdende Macht über ihre Gemüter ..." (1959, S. 379).

Auch Justus Ehrhardt, ein führender Vertreter der Gilde Soziale Arbeit, kommt für die kommunale Jugendpflege in diesen Zeitraum zu einer skeptischen Einschätzung: „Viel Jugendpflegearbeit der kommunalen Verwaltungen (mit ihren lokalen Jugendpflegeausschüssen, d. V.) war damals Fassade und hat sich nicht einmal zu den Wegen der formell korrekten Bürokratie aufgeschwungen" (1930, S. 97).

Militarisierung der Jugendpflege

Das deutsche Jugendhilfe(arbeits)wesen ist in seiner Entstehung und Reform aus dem reaktionären und militärstaatlich organisierten Preußen hervorgegangen und daher autoritär-hierarchisch und nicht kommunal-demokratisch inspiriert und organisiert. Schon lange vor dem Ersten Weltkrieg hat das Kriegsministerium versucht, seinen Einfluß auf die Inhalte der Jugendpflege (u. a. mit dem 1911 gegründeten Sammelverband *Jungdeutschland*) geltend zu machen und die Notwendigkeit der *militärischen Vorbereitung der Jugend* begründet. Die vor allem bis 1914 durchgesetzte Militarisierung der Jugendpflege und der ab 1914 propagierte „Krieg als Lehrmeister" verlieren unter den Kriegsbedingungen in der Jugendpflege (nicht in der Schule) 1916/17 bald an Bedeutung, bleiben aber bis 1918 Zentrum der offiziell gewünschten national-pädagogischen Erziehungsbemühungen. Die militär-erzieherischen Interessen und soldatische Moralität zeigen sich in der Jugendpflegepraxis in Form von Kriegsspielen und vor allem in der Diskussion um den Entwurf eines einheitlichen Reichsjugendwehrgesetzes zwischen 1915 und 1917. Ziel ist eine militärische Jugendpflege, die an die Jugendwehren (Wehrkraftvereine) der neunziger Jahre und den Aktivitäten der bürgerlich-nationalen Vereine anknüpfen sollte. Während die Vereine vor allem *Leibesübungen* anbieten, um den *Freiheitsdrang der Jugendlichen zu bändigen*, geht es den Jugendwehren unter der Leitung von Offizieren vor allem in Nord- und Mitteldeutschland darum, die Jugend *vor den vielen Gefahren des großstädtischen Lebens zu schützen*. Beiden Konzepten geht es – auf dem Hintergrund kriegsbereiter Machtpolitik, dem Einfluß des militärisch-industriellen Komplexes, der Kriegsbegeisterung vor und zu Beginn des Krieges – letztlich um die Ziele: Bindung an Kaiserreich und Monarchie, Erhalt der Arbeitskraft, Steigerung der Wehrfähigkeit und der militärischen Mobilmachung. Nach Kriegsbeginn kulminiert die Diskussion in den Forderungen nach einer vormilitärischen Schulung der männlichen Jugend – auch in zukünftigen Friedenszeiten. Die Entwürfe zur Reichsjugendwehr sehen eine vormilitärische Jugendausbildung für alle männlichen Jugendlichen mit Vollendung des 17. Lebensjahres vor, die vom Sport-, Turnunterricht, Geländeübungen bis zur *geistigen Ertüchtigung* reichen sollten, als Vorbereitung der Jugend auf die Verteidigung des deutschen Staates gegen *innere und äußere Feinde* (Fiedler 1989, S. 76ff). Die gesetzliche Regelung ist über das Stadium des Entwurfs nie hinausgekommen; an der Diskussion bis 1918 ist wesentlich das preußische Kriegsministerium beteiligt, denn Vereine der Jugendpflege sollten in enger Kooperation mit der Heeresverwaltung und mit Offizieren zur *Wehrertüchtigung* beitragen. Bereits in der Vorkriegszeit wird über den *Offizier im Dienste der Jugendpflege* im Rahmen der Wehrkraftvereine nachgedacht und z. B. bei der Vertrauensmännerversammlung des Jungdeutschlandbundes am 11. Dezember 1911 in Berlin von Oberleutnant Giehrl referiert: „Ein besonderes Streben des Bundes soll es sein, die reichen Lehrkräfte, die in der Armee und ihrem Beurlaubtenstand enthalten sind, für die praktische Arbeit in der Jugendpflege zu nutzen" (in: Ratgeber für Jugendvereinigungen, Februar 1912, S. 31).

II. Weimarer Republik (1918–1933)

Staatliche Jugendpflege

Mit den Erlassen vom 17. Dezember 1918, vom 22. November 1919, der Verabschiedung des Reichsjugendwohlfahrtsgesetzes (RJWG) am 14. Juni 1922 und dem Inkrafttreten am 1. April 1924 (auf Reichsebene unter der Zuständigkeit des Ministeriums für Volkswohlfahrt; in Preußen erhält 1919 ebenfalls das Ministerium für Volkswohlfahrt die Zuständigkeit für die Jugendpflege) wird mit der Konstituierung der Jugendämter die kommunale Jugendpflege erstmals professionell ausgestattet, wenn auch nicht in dem Umfang, wie sie in der Reformdiskussion gefordert wird. Vergesellschaftungsinteressen und Leitmotive sind: die Jugendpflege und Jugendarbeit sollen, organisiert und angeleitet von Erwachsenen, in ihrer Grundintention zu politischem Wohlverhalten, traditionellen Sittlichkeitsvorstellungen, zur „Wiederherstellung der inneren Einheit unseres Volkes beitragen" (Justus Ehrhardt), für eine glücklichere Zukunft Deutschlands den Grund legen und „eine starke, an Leib und Seele gesunde, schaffensfreudige Jugend" (Helga Siemering) heranziehen. In dem Erlaß vom 17. Dezember 1918 werden die neuen nationalpolitischen Bezüge deutlich:

> „So furchtbar die Lage ist, in die unser Volk durch den unglückseligen Ausgang des Krieges geraten ist, so zwecklos und eines großen Volkes unwürdig wäre es, verzweifelnd sich müßiger Trauer hinzugeben. Es gilt vielmehr, ungebeugten Mutes alsbald die Arbeit wieder aufzunehmen, um für eine glücklichere Zukunft Deutschlands den Grund zu legen. Hierbei mitzuwirken ist auch die Jugendpflege berufen, da eine starke, an Leib und Seele gesunde Jugend, schaffensfreudige Jugend die erste Voraussetzung für einen neuen Aufstieg bildet. Die Jugendpflege hat eine ihrer vornehmsten Aufgaben in der Gegenwart darin zu erblicken, daß sie nach Möglichkeit zur Wiederherstellung der inneren Einheit unseres Volkes beizutragen und zu diesem Zwecke einen einmütigen, brüderlichen Geist unter der heranwachsenden Jugend zu fördern sucht. Es ist daher dringend geboten, alle Jugendvereinigungen – auch die freireligiösen und sozialdemokratischen –, denen es um ernstgemeinte erzieherische Beeinflussung ihrer Mitglieder auf körperlichem, geistigem und sittlichem Gebiete zu tun ist, einerlei, ob sie von Erwachsenen gegründet sind und geleitet werden oder aus der Jugend selbst hervorgegangen sind, in der bestehenden Organisation der Jugendpflege zu sammeln, die sie – bei voller Wahrung ihrer Selbständigkeit – unter sich und mit den staatlichen, den Kreis- und Gemeindeorganen zu einheitlichem, planvollem Wirken zusammenzuschließen und ihnen innerhalb der sich daraus ergebenden größeren örtlichen, Kreis- und Bezirksorganisationen durch Rat und Tat, auch durch

Zuwendung staatlicher Mittel als Beihilfen eine an Umfang und Kraft gestei-
gerte Wirksamkeit ermöglichen will" (zitiert nach: Naudascher 1990, S. 52f).

Das national-harmonistische, klassenversöhnende Interesse wird vor
allem im Erlaß vom 22. November 1919 deutlich, in dem es u. a. heißt:

> „Wohl aber kann die Jugendpflege dazu beitragen, daß die deutsche Jugend, ei-
> nerlei, ob ihre Wiege in der Hütte oder im Schloß stand, dem Vaterlande in sei-
> nem tiefen Unglück erst recht Liebe und Treue bewahrt und deutsches Wesen
> hochhält. In ihren Reihen muß brüderlicher Geist walten, der unbeschadet allge-
> meiner Menschenliebe zunächst in jedem deutschen Volksgenossen den Freund
> und Bruder zu achten und zu lieben lehrt. Die Jugend soll willig und tüchtig wer-
> den, ihre Pflichten gegenüber dem Volksganzen gewissenhaft und in opfermüti-
> gen Gemeinsinn zu erfüllen" (zitiert nach: Naudascher 1990, S. 55).

Die preußische Regierung knüpft – in versöhnender Tendenz – an die
Vorkriegssituation der Jugendpflegepolitik mit der Einrichtung von
Orts-, Kreis- und Bezirksausschüssen für Jugendpflege an; die anderen Länder folgen in ihren Erlassen weitgehend den organisatorischen Regelungen von Preußen (vgl. Lüers 1979, S. 68ff.) Dabei wird
im *Kampf um die Jugend* Jugendpflege und Jugendarbeit erstmals, als
Kompromiß widerstreitender politischer und gesellschaftlicher Interessen, mit den Leitgedanken der *Wohlfahrt und Erziehung* versehen
und relativ "wohlwollend" unter Einbeziehung der sozialdemokra-
tisch und freireligiös orientierten Vereinigungen gefördert und ausgestattet. Die Konstituierung der bürgerlichen Gesellschaft in der
Weimarer Republik, mit Sozialstaatlichkeit als Verfassungsprinzip,
erlaubt es, die Reformen in der Jugendhilfe durchaus als erste Modernisierung – mit umfassender Verrechtlichung und Ansätzen von Ega-
lisierung des Jugendhilfewesens – zu chrakterisieren. Modernitäts-
rückstände werden gelockert oder abgelöst, das gilt vor allem für eine
weltanschauungsfreie (Einfluß der Kirche) Jugendhilfe. Subjektorien-
tierte Perspektiven und pädagogische, wissenschaftliche, sozialpolitische Argumentationen bestimmen leitmotivisch bis Ende der 20er
Jahre die fachliche Diskussion; sie stehen dabei im Konflikt und in
Auseinandersetzung mit den mehr obrigkeitsstaatlich-konservativen
Kontrollinteressen an Jugend.

Die durch das Kriegsende und die revolutionäre Nachkriegssitua-
tion sich ergebenden innenpolitischen Veränderungen in Deutschland – mit der Konstituierung als Republik und parlamentarische Demokratie – haben auch einen *inneren Wandel* bei Organisationen und
Institutionen der Jugendpflege zur Folge. Vor allem bei vielen Jugendverbänden entwickelt sich ein neues (erstes) Demokratieverständnis

und die Ideen der freideutschen Jugend (wie das jugendliche Selbstbe-
stimmungsrecht) setzen sich in großen Teilen der bürgerlichen Jugendbewegung und in der Jugendarbeit durch. Viele Jugendverbände
(und ihr Zusammenschluß Anfang 1919 zum „Ausschuß der deutschen Jugendverbände", im Jahre 1926 zum „Reichsausschuß der
deutschen Jugendverbände") verstehen sich mehr als Jugendbewegung (und Jugendführung) denn als Jugendpflege; dieser Begriff gilt
für die öffentlich-behördlichen Maßnahmen. Für die Realisierung des
öffentlich-rechtlichen Anspruches auf Erziehung und Integration, die
Vermittlung von (Arbeits)Tugenden, für einen *neuen Aufstieg des Staates* wird der Aufbau kommunaler Jugendämter geplant; damit ist
gleichzeitig die Stärkung des staatlichen, von Erwachsenen kontrol-
lierten Einflusses vorgesehen. Wedekind resümiert die Entwicklung
der Jugendpflege zu Beginn der Weimarer Republik:

> „1. 1911 wurde die Jugendpflege zur Erhaltung der konservativ-monarchi-
> schen Gesellschaftsordnung in Anspruch genommen als ein gesellschaftspoli-
> tisches Kampfmittel im Kampf um die Jugend. 2. Im Kriege wurde die Jugend-
> pflege militarisiert und zu einer Vorschule der Armee. 3. Jetzt wird eine *schaf-
> fensfreudige Jugend* für einen *neuen Aufstieg* gewollt. Hier zeigt sich deutlich,
> daß in dem neuen öffentlichen Erziehungsbereich *Jugendpflege* einseitig der
> staatlich-gesellschaftliche Anspruch an die Jugend herausgestellt wird. Die
> Mittel für die Jugend dienen mittelbar der Förderung einseitig-staatlicher In-
> teressen. Ansprüche der Jugend an Staat und Gesellschaft werden gar nicht
> gesehen" (1971, S. 232).

Subventioniert werden nach den Nachkriegserlassen nur Vereinigungen, die auf Orts- und Kreisebene in den Jugendpflegeausschüssen organisiert sind; auch die Mitgliedschaft im Reichsausschuß der deutschen Jugendverbände ist Voraussetzung für bestimmte staatliche
Zuwendungen bzw. Vergünstigungen (z. B. für Fahrpreisermäßi-
gung). Zu der Zusammensetzung und den Aufgaben der Jugendpflegeausschüssen bzw. von Jugendpflegern heißt es:

> „Die bezeichneten Jugendpflegeausschüsse und die Jugendpfleger aller Rich-
> tungen, namentlich auch die Kreis- und Bezirksjugendpfleger, werden sich
> ein besonderes Verdienst um unser Vaterland dadurch erwerben, daß sie
> durch persönliche Aufklärung das zwischen den einzelnen Richtungen etwa
> noch vorhandene Mißtrauen beseitigen, Gegensätze ausgleichen und ein ver-
> trauenvolles Zusammenwirken im Interesse der Jugend herbeiführen" (zi-
> tiert nach: Der Führer, Heft 2/1922, S. 18).

Unter Jugendpflege werden, bei freiwilliger Teilnahme, *Maßnahmen*
(von Erwachsenen, d. V.) *für die normale und gesunde Jugend* (Gertrud
Bäumer), *die Betreuung der Jugend zwischen 14 und 21 Jahren* (Hans Richter) verstanden, bei denen sich Staat und Gesellschaft *an der Aufgabe*

der Familie (Gertrud Bäumer) helfend beteiligen sollten: u. a. durch die
Schaffung von Kindergärten, Krippen, Kinderhorten, Erholungsein-
richtungen, Spielplätzen und Angebote wie Wanderungen, Zeltlager,
Jugendheime und Lehrgänge - mit dem Ziel der „harmonischen Ausbildung der in den schulentlassenen Jugendlichen schlummernden
körperlichen, geistigen und sittlichen Kräfte" (Richter 1932, S. III). Die
Jugendpflege im weiteren Sinne sollte den „ganzen jugendlichen
Menschen (im Alter von 14 bis 21 Jahren, d. V.) in allen seinen Lebens-
beziehungen erfassen" (Siemering 1931, S. 386), die männliche und
weibliche Jugend in ihrer freien Zeit *erzieherisch beeinflussen*, „soweit
sie mit oder ohne Unterstützung von Staat oder Stadt von Erwachsenen, sei es nun innerhalb großer Verbände oder in einzelnen freien
Gruppen geleistet werden" (Dehn 1929, S. 97).

Jugendpflege wird (im Gegensatz zu *Jugendbewegung* und *Jugendführung*) explizit und in begrenzt gesellschaftkritischer Perspektive
als ein Kind der Not (Maschinenzeitalter, Verstädterung, Auflösung
traditioneller Ordnungen wie Familie und Religion, Atomisierung)
und auf dem Hintergrund geistiger, sittlicher und leiblicher Gefahren
(Auflösung der sexuellen Zucht, zweifelhafte Vergnügungsmöglich-
keiten), als erzieherische „Tat der älteren Generation (Schule, Kirche,
Parteien u. a., d. V.) an der jungen" (Dehn 1929, S.98) gesehen. Nach Fischer „ist und erstrebt Jugendpflege letzten Endes Pflege des persönlichen Lebens der Jugendlichen und Einwirkung auf den Werdegang
ihrer Welt- und Lebensanschauung" (1928, S.12) als etwas *Eigenes und
Selbständiges*. Sie wirkt ergänzend (und unterscheidet sich von Jugendschutz und Jugendfürsorge), ist aber im Rahmen der Gesamter-
ziehung, neben Familie, Schule und Berufsausbildung, gleichzeitig
Teil einer ganzheitlich zu verstehenden *Jugendwohlfahrtspflege*.

Mädchen in der Jugendpflege

Für den erzieherischen Einfluß auf Mädchen bleiben, als Entwick-
lungsprinzipien und Erziehungsziele, die *Mütterlichkeit* mit *hauswirt-
schaftlicher und hausmütterlicher Ertüchtigung* und die *besondere Stählung für den Berufskampf* die leitenden Denkfiguren; Leitbild und Weib-
lichkeitsideal(-konstrukt) sind die unwidersprochenen Annahmen
über das geschlechtsanthropologisch und kulturell begründete
„weibliche Wesen", das „spezifisch Weibliche". Gedeutet, kultiviert
und postuliert werden eine polare (geistige) „Welt der Knaben" und
eine (ungeistige) „Welt (Reich, Insel) der Mädchen", die besonderen

seelischen Eigenarten und Gefühlswelten von Jungen und Mädchen.
Auf dem Hintergrund geschlechtsbiologischer Annahmen und postu-
lierter Wesenskonstanten gelten Angebote und Aktivitäten der Jugendpflege denn auch einer mehr jugendschützerischen Tugenderziehung und der praktischen Einübung in die „private" und traditionelle Mutter- und Hausfrauenrolle (vgl. zu den Deutungen, Differenzierungen und Auseinandersetzungen zur „Mädelfrage", zur „Geschlechterfrage" und des „Geschlechterverhältnisses", insb. dem *ka-
meradschaftlich-geschwisterlichen Konzept* in der deutschen Jugendbewegung: Klönne 1990). Zuweisungen und Orientierungen weiblicher
Verhaltensmuster richten sich auf Bereiche wie Ehe, Familie, Haus-
halt, Mädchenbildung, Berufsorientierung, die als Orte und Lebensentwürfe für Mädchen mit ihren Teilhabeformen zur Verfestigung der
Geschlechterhierarchie und damit zur Machtverteilung und Abhängigkeiten im Geschlechterverhältnis beitragen. Ein längerer Auszug
aus der überbündischen Zeitschrift *Zwiespruch* verdeutlicht beispielhaft die Interessen an der weiblichen Jugend mittels *weiblicher Jugendpflege:*

„Körperlich und geistig gesunde Mütter brauchen wir mehr denn je. Sie allein
vermögen das Geschlecht hervorzubringen, welches die großen Aufgaben,
die uns aus der Katastrophe der Gegenwart erwachsen, erfüllen kann. Unsere
Mädchen müssen, um solches leisten zu können, erzogen sein im innerlich-
sten Sinne des Wortes, erzogen zur Freiheit in Selbstbeherrschung. Nur solche
Selbsterziehung befähigt sie, ihren eigenen Kindern die Erziehung zu geben,
die ihre Eltern ihnen häufig schuldig geblieben sind. Die Irrwege, die unsere
Kultur unter der Herrschaft des gesteigerten Erwerbslebens und unter dem
Zeichen der zunehmenden Lebensveräußerlichung eingeschlagen hat, sind
besonders verhängnisvoll für die Mädchenarbeit geworden. Leerheit und
Hohlheit ist die Signatur ihres Seelenlebens. Das echt und ewig Weibliche ist
gewaltsam unterdrückt: der Sinn für Familienleben, für Häuslichkeit, weibliche Tugenden und Künste. Anstelle des Strebens nach wirtschaftlicher Tüchtigkeit trat der ungeordnete Trieb nach außen, zur Oberflächlichkeit, zum
Schein, zu Putz und Tand, zu Vergnügungen, die keinen anderen Namen ver-
dienen als *Amüsements;* der Trieb zur Straße und zum Straßenleben, der Wi-
derwille gegen das *Dienen,* ja oft auch die Preisgabe des Edelsten der weiblichen Seele, die Keuschheit und Reinheit; der verfrühte und ungeordnete sexuelle Trieb und alle seine besonders das weibliche Seelenleben verwüstenden
Folgen. Putzsucht, Vergnügungssucht und Liebeleien bilden das traurige
Trio, welches das Jugendleben der Töchter unseres Volkes beherrscht… Der
Kernpunkt wird immer die Erziehung zu geistigen Leben sein müssen. Geisti-
ges Leben aber beruht zuletzt auf Gewissens- und Gemütsbildung. Die ganze
Erziehung und Selbsterziehung der weiblichen Jugend aber muß sich aufbauen auf der Naturgrundlage der Weiblichkeit. Sie ist darum im ausgepräg-
testen Sinne Erziehung zu echter Weiblichkeit. Die weiblichen Tugenden: An-
mut, Reinheit, Schlichtheit, Sonnigkeit, Sinnigkeit, Innigkeit müssen wieder

triumphieren über *Toiletten, Eleganz, Koketterie, Konformismus, Konversationstalent, schickes Auftreten* der wirklichen oder nachgemachten Damenhaftigkeit. Der Sinn für schlichte Schönheit, für die Pflege des Schönen im Kleinen und in der nächsten Umgebung, im engsten Kreise, im Heim, der Sinn für die Pflege des häuslichen Lebens, des Haus- und Familiengeistes; Lust und Liebe an Kindern und Kinderleben, am Summen und Singen, am Schalten und Walten" (Hunzinger 1915, S. 222 ff.).

Die Versuche, die ins Wanken geratene Zentrierung von Frauen auf Haus und Familie zu festigen, zeigen letztlich ein frauenverachtendes Denken, das als Folge männlich-bürgerlicher Besitzängste und angemaßter Eigentumsrechte an der Frau erklärt werden kann (Klönne 1990, S. 11). Im Erlaß vom 22. November 1919 wird denn auch mit patriarchalischem Blick ein besonderer Akzent auf die nationalen Interessen, die Pflege, auf hausmütterliche Erziehung, Liebe, Opfer und Dienst der weiblichen Jugend gelegt:

„Alles, was nach dieser Richtung (hauswirtschaftliche und hausmütterliche Ertüchtigung, Stählung für den Berufskampf, d. V.) für die weibliche Jugend geschieht, kommt dem Vaterlande zugute, das in seiner gegenwärtigen Verarmung eines fleißigen, sparsamen, im edelsten Sinne des Wortes dienenden Frauengeschlechtes dringender bedarf als je zuvor" (zitiert nach: Naudascher 1990, S. 56).

Jugendforschung

Es gibt in den zwanziger Jahren umfangreiche – keinem einheitlichen Konzept zuzuordnende – Veröffentlichungen, Selbstzeugnisse, eine breite wissenschaftliche (psychologische, pädagogische und soziologische) Jugendforschung sowie vielfältige Diskurse und Kontroversen zu „Themen von Jugend" (Dudek 1990); Eduard Spranger entwirft u. a. seine „Psychologie des Jugendalters" (1924). Medizinische Paradigmen und devianztheoretische Annahmen werden in der Jugendpflege – auf dem Hintergrund der wissenschaftlichen Erkenntnisse, Diskussion und (methodischen) Verfachlichung der sozialen Arbeit generell – abgelöst von entwicklungspsychologischen Interessen, von Erkenntnissen zu milieubezogenen Bedingungen des Aufwachsens, der Lokalisierung von *gefährlichen Phasen* und der Bestimmung von (sozial)pädagogischen bzw. jugendschützerischen Einflußmöglichkeiten. Es gibt in den Fachzeitschriften eine ausführliche Diskussion zu den Gefahren und Gefährdungen durch *Schmutz und Schund;* gemeint sind Filme/Kino, Kneipen, Tanzvergnügen, Literatur und *Schundschriften* (Groschenhefte), Rummelplätze. Dem Schmutz und

Schund wird neben Alkohol, Nikotin und Prostitution der pädagogische Kampf angesagt, und es wird zur sittlichen Erneuerung der Gesellschaft aufgerufen. Die Lebens- und Arbeitssituation *der Jugend*
nimmt in der Fachliteratur breiten Raum ein; sie konzentriert sich auf:
die hohe Beschäftigungslosigkeit, den schlechten Gesundheitszu-
stand, problematische Familienverhältnisse, Drogenprobleme (Alkohol, Nikotin), Schmutz und Schund (Kino, Groschenhefte, u. a.), *ver-
führerische* Konsumangebote in Großstädten mit den Folgen in Kriminalität und *Verwilderung* der Sitten, verbreitete Gefühle von Hoff-
nungslosigkeit.

Die Notwendigkeit von erzieherischer Beeinflussung durch Jugendpflege wird auch in der Weimarer Republik mit gefährdenden
Entwicklungen und Einflüssen auf Jugendliche verknüpft: *Kriminalität und Zuchtlosigkeit,* das *abendliche Treiben in den Straßen* und in *gewissen Kaffee- und Tanzlokalen,* Verhandlungen vor dem Jugendgericht,
die Zunahme der Fürsorge-Zöglinge und Schutzaufsichten werden
als Belege für die notwendige Führung der Jugend angeführt.

Dudek resümiert als pädagogischen Grundkonsens der „Wiener
Schule" in den zwanziger Jahren, in der, neben den Arbeiten der
„Hamburger Schule" und der pädagogischen Jugendforschung, bedeutende theoretische und empirische Erkenntnisse „über Jugend",
Kinder, ihre Familien und ihr Milieu gewonnen und formuliert werden: „Die alte Verwahr- und Verbotspädagogik gilt als historisch
überholt, der professionelle Erzieher übernimmt zunehmend die
Rolle eines Beraters, zuallerst natürlich für die Jugendlichen selbst,
dann aber auch für die Eltern" (1990, S. 254). Es geht der Jugend-
kunde/Jugendforschung um die Deutung des Jugendalters als Entwicklung und Bildsamkeit von Jugendlichen. Jugend wird als allge-
meingültige und klar strukturierte Lebens- und Entwicklungsphase
verstanden, die in die stabilen Erwachsenenrolle mündet – entwicklungspsychologisch und gesellschaftlich aber als Reifungsprozeß kri-
senhaft verläuft bzw. gefährdet ist und daher einer erzieherisch gestützten Integration und Orientierung in die Gesellschaft bedarf. Unterlegt wird ein erziehungsbedürftiges Alter und eine entwicklungspsychologisch begründete Führungsbedürftigkeit in der Jugendphase. Dies macht die besonderen ordnungspolitischen, fürsorgerischen, freizeitpädagogischen und therapeutischen Aufgaben der sozialpädagogischen Profession – von Pädagogen, Erziehern und Jugendpflegern – aus, die in ihrer Haltung von *Autorität und Liebe* geprägt sein sollten. Jugend wird und bleibt für Pädagogik, Psychologie,

Soziologie und Jugendwohlfahrt vor allem Objekt der Fürsorge und
Erziehung, aber auch politischer Hoffnungsträger. Dies gilt z. B. für
den psychoanalytisch orientierten Jugendforscher Siegfried Bernfeld,
einem von Freud und Wyneken in seinem pädagogischem Denken be-
einflußten Sozialisten und Außenseiter im Wissenschaftssystem, mit
seinem kulturellen Jugendbegriff, seiner Historisierung und Differenzierung der beiden psychonanalytisch orientierten Pubertätskon-
zepte, seinem Glauben an die befreiende Kraft der Wissenschaften für
Erziehung und Gesellschaft.

Sozialpädagogische Bewegung und Jugendbild

In der sozialpädagogischen Bewegung werden die ergänzende und eigenständige Erziehungs- und Formungsleistung der Jugendwohlfahrt – als Persönlichkeitsbildung – in ihrer *Kulturmission* (Hertz) zur
Volksgemeinschaft und zum Staatsbürger, die Kooperation mit der
Schule (der Lehrer als Helfer und Berater) und die *pädagogische Durch-
dringung* (Mosolf) des Jugendamtes betont. Dabei werden für die Mitarbeiter selbständiges Auftreten in eigener Verantwortung und für
das Amt eine *starke Führung* (Cleven) reklamiert. Für Georg Kerschensteiner ist die *Gesinnungspflege* mit ihren erzieherischen und pädagogischen Einwirkungsmöglichkeiten das Kernanliegen jeder recht ver-
standenen Jugendpflege (1933, S. 234). Bei der Frage nach dem geistigen Zentrum der Jugendwohlfahrtsarbeit verweist Eduard Spranger
auf das *pädagogische Ethos,* das auf die Höherbildung der Menschheit
gerichtet sei. Im Rahmen der pädagogischen und sozialpädagogischen Bewegung, der akademischen Reformpädagogik werden die
Aufgaben der Jugendpflege wiederholt pathetisch formuliert und mit
weitreichenden Perspektiven versehen. Popularisierte Begriffe wie
*pädagogische Idee, Entwicklung, Formung und Bildsamkeit, natürliche Er-
ziehung, Verstehen* und *Erklären, vom Kinde aus, Anschauung, Selbsttätigkeit, Nähe und Distanz, Selbsterziehung, pädagogischer Bezug* und *Gemeinschaft* zielen mit Beginn der zwanziger Jahre zunächst auf eine subjek-
torientierte Sichtweise und auf Reformvorstellungen für das Jugendamt; sie werden von der Reformpädagogik und pädagogischen Bewegung auch gegen die obrigkeitsstaatliche und autoritäre Pädagogik
gerichtet und unterstützen den Prozeß von subjektorientierter Perspektive und relativer Autonomie (Oelkers 1989). Mitarbeiter aus der
Jugendbewegung mit sozialpädagogischer Ausbildung versuchen –
auf der Suche nach reformpädagogischen Arbeitsplätzen –, vor allem

in Jugendamt, der Fürsorgeerziehung und im Jugendstrafvollzug den ganzen Menschen erfassende Reformvorstellungen zu verwirklichen.

Jugendpflege wird als „selbständiges Organ der Volkserziehung, mit aufbauender Arbeit an unserer Jugend im Zusammenhang unserer gesamten Volksbildung" (Nohl 1928, S. 1) definiert; „das pädagogische Verhalten, die erzieherische Hingabe an den einzelnen Menschen, den *Menschen im Menschen* ist der feste Grund aller aufbauenden Wohlfahrtsarbeit" (Nohl 1927, S. 11). In der Reformdiskussion der öffentlichen Erziehung werden von der akademischen Pädagogik (vor allem von Eduard Spranger, Georg Kerschensteiner, Herman Nohl, Erich Weniger und Aloys Fischer) insbesondere die Aufgabenstellung, die Ausbildung, Auslese, aber auch Paradoxien des Lehrerstandes – als ein mit der Jugendpflege in seinen reformpädagogischen Zielen und Bemühungen vergleichbares professionaliertes Erziehungsfeld – thematisiert. Es geht in der zeittypisch pathetischen Diktion der Pädagogik um die *Verselbständigung des Erziehungsvorgangs* (Weniger) und die *Wesentlichkeit des Lehrertums im Prozeß der Menschwerdung* (Fischer). Nach Aloys Fischer kommen im Lehrberuf drei begrifflich verschiedene Aufgaben zusammen:

> „Das Erziehertum uneigennützig pflegender Liebe zu individuellen Menschen mit seiner Verantwortlichkeit vor der künftigen Autonomie der Unmündigen und für deren gegenwärtiges Lebenslos als der Ausgangs- und Grundlage ihrer Menschwerdung, das Lehrertum der Vermittlung zwischen der objektiven Kultur und den sie übernehmend-fortsetzenden neuen Trägern mit seiner Verantwortung vor dem Geist und für die Sachbindung der kulturschöpferischen Kräfte, das Führertum als Kern aktiver Gemeinschaftsbildung mit seiner Verantwortung vor bestehenden und für gesuchte, bessere Formen des Gemeinschaftslebens" (Fischer 1967, S. 46).

Fischer setzt (wie Nohl, Spranger, Weniger und Kerschensteiner) bei jeglicher professionellen Erziehung und der Reform des Erziehungswesens auf den *persönlichen Faktor*, auf die richtigen Erzieherpersönlichkeiten und deren Wirkungen in der Einzel- und Volkserziehung, hin zu „einer großen Werkgemeinschaft" (1967, S. 37). Der Begriff *vom Kinde aus*, das „in der Fülle seiner Kraft und Möglichkeiten ein verantwortungsbewußtes, selbständiges Glied der Gemeinschaft" (Weniger 1930, S. 163) werden soll, wird leitmotivisch für die Pädagogik. Die (sozial)pädagogischen Ideen werden in Begriffen wie Pflege, Liebe, Dienst, Förderung, Sorge, Verantwortung der anvertrauten Menschen ausgedrückt; diese sollen realisiert werden von einem *sozialen Typ*, der mit sozialer Tugend, dem Willen zur Selbsthilfe sowie *sozialer Haltung* ausgestattet ist und der vor allem durch sein *Sein* und dann

erst durch sein *Können* wirkt. Die jugendschützerische und erzieherische Absicht der Jugendpflege ist „Heilung und Rettung verwahrlo-
ster Jugend" (Nohl 1928, S. 2), durchgesetzt als Vorbeugung der schulentlassenen (arbeitslosen, nichtorganisierten) Jugend vor Verwahrlosung, Müßiggang, Zuchtlosigkeit, Kriminalität und Straßenleben.
Dazu bedarf es *tatkräftiger und lebensvoller Persönlichkeiten* und der Unterstützung der Ortsausschüsse und des Staates. Qualifikation und
Persönlichkeit der Jugenderzieher werden mit *pädagogischem Optimismus* versehen, seine Einflußmöglichkeiten auf Jugendliche erzie-
hungspraktisch aufgeladen. Erich Weniger beschreibt die *persönlichen
Voraussetzungen des Sozialarbeiters* mit Blick auf Erfahrungen in der Jugendbewegung u. a. so: „Aber der aus der Jugendbewegung kommende Sozialarbeiter bringt reiche Erfahrungen aus seinem eigenen
jugendlichen Leben mit über die Struktur des Jugendlebens, über die
Erziehungswege und die Möglichkeiten zur Selbsterziehung in der Jugend, über die Beziehungen von *Führer und Volk...*" (1930, S. 57). Für
die Mitarbeiter soll die neue positive Sichtweise von Jugenderziehung
(als *selbständiges Organ der Volkserziehung*, Nohl) nicht Mißerfolg, ne-
gative Erfahrung und Enttäuschung, müder Pessimismus, sondern
produktiver Aufbau des Jugendlebens, gesunde Jugendfröhlichkeit in
Jugendheimen (mit ihren Räumen und Angeboten wie Spielen, Zeitschriften, Bücher, Mittagstisch) bedeuten – realisiert mit „ausreichenden pädagogisch durchgebildeten Leitern und Mitarbeitern" (Nohl
1928, S. 3) und erheblichen Änderungen in der Ausbildung zugunsten
der *pädagogischen Gesichtspunkte*. In der Tradition und im Zusammenhang mit der Jugendbewegung, der sozialistischen Bewegung, der inneren Mission, der Frauenbewegung, der Sozialpolitik und der pädagogischen Bewegung entwirft Herman Nohl eine große Gemein-
schaftsaufgabe, mit der die Spaltungen und Trennungen des Volkes
überwunden und am Neuaufbau der *neuen Volksgemeinschaft* mitgear-
beitet werden soll. Das Pädagogische hat für ihn – als Autonomie der
Pädagogik – ein eigenes Ziel: „den Aufbau eines gesunden, körperlichen und geistigen Lebens im Einzelnen wie im Volk" (ebda, S. 26).
Nohl sieht (in Anlehnung an das Wesen des Erzieherischen bei Fröbel
und Pestalozzi, 1927) ganz neue (sozial)pädagogische Berufe entstehen (u. a. den Jugendbeamten), alle als *Diener derselben Idee... einem
höheren Menschentum* (1949, S. 9) verpflichtet. Er folgert beispielsweise
für die weibliche Jugendpflege, daß sie ein Teil der großen autonomen
Arbeit an der Jugend sei: „im Dienst dieses neuen Ideals eines höheren
geistigen Lebens in unserm Volk" (ebda., S. 26). Er entwirft mit der
Aufgabenzuweisung an die weibliche Jugendpflege gleichzeitig ein

Mädchen- und Frauenbild, das einen Weiblichkeitskult propagiert. „Dieses Zentrum haben alle tieferen Menschen stets in der Mütterlichkeit der Frau gefunden, und ihr soziales Werk ist das Heim... In dieser Mütterlichkeit ist die innere Ruhe der Seele gelegen, zu der nach Pestalozzi die Mädchen erzogen werden müssen und die der Mann später sucht, in ihr liegen die opferwilligen, bindenden und versöhnenden Kräfte, die später die Familie zusammenhalten und durch die gemeinsame Not des Alltags wie die Erschütterungen der Gemeinschaft tragen" (ebda., S. 30).

Resümierend kann festgestellt werden, daß in den zwanziger Jahren weitgehend ein positives, pädagogisch-euphorisches professionelles Selbstverständnis – verknüpft mit einem prinzipiellen *pädagogischen Optimismus* – der akademischen Reformpädagogik und der in der Sozialarbeit Tätigen entworfen wurde. Die an der Diskussion Beteiligten hatten zunächst *eigentlich eine zuversichtliche Vorstellung und ein ungebrochenes Bewußtsein davon, daß es mit der Arbeit weitergeht, und daß sie etwas machen, das zunehmend besser wird* (Siegel). Mit dem Ende der Weimarer Republik wird Jugend – auch in Teilen der akademischen Reformpädagogik und der bürgerlichen Jugendbewegung – über alle Klassenschranken hinweg harmoniediagnostisch zur „Keimzelle für eine neue Volksgemeinschaft", der „nationalen Befreiung und Selbstbestimmung" von Erwachsenen radikalisiert und projektiv aufgewertet. Volk(stum), Gemeinschaft(ssinn) und Führung geraten in Teilen der zuvor *optimistischen* Reformpädagogik (und Jugendpflege, -arbeit) mit dem Ende der (verhaßten) demokratischen Weimarer Republik immer mehr in das Zentrum einer neuen Erziehung, die sukzessive die Dialektik von Individuum und Gemeinschaft aufgibt und Erziehung immer mehr funktional versteht – (soldatische) Erziehung als Funktion von (totaler) Politik und völkischer Ganzheit, als Führer-Gefolgschafts-Prinzip, letztlich biologisch-rassisch, volksorganologisch begründet. Dies führt bei Weniger ab 1935 beispielsweise zur Formulierung einer *Militärpädagogik,* die den soldatischen Tugenden der preußischen Traditionen verpflichtet ist und in dem Versuch mündet, den als einzig gesehenen und erhaltenen Entfaltungsspielraum *Militär* erzieherisch zu nutzen und damit dem Herrschaftsapparat und der NS-Ideologie entgegenzuwirken (1990, S. 202 ff.).

RJWG –Professionalisierung der kommunalen Jugendpflege

Eine zunächst vorgesehene reichseinheitliche und flächendeckende
Ausstattung mit Jugendpflegern (als „neuem Beruf" und als *Beauftrag-
ten des Staates*, Erich Weniger) kommt aufgrund der wirtschaftlichen
Entwicklung (Wirtschaftskrise, Inflation, Arbeitslosigkeit, fehlenden
Steuereinnahmen, beginnender reaktionärer Sozialpolitik) mit der
„Verordnung über das Inkrafttreten des Reichsgesetzes" vom 14. Fe-
bruar 1924 zum RJWG (das kein Leistungs-, sondern ein Organisa-
tions- und Jugendamtsgesetz wird) sowie dem preußischen Ausfüh-
rungsgesetz vom 20. März 1924 nicht zustande. In der Verordnung
(Artikel 1) heißt es u. a.:

> „Bis auf weiteres sind Reich und Länder nicht verpflichtet, Bestimmungen des
> Reichsgesetzes für Jugendwohlfahrt durchzuführen, die neue Aufgaben oder
> eine wesentliche Erweiterung bereits bestehender Aufgaben für die Träger
> der Jugendwohlfahrt enthalten."

Mit dieser Verordnung (und dem Sparerlaß vom 14. Oktober 1930 sowie den beiden Notverordnungen vom 4. und 28. November 1932) besteht für das Jugenamt keine Verpflichtung mehr, die Aufgaben der
Jugendpflege zu realisieren: d. h. vor allem nach § 4 des Gesetzes,
„Einrichtungen und Veranstaltungen" für die „Beratung in Angelegenheiten der Jugendlichen" (Abs. 1), die „Wohlfahrt der im schulp-
flichtigen Alter stehenden Jugendlichen außerhalb des Unterrichts"
(Abs. 5), die „Wohlfahrt der schulentlassenen Jugend" (Abs. 6), „anzuregen, zu fördern und gegebenenfalls zu schaffen". Diese Aufgaben
werden als vorbeugende Erziehungshilfen von einer Pflichtaufgabe
zu einer Kann-Aufgabe zurückgestuft, die nicht mehr hauptamtlich
wahrgenommen werden muß. Von der Verpflichtung zur Durchführung dieser Aufgabe werden die Jugendämter nun befreit, sie bleiben
in ihr Ermessen gestellt (Münder 1987, S. 9). Weitere Einschränkungen
sind, daß die Aufgaben des Jugendamtes von den Ländern (über Aus-
führungsgesetze und Erlasse) auch anderen kommunalen Ämtern
übertragen werden konnten, daß weder das vorgesehene Reichsju-
gendamt noch der Reichsbeirat für Jugendwohlfahrt geschaffen werden. Damit ist ein wesentlicher Teil der *großen sozialpädagogischen Idee
vom Jugendamt* (Gertrud Herrmann) außer Kraft gesetzt; das Gesetz
bezieht sich in seinem Maßnahmenkatalog vor allem auf die sog.
kranke, gefährdete, hilfsbedürftige Jugend. Die einschränkende Notverordnung ist verbunden mit einem sehr bald einsetzenden Kampf mit
der Bürokratie um eine lockere und lebendige, unschematische Ge-

staltung der Arbeit im Jugendamt. Das RJWG ist in seiner Grundstruktur ein familienorientiertes Kontroll- und Schutzgesetz; im Zentrum steht der Gedanke der erzieherischen Hilfe in Fällen, in denen Familien ihre Erziehungsfunktionen gegenüber Kindern und Jugendlichen nicht wahrnehmen konnten; Kinder und Jugendliche werden keine Rechtssubjekte mit einklagbaren Ansprüchen.

Mit dem Inkrafttreten gibt es zur Durchführung des RJWG und der Ausstattung des Jugendamtes als *Erziehungsamt* in Veröffentlichungen, bei Tagungen und Kongreßen heftige Auseinandersetzungen. In der April-Ausgabe vom „Ratgeber für Jugendvereinigungen" (1924) werden vom preußischen Vorstand des Landesverbandes der Bezirks- und Kreisjugendpfleger die eingeleiteten Sparmaßnahmen kritisiert, weil damit die zum 1. April 1924 in Aussicht gestellten hauptamtlichen Stellen für Bezirksjugendpfleger gefährdet seien. In einem Gesuch vom 15. Dezember 1923 an den Preußischen Landtag fordert der Landesverband:

„Für jeden Regierungsbezirk wird die Stelle eines Bezirksjugendpflegers und die einer Bezirksjugendpflegerin ab 1. April 1924 geschaffen" (in: Ratgeber für Jugendvereinigungen, April 1924). Der Landesverband befaßt sich wiederholt mit der hauptamtlichen Ausstattung der Jugendpflege; im Juli heißt es zur Stellung der Bezirks- und Kreisjugendpfleger u. a.: „Die Anstellung hauptamtlicher Bezirksjugendpfleger(innen) muß mit Nachdruck angestrebt werden" (in: Ratgeber für Jugendvereinigungen, Juli 1924, S. 119). Im ganzen Reich werden Zusammenschlüsse der haupt- und nebenamtlich bestellten Jugendpfleger gegründet (der Reichsverband stellte sich 1930 vor), die auf eine einheitliche Durchführung der Jugendpflege(r)aufgaben dringen bzw. ihre Gewährleistung sichern sowie – in berufspolitischer Interessenvertretung (Standesinteressen) – die Stellung der haupt- und nebenamtlichen Jugendpfleger festigen wollen.

An der ersten Vertreterversammlung in Preußen nehmen 1924 insgesamt 52 Jugendpfleger und Jugendpflegerinnen teil; davon sind 13 hauptamtlich beschäftigt, 7 Lehrer sind teilweise vom Schuldienst befreit, 18 Lehrer sind nebenamtliche Jugendpfleger, einige Teilnehmer sind Jugendamtsleiter oder Verwaltungsbeamte in der Jugendpflege. Der Landesverband kritisiert im Rahmen einer Vertreterversammlung am 4. Oktober 1924 (an der 52 haupt- und ehrenamtliche Jugendpfleger aus allen Provinzen Preußens teilnehmen) die professionelle Ausstattung. So heißt es in den Leitsätzen aus zwei Referaten u. a.:

„Die Bedeutung der Jugendpflege und die Arbeit des Jugendpflegers wird im Gesetz nicht genügend gewürdigt. Das Jugendamt stellt den Stadtausschüssen ein Büro zur Verfügung, das alles notwendige Schreibwerk für den Kreisjugendpfleger erledigt. Die ehrenamtliche Tätigkeit auf dem Gebiete der Jugendpflege ist zu ergänzen durch Anstellung von Jugendpflegern im Hauptberuf. Der Leiter des Jugendpflegebüros muß eine Persönlichkeit sein, die mit der geschichtlichen Entwicklung der Jugendpflege, mit der seelischen Verfassung der Jugendlichen und mit den praktischen Anforderungen an die Jugendarbeit vertraut ist" (in: Ratgeber für Jugendvereinigungen, November 1924, S. 242).

In einer Entschließung fordert der Verband am 4. Oktober in seiner ersten Vertreterversammlung u. a.:

„Die Versammlung ist der Auffassung, daß die Aufgaben der Jugendpflege einen solchen Umfang angenommen haben und so wichtig sind, daß sie in nebenamtlicher Tätigkeit nicht mehr erledigt werden können. Sie fordert deshalb die Anstellung von Jugendpflegern (Jugendpflegerinnen) im Hauptamt. Solange noch Jugendpfleger im Nebenamt arbeiten – sei es auch bei gänzlicher oder teilweiser Entlastung im Hauptamte – darf eine Benachteiligung durch vorzeitigen Abbau nicht erfolgen" (in: Ratgeber für Jugendvereinigungen, November 1924, S. 245). Im Dezember 1924 wird auf die notwendige Beurlaubung nebenamtlicher Bezirksjugendpfleger im Hauptamt hingewiesen; „wo das nicht geschieht, ist eine erfolgreiche Wahrnehmung der Obliegenheiten der Bezirksjugendpfleger(innen) nicht möglich" (in: Ratgeber für Jugendvereinigungen, Dezember 1924, S. 275). Gleichzeitig wird von Schwierigkeiten der nebenamtlichen Kreisjugendpfleger „wegen ihres Nebenamtes im Hauptamte" und den „Abbau" von Bezirks- und Kreisjugendpflegern berichtet. Neben der internen, fachlichen und professionspolitisch motivierten Diskussion wird die hauptamtliche (und auch ehrenamtliche) Ausstattung der staatlichen Jugendpflege auch prinzipiell in Frage gestellt und in polemischen Auseinandersetzungen – als *schlimmer Dilettantismus, schändliches Durcheinander, Überorganisation* – abgelehnt. In der „Volkswacht" (Breslau, Nr. 30, vom 5. Februar 1924) heißt es z. B.:

„Hauptamtliche, d.h. besoldete Jugendpfleger für den Bereich eines Regierungsbezirkes, wie sie in Aussicht genommen waren, halten wir für sehr überflüssig... die Aufgaben können doch ohne Schwierigkeiten von dem zuständigen Dezernenten bei der Regierung des Bezirkes wahrgenommen werden. Wozu dann neben diesem Sachbearbeiter noch einen besonderen Jugendpfleger? Notwendig und wichtig ist, daß das Eigenleben der Jugendorganisationen gefördert wird. Was nun eigentlich der Bezirksjugendpfleger tun soll, ist nicht recht klar. Die Gefahr liegt nahe, daß er geschäftig und betriebsam wird, Gebiete zu bearbeiten sucht, die von wirklich berufeneren Stellen (gemeint ist die Jugendbewegung, d. V.) viel besser und eindringlicher wahrgenommen werden" (abgedruckt in: Ratgeber für Jugendvereinigungen, April 1924, S.18 f).

Die in den Fachzeitschriften breit geführte Diskussion um die Ausstattung, *Sorgen* und die *Lage* der Jugendämter in der zweiten Hälfte der zwanziger Jahre wird von Hertz in einem Beitrag so eingeleitet: „Die Geburtsstunde der Jugendämter stand unter keinen günstigen Stern. Unser Währungssystem war zusammengebrochen, schärfste Sparsamkeit war geboten, die Ausgaben wurden in unerhörter Weise gedrosselt. Die Entlassungen von Beamten und Angestellten nahmen Dimensionen an, daß wegen starken Abbaues der Erzieher Dutzende und Hunderte von Kindern aus den Anstalten entlassen werden mußten, die durchaus nicht reif für das freie Leben waren" (1927, S. 197). Im Erlaß „Sparmaßnahmen auf dem Gebiet der Jugendpflege" des preußischen Ministers für Volkswohlfahrt (Hirtsiefer) vom 14. Oktober 1930 heißt es u. a.:

> „Die sehr ernste Finanzlage des Reiches, der Länder, der Kommunen und Kommunalverwaltungen zwingt zu durchgreifenden Sparmaßnahmen. Bei dieser Sachlage wird schon jetzt erwogen werden müssen, durch welche Maßnahmen auch auf dem Gebiete der Jugendpflege Ersparnisse erzielt werden können. Unter keinen Umständen werden alle Beratungsstellen für Jugendpflege und Teilgebiete der Jugendpflege (wie Neubauten von Jugendheimen, -herbergen, Lehrgänge und Tagungen, Zeitschriften und Veröffentlichungen d. V.), die in den letzten Jahren in stets steigender Zahl bei den Regierungspräsidenten eingerichtet worden sind, in ihrer Gesamtheit aufrecht erhalten werden können bzw. werden nicht dieselben Beträge wie bisher für sie zur Verfügung gestellt werden können."

Trotz erheblicher Sparpolitik, Stellenabbau (vor allem durch die Verordnung der Reichsregierung vom 4. November 1932) und mehreren vorgelegten Notprogrammen, bei aller Kritik und Kontroverse um die Lage und innere Ausgestaltung der Jugendwohlfahrt ist die generelle Ausweitung der öffentlichen Erziehung und der Aufbau der staatlichen verberuflichten Jugendpflege irreversibel; „die Zahl der hauptamtlich angestellten Jugendpfleger wächst" (Dehn 1929, S. 101). Die deutsche Zentrale für freie Jugendwohlfahrtspflege z. B. fordert im *Kampf um die Jugendwohlfahrtspflege* die Aufrechterhaltung der Einrichtungen der Jugendpflege, vor allem von Jugendheimen und -herbergen, die Erhaltung der Stellen von erfahrenen sozialen Fachkräften sowie gezielte Maßnahmen der Arbeitsbeschaffung für erwerbslose Jugendliche (Naudascher 1990, S. 65). Die sukzessive Professionalisierung der kommunalen Jugendpflege hat ab 1918 zur Folge, daß die Zahl der Bezirks- und Kreisjugendpfleger in Preußen von 392 im Jahre

1919 auf 969 im Jahre 1925 ansteigt; 1926 sind es 1060, 1928 1082 und 1929
1075. In Preußen sind 1929 34 männliche und 20 weibliche Bezirksjugendpfleger sowie 659 männliche und 362 weibliche Jugendpfleger tätig.

> „Unter den Bezirksjugendpflegern und Bezirksjugendpflegerinnen sind meh-
> rere als solche hauptamtlich tätige Kräfte. Dabei handelt es sich vielfach um
> beurlaubte Lehrpersonen. Dem Hauptberuf bzw. der Berufsausbildung nach
> sind zahlreiche Jugendpfleger und Jugendpflegerinnen Lehrer und Lehrerin-
> nen, insbesondere technische Lehrkräfte, darunter viele Turnlehrer. Unter
> den Kreisjugendpflegerinnen spielt auch die Fürsorgerin zahlenmäßig eine
> Rolle ... Bisweilen sind die vom Kreis bestellten Kreisjugendpfleger und -ju-
> gendpflegerinnen im Hauptamt mit jugendpflegerischen oder verwandten
> Aufgaben der Kommunalverwaltung betraut. Ähnlich ist die Stellung einiger
> Bezirksjugendpfleger geregelt" (Siemering 1931, S. 397).

Die Zeitschrift „Gesunde Jugend" veröffentlicht 1928 eine Zusam-
menstellung über die Jugendämter. Nach dem Stand vom 31. März
1928 werden im Deutschen Reich (ohne den Freistaat Sachsen) inge-
samt 1202 Jugendämter gezählt, darunter 273 städtische, 760 ländliche
und 169 sonstige (Gemeinde-)Jugendämter. In 383 Fällen handelt es
sich um neuerichtete selbständige Behörden. 720 Jugendämter entfallen auf Preußen, 224 auf Bayern, 58 auf Württemberg, 56 auf Baden, 26
auf Thüringen, 23 auf Hessen, 3 auf Hamburg, 14 auf Mecklenburg-
Schwerin, 24 auf Oldenburg, 8 auf Braunschweig, 11 auf Anhalt, 3 auf
Bremen, 10 auf Lippe, 1 auf Lübeck, 14 auf Mecklenburg-Strelitz, 3 auf
Waldeck und 4 auf Schaumburg-Lippe (vgl. Hasenclever 1978). In vielen Provinzen, Regierungsbezirken und Städten gibt es in den 20er
Jahren einen Ausbau der Jugendarbeit: Jugendheime und -herbergen
werden gegründet; Beihilfen und Zuschüsse für Jugendvereine, Lehrgänge, Wanderungen gewährt; Sport- und Spielplätze gebaut und
hauptamtliche Kreisjugendpfleger bestellt. In dem expandierenden
System sozialer Dienstleistungen sind – als Folge von sozialem Elend,
zunehmender Verarmung, politischen Spaltungstendenzen der Gesellschaft, Integrations- und zu sichernden Loyalitätsinteressen des
Staates – zum gleichen Zeitpunkt 11705 Personen hauptberuflich beschäftigt und 45012 Personen ehrenamtlich in der Wohlfahrtspflege
tätig. Mit der Verabschiedung des RJWG setzt ein Professionalisierungsschub in den neugeschaffenen Jugendämtern (wie in vielen Arbeitsbereichen der Sozialarbeit insgesamt) ein, von dem vor allem
auch männliche Berufskräfte profitieren.

> „1928 arbeiteten an den 1251 Jugendämtern 993 leitende Beamte, unter ihnen
> nur 20 Frauen. Von den weiteren 4613 Beamten sind 1540 Frauen, von den 6099
> Angestellten bei den Jugendämtern sind 3600 Frauen; insgesamt waren dem-
> zufolge 11705 Personen bei den Jugendämtern beschäftigt. Von ihnen hatten

362 Beamte und 387 Angestellte eine abgeschlossenen Hochschulausbildung, 83 Beamte und 67 Angestellte besaßen eine Lehrerausbildung. Erst auf dem Niveau des staatlich anerkannten Wohlfahrtspflegers dominierten Frauen mit 1108 von 1181 Beamten (94%) und mit 1430 von 1486 Angestellten (96%)" (Dudek 1988b, S. 62).

Für die *allgemeine Jugendpflege* und die *gesunde Jugend* bleibt die professionelle Ausstattung dennoch begrenzt; viele Städte und Kreise stellen keinen Jugendpfleger ein, und auch ein Vorschlag des preußischen Städtetages von 1928, in allen großen Städten verbeamtete Jugendpfleger einzustellen, wird aus finanziellen Gründen (Schwierigkeiten) nicht realisiert. Auch das Ministerium in Preußen bedauert 1930 das begrenzte Ausmaß der Professionalisierung; es habe sich

„die hauptamtliche Anstellung der Bezirksjugendpfleger und -pflegerinnen trotz fortgesetzter nachdrücklicher Bemühungen des Ministeriums und jährlich wiederholter Annahme dahingehender Anträge durch den Landtag noch nicht durchsetzen lassen... Noch viel weniger konnte ... an die hauptamtliche Anstellung von Kreisjugendpflegern und -pflegerinnen gedacht werden, obgleich erst durch sie die Gewähr geboten wäre, daß die Jugendpflege des Kreises sich lebendig entwickelt" (Hirtsiefer 1930, S. 16 f).

Profil von Jugendpflegern und Jugendpflegerinnen

Mit der Forderung nach Professionalisierung (die sich auch auf § 9 RJWG bezieht, nach dem sollen in das Jugendamt „hauptamtlich in der Regel nur Personen berufen werden, die eine für die Betätigung in der Jugendwohlfahrtspflege hinreichende Ausbildung besitzen") wird gleichzeitig vor einer Einengung der Jugendpflege *durch den üblichen Geschäftsgang eines Amtes* gewarnt und die Anbindung an das Jugendamt problematisiert; für die Orts- und Kreisausschüsse für Jugendpflege wird eine selbständige Organisation vorgeschlagen, die nicht den Jugendämtern untergeordnet werden dürften. Hertha Siemering verweist einerseits auf die Notwendigkeit und Sorgfalt bei der Einstellung der Kreisjugendpfleger durch den Regierungspräsidenten, die auf Vorschlag des Landrates sowie nach Anhörung des Bezirksausschusses erfolgt, legt andererseits aber für deren Praxis großen Wert auf Angebotsvielfalt und Handlungsfreiheit.

„Die preußische Staatsregierung hat seinerzeit bewußt darauf verzichtet, die Tätigkeit der Jugendpfleger und Jugendpflegerinnen etwa durch eine Dienstanweisung in feste Formen zu pressen. Der freien Initiative dieser Männer und Frauen bleibt es überlassen, von welcher Seite her sie ihre Jugendpflegearbeit angreifen, und wieviel Zeit und Kraft sie ihr widmen wollen... Von

Neigung und Begabung und von den besonderen Fähigkeiten und Kenntnissen des einzelnen Jugendpflegers wird es abhängen, an welcher Stelle sie ihre eigene Tätigkeit mit besonderem Nachdruck einsetzen und was sie dem Eifer anderer überlassen (Siemering 1931, S. 398 f).

Der preußische Städtetag hat 1928 Richtlinien über die Stellung der Jugendpflege im Jugendamt formuliert und darin zum Profil von Jugendpflegern Stellung genommen:

„Zu Jugendpflegern sollen nur Personen bestellt werden, die das Vertrauen der Jugendvereine und des Trägers des Jugendamtes besitzen. Die Anstellung von Kreis-(Orts-)Jugendpflegern darf daher nur im Einvernehmen mit diesen erfolgen. Ob die Anstellung beruflich oder nebenamtlich erfolgt wird von den örtlichen Verhältnissen abhängen. In größeren Städten, insbesondere in Großstädten, wird die Anstellung von hauptamtlichen Jugendpflegern vielfach geboten sein" (abgedruckt in: Der Zwiespruch, 5. August 1928, S. 305).

Der Landesverband der Bezirks- und Kreisjugendpfleger in Preußen fordert für die Stelle der hauptamtlichen Bezirksjugendpfleger einen „gewissen Grad an Allgemeinbildung" und „eine mehrjährige Erfahrung als Kreisjugendpfleger/in" (in: Ratgeber für Jugendvereinigungen, Dezember 1924, S. 276); die Anstellung von hauptberuflichen Jugendpflegern muß nach Ansicht des Landesverbandes „mit Nachdruck" angestrebt werden. Die wichtigsten professionspolitischen Forderungen und handlungsbezogenen Aspekte für das neue Arbeitsfeld von *Jugendpflegern im Hauptberuf* sind aus der Sicht der Jugendpfleger, die sich als *Träger des Erziehungsgedankens* verstehen:

„1. Die Jugendpflege kann eine Bürokratisierung nicht ertragen; ihr muß das freudig flutende, der starke Drang nach freier Betätigung erhalten bleiben.
2. Durch die Eingliederung in das Jugendamt würden teilweise Leute in der Jugendpflege maßgebend werden, die nicht die rechte Eignung dafür besitzen und sich die Förderung der Aufgaben nicht sonderlich würden angelegen sein lassen.
3. Die Jugendpfleger erhielten in dem Leiter des Jugendamtes eine übergeordnete Stelle, die sie wahrscheinlich aus naheliegenden Gründen ablehnen würden.
4. Das Jugendamt ist durch sehr wichtige Aufgaben, die nach dem RJWG erfüllt werden müssen, stark belastet; eine Zuteilung der Jugendpflege an dasselbe könnte sie bald in eine Aschenbrödelstellung bringen" (in: Das Junge Deutschland, April 1925, S. 113).

Die Durchsetzung von Fachlichkeit (die mit dem Kriterium *lebensvolle und kameradschaftliche Persönlichkeit* korrespondiert) bleibt dennoch in der Ämterhierarchie schwierig und stößt auf Widerstände; so klagt Gertrud Bäumer über den Bereich des mittleren Dienstes, „daß der Stadtsekretär, der heute noch das Fuhrwesen bearbeitet, morgen zum

Jugendamt kommt, um ihm in Anerkennung seiner guten Dienste einen höheren Posten zu geben, zum Berufsvormund befördert wird. Auch das Amt des Dezernenten wird heute in den städtischen Verwaltungen im allgemeinen nicht als eines angesehen, zu dem sozialpädagogische Vorbildung notwendig ist" (Bäumer 1929, S. 214).

In der Profilentwicklung spielt das Jugendamt in dem Berliner Arbeiterbezirk Prenzlauer Berg unter der Leitung des entschiedenen Schulreformers Walter Friedländer eine herausragende und beispielhafte Rolle. Hier spiegeln sich die Reformbestrebungen der 20er Jahre (Jugendbewegung, Reformpädagogik, Frauenbewegung, Psychoanalyse, Arbeiterwohlfahrt, qualifizierte Professionalisierung) wider, die sich der Unterstützung des Rechtes der jungen Generation auf politische Bildung und soziale Tüchtigkeit durch sozialpädagogische Ansätze verpflichtet haben. Er schreibt zur schwierigen Umbruchsituation u. a.:

„Die Stadtverwaltung hatte die alte Beamtenschaft der kaiserlichen Epoche vor der Revolution übernommen, um einen geordneten Übergang zu suchen. Die neu gebildeten Stadtbezirke als selbständige Verwaltungseinheiten mußten diese Kräfte behalten, und so mußte ich zunächst mit einem Stab von Beamten und Angestellten arbeiten, die in keiner Weise auf eine neue demokratische Verfassung eingestellt waren. Die Mehrzahl der Amtshandlungen wurden in bürokratischer Weise vorgenommen. Es war notwendig, sie mit einem neuen Geist des Dienstes am Volke und nicht nur für die herrschende Elite zu erfüllen. Fürsorgerische Kräfte waren meist ungeschult und in ungenügender Zahl vorhanden. Ich mußte darauf dringen, daß nun Personen mit sozialer Ausbildung und sozialer Gesinnung eingestellt wurden. Ich führte eine einheitliche Familienfürsorge ein, wobei ich dem Modell der Städte Guben und Elberfeld folgte, und gab ihr die zentrale Aufgabe im Bereiche des Jugendamtes. Die Erkenntnis sozialpädagogischer Grundsätze war damals noch wenig vorhanden und mußte erst langsam verbreitet werden" (Friedländer 1982, S. 61).

Die Diskussion um Kompetenz, Profil und Praxis der Jugendpfleger bleibt in der Literatur und den Fachzeitschriften (z. B. in der preußischen halbamtlichen „Jugend heraus!", die alle Jugendpfleger erhalten) meist allgemein und pathetisch. So beschreibt z. B. Dehn (1930) das Qualifikationsprofil des Jugendpflegers in den 20er Jahren, der sich einer *echten, entideologisierten Jugendpflege* verschreiben sollte und der Jugend in konkreten Lebenssituationen wirklich hilft, in geradezu personalistisch-verengter, pädagogisierend-euphorischer Perspektive und in naturkategorial-ontologisierender Aufladung:

„Es hängt in der Jugendpflege nicht weniger als alles von der Person des Jugendpflegers ab, nämlich des Leiters und Führers der von ihm geschaffenen oder ihm anvertrauten Gruppe. Nicht die Jugend hat ja den Verein zusammengerufen, sondern ein Erwachsener war es, der die Jugend rief und um sich sammelte, in der Bereitschaft ihr das Beste zu geben, was er selbst besaß. Je mehr Jugendpflege Volkssache wird, je mehr also Jugendpflegersein ein erlernter Beruf wird, um so stärker sollte sein *charismatischer*, d. h. sein von Gott gegebener Charakter betont werden, damit er nicht einer öden Betriebstechnik zum Opfer falle. Sicherlich kann ein Jugendpfleger sehr viel in der Behandlung der Jugend und in der Handhabung der Vereinspraxis lernen, aber darum wird der echte Jugendpfleger doch geboren und nicht künstlich erzeugt. Irgendwie muß er mit seiner Jugend, die ihm anvertraut ist, in einer geheimnisvollen Verbindung stehen... Ich meine (nur), daß eine Verbundenheit der Seele des Leiters mit der des Jugendlichen vorhanden sein muß, die nicht nur auf pädagogischen Vorsätzen und sittlichen Erwägungen beruht, sondern die irgendwie eine naturhafte Grundlage hat. Der Jugendleiter muß selbstverständlich reif und erwachsen sein, aber zu gleicher Zeit muß er auch in wesenhafter Verbindung mit der von Pubertätsnöten bedrängten Jugend stehen. Sein Jungsein besteht darin, daß diese Nöte immer auch noch durch seine Seele zittern. Das kann natürlich nicht anerzogen oder gar anempfunden oder auf literarischem Wege erworben werden, es ist da oder es ist nicht da. Der echte Jugendpfleger gehört aus seiner Natur heraus zur Jugend. Er treibt niemals seine Arbeit nur aus theoretischen Erwägungen heraus, um die Jugend für irgendeine Sache zu gewinnen, und wenn das die höchste Idee wäre. Er steht unter der Jugend, weil er zu ihr gehört und gar nicht anders kann als mit ihr zu leben.
Neben diese Anlage muß aber freilich noch beim Jugendpfleger, aus seiner Reife und Überlegenheit herauswachsend, die pädagogische Befähigung treten, ohne die er nichts als ein Bandenführer wäre. Auch sie ist in erster Linie Gabe. Es gibt keine Methodik, nach der man vollkommen lernen könnte: wie behandle und bilde ich die Seele der Vierzehn- bis Achtzehnjährigen? Es gibt ja nichts Seltsameres und Widerspruchsvolleres als diese Seele. Hier muß man ganz in der Intuition, ganz im lebendigen Mitschwingen stehen. Es kann sein, daß hier gegen alle pädagogischen Sätze handeln grade das pädagogisch Richtige ist, daß eine Ohrfeige Wunder wirkt und daß Freundlichkeit alles verdirbt, daß gerade hier scheinbar gegen jede Regel unerbittliche Strenge am Platz ist und gerade dort ein normaler Weise durchaus unerlaubtes Entgegenkommen. Diese Jugend bedarf, wie man es genannt hat, der *federnden* Behandlung, die eben zunächst aus dem pädagogischen Instinkt herausgeboren wird" (1930, S. 109).

Jugendheime

Mit den Ausführungsgesetzen der Länder zum RJWG entwickelt sich die Jugendpflege(r)praxis und deren Förderung in den Provinzen, Städten und Landkreisen unterschiedlich. Durchgängig werden vor allem für erwerbslose Jugendliche erzieherische und arbeitspädago-

gische Hilfen (Arbeitsbeschaffung) angeboten (Dudek 1988a, Hafeneger 1988a), tritt die körperliche Ertüchtigung in den Vordergrund;
wird der Bau von Spiel- und Sportplätzen, Badeanstalten, Turnhallen,
Jugendherbergen und Jugendheimen (Vereins-, Clubheime) gefördert; werden das Laienspiel, Lichtspiel- und Jugendbüchereiwesen
unterstützt; werden die Wohlfahrtspflege, das Jugendvereinswesen,
Turnen und Sport und auch die Bildungsarbeit akzentuiert. Das besondere Augenmerk richtet sich neben diesen vielfältigen freizeitbe-
zogenen Bewahrungs-, Erziehungs- und Integrationsangeboten auf
die Arbeitserziehung (wie z. B. den Notstandsmaßnahmen und den
freiwilligen Arbeitsdienst) von erwerbslosen Jugendlichen, „die besonders die Schulung und Kräftigung des Willens anstrebt" (Siemering 1931, S. 413). Die Jugendheime und Häuser der Jugend (vergleich-
bar mit den heutigen Einrichtungen der Offenen Jugendarbeit) werden wichtige Erziehungs- und Betreuungsangebote für „noch nicht in
Vereinen zusammengeschlossenen Burschen und Mädchen" (Siemering 1931, S. 410). Die Jugendheime sind mit *freundlichen Räumen, Bü-
chern, Zeitschriften und Spielen,* einem *guten und billigen Mittagstisch,*
vielfach von Mittags bis Abends (halbzehn) geöffnet; viele werden
durch eine Heimleitung hauptamtlich betreut. Die Angebote werden
vor allem mit der *Not (Arbeitslosigkeit) der Jugend,* den Gefahren, der
Zuchtlosigkeit und Kriminalität, die sich aus *Müßiggang und Straßenleben
ergäben,* begründet. Die bereits in der Kaiserzeit entstandenen Jugendheime (in Sachsen gab es z. B. 1915 bereits 378) werden in der Weimarer
Republik weiter ausgebaut. Das preußische Ministerium für Volkswohlfahrt nennt 987 Heime, die in den Jahren 1919 bis 1929 gefördert
werden (Hirtsiefer 1930, S. 30f); eine Befragung des Reichsausschusses
der deutschen Jugendverbände aus dem Jahre 1927 nennt insgesamt
1136 – vielfach von *besoldeten Hauswarten* betriebene – Stadt-, Land-
und Verbandsjugendheime (Naudascher 1990, S. 201ff). Aus mehreren
Großstädten gibt es konkrete Hinweise zur Errichtung eines „Hauses
der Jugend" und von Jugendheimen. So wird 1929 in Stuttgart aus
einem alten Fabrikgebäude eine *Stätte jugendlichen Lebens,* und in
Dresden eröffnet ein *zentrales Jugendheim* seinen Betrieb. In Berlin gibt
es Anfang des Jahres 1930 insg. 84 städtische Jugendheime und etwa 30
in privater Trägerschaft.

„Einige der städtischen Jugendheime sind in eigenen Häusern mit 12 bis 18
Räumen untergebracht, während die Mehrzahl der Heime sich mit drei oder
vier, zum Teil sogar mit ein bis zwei Räumen begnügen müssen. Etwa die
Hälfte der Heime wird von hauptamtlichen Heimvätern betreut. 34 verfügen
über eine kleine Bücherei, 36 über einen Projektions- oder Filmapparat. Ver-

schiedentlich wurden in den Heimen handwerkliche Kurse für erwerbslose Jugendliche abgehalten" (Der Zwiespruch, 19. Januar 1930, S. 34).

In den sechs städtischen Jugendheimen im Berliner Bezirksamt Friedrichshain ist beispielsweise die mittelbare Verantwortung als Heimleiter dem Amt gegenüber den Jugendlichen, die dafür benannt sind, übertragen worden. Sie sorgen u.a. für Instandhaltung, Ausübung der Heimordnung, Geräte- und Bücherverwaltung. In vier Jugendheimen gibt es 1928 Notstandsaktionen für erwerbslose Jugendliche, in denen Kurse und Verpflegung angeboten werden. Siemering kommt 1931 in den Raumangeboten für Vereine zu der Einschätzung: „Heute ist die Form der städtischen Jugendheime, die in einer größeren Anzahl von Klubräumen den verschiedenen Jugendvereinen einer Stadt Gastrecht gewähren die Regel" (1931, S. 410).

Jugendverbände und Jugendbewegung

Jugendverbände und auch kommunale Jugendpflege werden von den pädagogischen Prinzipien der Reformbewegungen und den Impulsen der bürgerlichen Jugendbewegung erheblich beeinflußt; es gibt gleichzeitig erhebliche Kontroversen zwischen den sich weiter differenzierenden (konkurrenten) Jugendbewegungen/ Jugendverbänden einerseits und der staatlich geregelten Jugendpflege andererseits über Selbstverständnis, Zuständigkeit, Trägerschaft und Förderung der außerschulischen Jugenderziehung. Es geht der Jugendbewegung und den Jugendverbänden (in denen 1927 etwa 40% der Jugendlichen im Alter von 14 bis 21 Jahren organisiert sind) um ihre eigenen Interessen (Geld, Konkurrenz um Jugend), ihre Autonomie und um die Abwehr von Abhängigkeiten und Anbindungen an Jugendwohlfahrtsbehörden, wie sie für die Jugendpflege nach dem RJWG vorgesehen ist. So schreibt der Vorsitzende des „Ausschusses der deutschen Jugendverbände", Suderow, am 11. März 1925 in einem Brief an die freie Vereinigung großstädtischer Jugendämter u. a.: „Es sei zunächst festgestellt, daß sicherlich alle deutschen Jugendverbände es ablehnen würden, sich irgendwie unter die Vormundschaft oder Botmäßigkeit der Jugendbehörden zu stellen; ... sie würden auch eher auf jede Stadt-, Staats- und Reichsunterstützung verzichten, ehe sie ihre Freiheit antasten ließen" (abgedruckt in: Das junge Deutschland, April 1925, S. 108). Vor allem herrscht Mißtrauen gegen die Leitung der Bezirks-, Kreis- und Ortsausschüsse, die in beamteten Händen liegen und gegenüber der Bestellung der Bezirks- und Kreisjugendpfleger,

die durch die Regierung erfolgt. Gleichzeitig ist Selbstverständnis des
RJWG, daß die Tätigkeit der Ämter im Bereich der Jugendpflege und
Jugendbewegung lediglich ergänzende, fördernde, unterstützende
und weiterführende (als rechtliche Festlegung des Subsidiaritätsprinzips), aber keine leitende und bestimmende Funktionen haben soll.
Mit diesem Kompromiß wird auch Vorstellungen der freien Träger
entsprochen, deren subsidiäre Leitmotive aus den Traditionen der
Kirchen sowie den Jugendverbänden und der bürgerlichen Jugendbewegung (aber auch dem Reichsausschuß der deutschen Jugendverbände) formuliert werden. Dieses Verständnis entspricht den staatlichen Interessen und es konkretisiert sich in den Regelungen des
RJWG, in den Strukturen und den Leitmotiven von Jugendverbandsarbeit als: Ehrenamtlichkeit, Selbstführung und -erziehung, Tugenderziehung, aber auch in den Mythen von Jugendkult und Autonomie,
dem Verhältnis von Führer und Gefolgschaft, dem Kult von Männer-
bünden, der Idee der Volksgemeinschaft und des „Bundes" als Fik-
tion. Es gibt zwischen Jugendverbänden und kommunaler Jugendpflege (staatlichen Interessen) einerseits erhebliche Differenzen, andererseits gemeinsame Ziele; diese liegen in elitären nationalpolitischen und volkspolitischen Formulierungen wie, die *innere Einheit des
Volkes im Interesse der deutschen Zukunft* auch durch *sinnvolle Freizeit,*
Erziehung und Bildung wiederherzustellen. Die Jugendverbände verweisen gleichzeitig auf ihre Dynamik, Pluralität und Lebendigkeit, sie
geben im Rahmen einer Erhebung an, daß es in ihren Reihen 55 000 ehrenamtliche Jugendführer und -führerinnen als *lebendige Träger der
Tradition* und der *wichtigsten und heiligsten Aufgabe aller Jugendführer:
der Jugenderziehung* gebe; dagegen mache der Kreis der *berufsamtlich
angestellten Jugendführer* (Zahlen werden nicht genannt) nur einen sehr
geringen Teil aus (Wiegand 1926, S. 106 ff).

Die Jugendverbände kritisieren die Dominanz von professionellen
Eigeninteressen, die Aufwertung der eigenen Aufgaben und Funktionen gegenüber einer Sichtweise, die den Jugendlichen in den Mittelpunkt stellt. Der Reichsausschuß lehnt eine Politisierung der Jugendpflege ab, aber gewünscht wird, „daß der einzelne Jugendpfleger oder
die einzelne Jugendpflegerin als eine Persönlichkeit der Jugendführung eine entschiedene weltanschauliche und staatspolitische Einstellung spürbar werden läßt. Ein Rückzug auf den nebelhaften Begriff
Volksgemeinschaft ... halten wir für Flucht vor gegenwärtiger weltanschaulicher, gesellschaftlicher und politischer Entscheidung. Wir
brauchen angesichts des Chaos, in dem wir uns befinden, keineswegs

weitere Verschwommenheit, sondern Klarheit und eindeutige Entscheidungen" (ebda., S. 150 f.).

Bei aller Kritik begrüßen die Jugendverbände grundsätzlich die Verabschiedung und Hilfe-Intention des Reichsgesetzes für Jugendwohlfahrt, sie wenden sich gegen die *Personal-Abbau-Verordnung* und Sparmaßnahmen. So richten 1924 beispielsweise die mecklenburgischen Jugendverbände *aller Richtungen* – aufgrund der Not der Jugend – folgenden verständnisvollen und kompromißbereiten Appell an die Behörden:

> „Der Landesausschuß der mecklenburgischen Jugendverbände richtet an die Reichsregierung die dringende Bitte, das Reichsjugendwohlfahrtsgesetz in seiner Fassung vom 9. Juli 1922 wie ursprünglich beabsichtigt zum 1. April 1924 in Kraft treten zu lassen.
> Die Möglichkeit einer mit Erfolg für die gesunde Entwicklung der heranwachsenden Generation anzuwendenden Jugendfürsorge und -wohlfahrt ist unseres Erachtens erst durch das Gesetz für Jugendwohlfahrt gegeben. Die mecklenburgischen Jugendverbände sind sich bewußt, daß die wirtschaftliche Lage Sparmaßnahmen im weitesten Sinne rechtfertigt, doch dürfen diese auf keinen Fall bei der Jugend, der Zukunft eines Staates, in Anwendung gelangen. Betont sei noch, daß manche Teile des Reichsjugendwohlfahrtsgesetzes keine wesentlichen Kosten bedingen würden. Wir bitten die Reichsregierung daher, zumindest diese Teile zum genannten Zeitpunkt in Kraft zu setzen und den Ländern Anweisung zu erteilen, daß dieselben ausreichende Ausführungs- und Notverordnungen für die Zwischenzeit zur Durchführung einer Jugendwohlfahrt erlassen. Eine Regelung in diesem Sinne aber dürfte auch nach Ansicht erfahrener, in behördlicher Jugendfürsorge stehender Persönlichkeiten nur eine vorübergehende bis zum endgültigen Inkrafttreten des Jugendwohlfahrtsgesetzes sein" (abgedruckt in: "Der Zwiespruch", Nr. 20/ 1924, S. 4).

Vor allem bündisch rechts stehende, militaristisch-wehrpolitische und nationalistische Jugendgruppen stehen in fundamentalistischer Gegnerschaft zur Weimarer Republik, d. h. auch zu deren Jugendpolitik. Anfang der 20er Jahre werden von bündischer Seite die staatliche und die Verbandsjugendpflege (als politische und weltanschauliche Machtgruppen) kritisiert; beide seien bisher nicht in der Lage gewesen die in den Erlassen vorgesehene *Volksgemeinschaft* aufzubauen, sie hätten die *Jugend als Objekt* aufgefaßt. In „Der Zwiespruch" wird 1922 die Arbeit der Jugendpfleger in *den letzten 12 Jahren* so eingeschätzt:

> „Jugend war Objekt, für die man etwas tat, die man väterlich-wohlwollend betreute, als deren *Führer* man sich wohl gar fühlte und der zuliebe man sogar kurze Hosen und Stilkleid trug, denn man hatte ja, im Sinne des Erlasses von 1911, ein *Herz für die Jugend*... Die Jugendpfleger wandten sich, angeregt durch die amtlichen Erlasse, fast ausschließlich den Jugendverbänden zu, die

ohnehin schon ein reges Leben in ihren Reihen entfalteten. Zwischen diesen Verbänden wurde eine ausgleichende Tätigkeit entwickelt im Hinblick auf gelegentliche Veranstaltungen, man förderte die Verbände soweit als möglich geldlich und richtete verbandsoffene Spiel-, Sing-, Volkstanz-, Bastel- und ähnliche Kurse ein, wobei den Wünschen einzelner Verbände möglichst weit entgegengekommen wurde. Diese Tätigkeit machte sich also im wesentlichen das zunutze, was an eigenen Fähigkeiten und Fertigkeiten in den Bünden lebte. Hierauf läßt sich aber ein weitergehender Anspruch als der einer gewissen verwaltungsmäßigen Arbeit nicht stützen, die in vielen Fällen ebenso gut von unteren Verwaltungsbehörden in Zusammenhang mit den Ortsausschüssen für Jugendpflege geleistet werden kann, ohne daß es dazu besonders bestellter staatlicher Jugendpfleger bedürfte. Diese Institution ist eigentlich nur zu rechtfertigen, wenn, was die Erlasse auch im Auge hatten, die nicht in Verbänden organisierte Jugend von *Pflegern*, die aber dann *Führer* sein müßten, im Sinne einer deutschen Jungmannschaftserziehung zu eigener Tätigkeit und gruppenmäßiger Erziehung angeregt würde" (1. November 1922, S. 327).

Die finanzielle Förderung der Jugendpflege und -arbeit umfaßt in Preußen im Jahre 1921 knapp 8 Mill. Reichsmark, 1926 knapp 4 Mill., 1928 knapp 3,5 Mill. und 1932 noch 0,9 Mill. Reichsmark. Gefördert und bezuschußt werden: Sport- und Spielplätze, Jugendheime, Turnhallen und Schwimmanstalten, Jugend- und Wanderherbergen, Lehrgänge und Fortbildung, Heimverschickung, Schulspeisung, Schulgärten; später „Notprogramme" und Maßnahmen für erwerbslose Jugendliche wie Werkstätten, Bildungskurse u. a.; vielfältige Aktivitäten wie Konferenzen, Jugendtagungen, Laienspielveranstaltungen, Chorsingen. Anläßlich des Fonds zur Förderung der schulentlassenen Jugend von 6 Mill. Reichsmark im Jahre 1923 und der einsetzenden Professionalisierung beklagt der erste Vorsitzende des Reichsausschusses der deutschen Jugendverbände, Heinz Dähnhardt, eine „Überspannung der Jugendpflege", ein „Übermaß jugendpflegerischer Einrichtungen" und zuviel Unterstützung durch die Behörden; er spricht von einem „Okkupieren" von immer mehr „Gebieten der Jugend" durch Beamte der staatlichen und städtischen Apparate. Er reklamiert die Vorstellungen der Jugendbewegung, weil nur die Jugend selber „unverfälscht und echt" über ihr Leben entscheiden kann, nicht ein „künstlich geschaffener Bedarf" und die Interessen von Behörden und Verwaltung, die lenken, behüten und bürokratisieren. Für Dähnhardt ist es so, „daß in zahlreichen Einrichtungen und Organisationen, die von der Jugend her ihren Ursprung nahmen und die der Jugend einst zugehörten, heute diese Jugend gebändigt und eingeengt ist gegenüber einer Phalanx von staatlichen und städtischen Beamten, die für diese Einrichtungen eigens geschaffen wurden oder die in ihnen ein Betätigungsfeld eigener Regierungskunst und Verwaltungstechnik erblicken. Es will uns scheinen, daß dieser Apparat, der heute im Dienste der Jugendarbeit steht, größer und umfangreicher geraten ist, als das wirkliche Leben der Jugend selber, dem dieser Apparat Behausung und Schutz gewähren soll" (zitiert nach: Ehrhardt 1930, S. 100).

Professionalisierung in Jugendverbänden

Die Jugendverbände und Jugendgemeinschaften haben zwar Interesse an staatlicher Förderung und Unterstützung ihrer Arbeit, viele aber nicht an Professionalisierung; sie sind durchgehend leitmotivisch den Prinzipien der Jugendbewegung und Jugendführung verpflichtet und viele bewerten – vor allem Ende der 20er und Anfang der 30er Jahre – ihre Erziehungsarbeit als wesentlichen und bedeutsamen Beitrag in der nationalen, vaterländischen Erneuerung, als Dienst am Volk und dem Wiederaufbau einer neuen deutschen Volksgemeinschaft. In den großen Organisationen (wie Kirchen, Gewerkschaften/ berufsständischen Verbänden, Sport- und Turnverbänden) sind – in den jeweiligen spezifischen Gliederungsebenen – neben den ehrenamtlichen Jugendführern insbesondere auf Reichs-, Bezirks-, Provinz-, Diözesan-, Landeskirchenebene Erwachsene als Präsiden, Pfarrer, Pastoren, Bundeswarte und Funktionäre seitens der Gesamtorganisation zuständig und verantwortlich für die Jugendarbeit. In vielen Erwachsenenverbänden werden die Organisationen der Jugend als Jugendabteilungen ein- und untergeordnet. Sie sind mit den hauptamtlichen Mitarbeitern – die oftmals eine verbandsinterne religiöse, jugendpsychologische und -pädagogische, politische Ausbildung haben – in den Verbandszentralen, Geschäftstellen, Sekretariaten der Jugendverbände zuständig für die Um- bzw Durchsetzung der jeweiligen erzieherischen und politischen Interessen an *Jugend*. Das gilt neben den Kirchen vor allem auch für die Gewerkschaftsjugend. Hellmut Lessing kommt zu der Einschätzung, daß die „Interessenwahrnehmung der Arbeiterjugend die Aufgabe kaum kontrollierbarer hauptamtlicher Funktionäre war – für die Jugendlichen selbst blieb nur die unpolitische Jugendgruppe als Ort der Betätigung" (1976, S. 113). Einige Zahlen zeigen beispielhaft die entwickelte Professionalisierung in Jugendverbänden: für die Geschäftsstellen der Deutschen Turnerschaft wird festgestellt, „daß auch die Mehrzahl der 18 Turnkreise sich hat entschließen müssen, einen halb- oder ganzbezahlten

Geschäftsführer anzustellen und den am stärksten belasteten ehrenamtlichen Führern eine bezahlte Bürokraft zu halten" (Berger 1931,
S. 2); der Katholische Jungmännerverband Deutschlands hat im Jugendhaus Düsseldorf (der Verbandszentrale) 45 hauptberufliche Mitarbeiter und Angestellte (Wagner 1931, S. 186f.); beim Reichsverband
der evangelischen Jungmännerbünde Deutschlands stehen 354 Berufsarbeiter als Stab von Jugendführern „in emsiger Tätigkeit" (Philipps 1931, S. 126); im Burckhardthaus in Berlin-Dahlem (der Verbandszentrale vom Evangelischen Reichsverband weiblicher Jugend)
sind insgesamt 90 Arbeitskräfte beschäftigt; die Jugend- und Hospi-
tantengruppen im Bund der technischen Angestellten und Beamten
(ein berufsständischer Jugendverband) hat *berufsamtlich geleitete* Geschäftsstellen in Bremen, Breslau, Chemnitz, Dresden, Essen, Frank-
furt/M., Gleiwitz, Halle, Hamburg, Hannover, Karlsruhe, Köln,
Nürnberg, Saarbrücken, Stuttgart, Leipzig, Königsberg, Mannheim
und München. Trotz quantitativer Ausweitung und Institutionalisierung von sozialpädagogischen Arbeitsfeldern, dem Ausbau der Aus-
bildungseinrichtungen und Professionalisierung in der Jugendarbeit
ist in den Jugendverbänden eine systematische und perspektivische
Professionsdebatte nicht erkennbar. „Natürlich gab es in den Jahren
der Weimarer Republik hauptberufliche Mitarbeiter in den großen Jugendverbänden. Aber die kurze Zeit und die heftigen inneren Auseinandersetzungen in diesen Jahren reichen nicht aus, hier schon von einem klar konturierbaren Prozeß der Professionalisierung zu spre-
chen" (Sauter 1989, S. 218).

Gilde Soziale Arbeit

Die „Gilde Soziale Arbeit" (GSA) setzt sich im Diskurs zur Professionalisierung in der sozialen Arbeit vor allem mit dem Berufsethos des
Sozialarbeiters auseinander: Erzieherpersönlichkeit (Berufung) und
fachliche Ausbildung werden verknüpft und machen für die GSA das
Ethos des sozialen Berufs (berufliche Identität) aus. Diese werden verortet in Leitmotiven wie Dienst, Kameradschaft, Klientorientierung
und sozialem Engagement, gemeinsamer Haltung und Gesinnung;
Dienst am Volksganzen, Dienst und Opfer für die Gemeinschaft; gemeinsame *Front* für die Erfüllung *gemeinsamer Ideale.* „Sehr viele Menschen aus den Reihen der Jugendbewegung ergriffen eine soziale Berufsarbeit und wurden Lehrer, Ärzte, Erzieher, Fürsorger, Wohlfahrtspfleger" (Ehrhardt 1931, S. 115). Der berufsethische Diskurs pen-

delt zwischen hoher, euphorischer Identifizierung mit der Arbeit und
einem lediglich erwerbsmäßigen, anpassenden beruflichen Handeln.
Bei der Schulungswoche des GSA 1929 mit dem Thema „Die persönlichen Voraussetzungen des Sozialarbeiters" wird schließlich festgestellt, daß die soziale Arbeit Erwerbsarbeit geworden ist, „zu dem erzogen werden muß wie zu jedem Beruf, und es wäre falsch, sich gegen
diese Entwicklung zu stellen und nur nach dem geborenen Erzieher
zu rufen" (in: Rundbrief der Gilde Soziale Arbeit 1929, S. 241). Gustav
Buchhierl ein führender und prominenter Vertreter der 1925 – vor allem von Älteren aus den verschiedensten Bünden der bürgerlichen Jugendbewegung und durch die Initiative von jungen Wohlfahrtspfle-
gern, die ehren- oder hauptberuflich in der sozialen Arbeit standen –
gegründeten „Gilde Soziale Arbeit" (Dudek 1988b), sieht eine Schwer-
kraftverschiebung vom ehrenamtlichen Mitarbeiter auf die verberuf-
lichte Arbeit und räsoniert: „Je mehr soziale Arbeit von den Gemeinden übernommen und als eigenes Aufgabengebiet anerkannt wurde,
desto mehr mußte gleichzeitig der hauptberufliche Sozialarbeiter in
den Vordergrund gestellt werden. Auch die privaten Vereine sind
heute gezwungen, mehr und mehr hauptamtliche Kräfte zu beschäftigen, weil unsere unendlich differenzierte Arbeit nicht mehr mit dem
guten Herzen und dem guten Willen des freiwilligen Helfers allein be-
wältigt werden kann" (1930, S. 77). Vor allem für das großstädtische
Jugendamt sieht Buchhierl eine Fülle von Aufgaben und auch eine
größere Finanzkraft für deren Realisierung, z. B. für den Bau neuer Jugendheime, die Schaffung von Sport- und Spielplätzen, für Heimverschickung, Kinderspeisungen, Schulgärten, Maßnahmen für erwerbslose Jugendliche (Werkstätten, Bildungskurse).

Ländliche Jugendpflege

Mag die Kritik von den Jugendverbänden am Ausbau der kommunalen Jugendpflege aus finanziellen (und subsidiären) Eigeninteressen
und aus Konkurrenzgründen im *Kampf um die Jugend* in den Großstädten noch verständlich sein, so geht sie an der ländlichen (dörflichen
und kleinstädtischen) Jugendpflege (Anfang der 30er Jahre lebten
etwa 50% der Bevölkerung Deutschlands in „ländlichen Verhältnissen") völlig vorbei. Ausstattung (z. B. mit Jugendheimen) und *Perso-
nalfrage* stehen hier im Zentrum der fachlichen Diskussion; die „Gilde
Soziale Arbeit" gründet eigens eine „Arbeitsgemeinschaft für hauptberufliche Wohlfahrtsarbeit auf dem Lande", in der vor allem auch die

Lage der Beschäftigten diskutiert wird. Hauptberufliche Bezirksjugendpfleger sind in der Regel beurlaubte Lehrer oder Pfarrer, und mit Beginn der 30er Jahre wird noch jede zweite Stelle abgebaut. Ehrenamtliche Kreisjugendpfleger, die von der Behörde abhängig, gleichzeitig aber auch in ihrer Arbeit materiell behördenunabhängig sind, erhalten eine Aufwandsentschädigung zwischen 75 und 100 Reichsmark im Jahr. In den ländlichen Jugendämtern arbeiten meist zwei bis vier fachlich nicht geschulte Beamte und Angestellte aus der Kommunalverwaltung, versetzt aus der Kreiswirtschaftsstelle oder dem Steuerbüro. Der Landesverband der Bezirks- und Kreisjugendpfleger fordert zur Durchführung des RJWG daher kategorisch: „Der Kreisjugendpfleger ist als Träger des Erziehungsgedankens in der Zeit des Aufbaus in ländlichen Jugendämtern unentbehrlich" (in: Ratgeber für Jugendvereinigungen, November 1924, S. 243). Paul Hoffmann beklagt die fehlende professionelle Ausstattung: „Männliche Wohlfahrtspfleger gibt es bisher im ländlichen Jugendamt so gut wie gar nicht. So ist die Kreisfürsorgerin in der Regel die einzig geschulte Kraft... Jugendheime bilden eine Seltenheit" (1930, S. 79ff). Ein weiteres Problem sieht er im Verhältnis von amtlicher und freier Wohlfahrtspflege auf dem Lande: „Während in der größeren Stadt wohl überall Organisationen der freien Wohlfahrtsverbände mit geschulten Kräften dem Jugendamt gegenüber bzw. zur Seite stehen und ihm manche Arbeit abnehmen oder erleichtern, kann hiervon im Landkreis selten die Rede sein. Abgesehen von Ausnahmefällen, in denen die Verbände jetzt ihrerseits begonnen haben, Wohlfahrtspflegerinnen anzustellen, fehlen ihnen naturgemäß fast überall die in der Jugendarbeit geschulten Kräfte" (ebda., S. 80).

Proletarische Wohlfahrtspflege

Die sozialen Organisationen der Arbeiterklasse bzw. Arbeiterbewegung, Arbeiterwohlfahrt und Arbeitersamariterbund (der SPD nahestehend) sowie die Internationale Arbeiterhilfe (IAH) bzw. die in der Arbeitsgemeinschaft sozialpolitischer Organisationen (ARSO) zusammengeschlossenen Gruppen (der KPD nahestehend) sind Teile der proletarischen Milieus. Sie stehen – beide zunächst – in Gegnerschaft zu den bürgerlich-caritativen (kirchlichen) Wohlfahrts- und Fürsorgeorganisationen, gleichzeitig konkurrieren sie aber auch miteinander. Dies ist ein Ausdruck der Segmentierung innerhalb des Lagers und Teil der Auseinandersetzung um *reformistische vs. revolutio-*

näre Konzepte von Klassenpolitik und entsprechender Parteilinien. Auch hier spielen unterschiedliche Positionen zur Professionalisierung in der Sozial- und Jugendarbeit eine wichtige Rolle. Die AWO orientiert ihre Struktur, Arbeit und Dienste sukzessive an den anderen Wohlfahrtsverbänden, sie nimmt eine Entwicklung von einer Selbsthilfe- zu einer Helferorganisation und löst sich damit als soziale Mitgliederorganisation aus dem proletarischen Milieu. Die in der ARSO zusammengeschlossenen Organisationen kritisieren die Zunahme beruflicher Sozialarbeit, weil die profesionellen Sozialarbeiter – methodisch ausgebildet – ein „zuverlässiges Instrument für die Zwecke der herrschenden Klasse auf dem Gebiete der Wohlfahrtspflege" (Schellenberg 1930, S. 245) seien. Die ARSO setzt auf die ehrenamtlichen, proletarischen Wohlfahrtspfleger, die sich als *Beauftragte des Proletariats* verstehen sollten; dabei reflektiert Schellenberg die Widersprüche, Probleme und Gefahren von Wohlfahrtspflege, die er vor allem in *Legalismus, Verwaltungshandeln, ideologisch-reformistischen Helfervorstellungen, Abkopplung von proletarischer Gesamtbewegung* sieht.

In beiden Lagern und Organisationen der Arbeiterbewegung wird die praktische Arbeit in der Wohlfahrt, Sozialarbeit und in der Sozialpolitik von Frauen dominiert und von den männlich dominierten Organisationen als deren Politikfeld akzentuiert.

Ausbildung

Hertha Siemering spricht von einem „fröhlichen Dilettantismus" und fehlender Fachausbildung. Sie sieht unter den „Arbeitskräften ein Heer von Dilettanten, von ursprünglich ungelernten Helfern und Helferinnen" (1929, S. 693). Sie beschreibt (wie auch Richter 1932) die vielfältigen Qualifizierungsbemühungen und die Angebote für ehrenamtliche Mitarbeiter und Jugendpfleger in staatlich angebotenen und von staatlichen oder freien Tägern durchgeführten Kursen (sog. Jugendpflege-Lehrgänge, Lehrgänge zur Förderung der Jugendpflege), an denen meist Lehrer, Vertreter der Behörden, aber auch Vertreter aus der Arbeiterjugend, den Jugendverbänden und der Jugendbewegung teilnehmen. An den Bezirks- und Jugendpflegelehrgängen in den Rechnungsjahren 1919–1928 nehmen in Preußen an den 6111 Lehrgängen insgesamt 472 435 Personen teil; 1929 sind es insgesamt 94 643 Teilnehmer bei 1501 angebotenen Lehrgängen. Die Lehrgänge werden differenziert nach Aus- und Fortbildung (von Jugendpflegern, Sport-

und Turnwarten, Wanderführern, Nähstubenleiterinnen), den *Allgemeinen Aufgaben der Jugendpflege*, der *Pflege der ländlichen Jugend, Pflege der weiblichen Jugend* und *Lehrgängen über besondere Aufgaben der Jugendpflege* die wiederum nach Leibesübungen, Volkstanz, Singen und Musik, Handfertigkeit, Lichtbildwesen, Büchereiwesen, Zimmer- und Gesellschaftsspiele, Laien-, Jugendspiele, Sprechchor differenziert sind (vgl. Richter 1932, S. 56 f.).

Nicht mehr Erfahrung und soziale Gesinnung allein konnten das Qualifikationsprofil ausmachen, sondern Fachlichkeit und berufliches Wissen werden Forderungen und bestimmen die Diskussion; so stehen die Entwicklung und die Lebenswelt von Jugendlichen im Zentrum der wissenschaftlichen Forschung und bestimmen den Perspektivendiskurs beruflichen Handelns.

Siemering verweist auf die notwendige und beginnende Ausbildung hauptamtlicher Kräfte für die Jugendpflege. In der Ausbildung der sozialen Erzieherschaft an den staatlich anerkannten Wohlfahrtsschulen und den sozialen Frauenschulen (auf weitgehend vorwissenschaftlichem Fachschulniveau), vereinzelten Ansätzen (und ersten Lehrstühlen an Universitäten, die sich mit Fragen der Sozialarbeit, -pädagogik, -politik beschäftigen) universitärer Fortbildung sowie den zahlreichen Fortbildungsmöglichkeiten bleiben zunächst Frauen bestimmend (Salomon 1927, Landwehr/Baron 1983). Wird die professionelle Arbeit vor 1920 weitgehend von weiblichen Kräften wahrgenommen (z. B. über die Ausbildung von Wohlfahrtspflegerinnen an der von Alice Salomon geleiteten Sozialen Frauenschule in Berlin-Schöneberg), so ändert sich dies mit der sozialpädagogischen Diskussion und dem RJWG; ab 1920 wählen auch zunehmend Männer soziale Berufe. Mit dem Erlaß des preußischen Ministeriums für Volkswohlfahrt vom 4. April 1927 wird die staatliche Anerkennung männlicher Wohlfahrtspfleger (Fürsorger, Sozialbeamte) geregelt (Mennicke 1927, S. 57 ff). Mit der Entstehung von Männerschulen (1927) konstituieren sich auch *Männerberufsverbände* (für Wohlfahrtspfleger – Fürsorger). 1928 beschließt die Konferenz der Wohlfahrtsschulen die Zulassung männlicher Schüler. Trotz schwieriger wirtschaftlicher Situation und Arbeitslosigkeit gibt es einen großen Zustrom in die Ausbildungsstätten, gleichzeitig wird eine stärkere pädagogische und sozialpolitische Akzentuierung in der Ausbildung praktiziert.

Im Rahmen der Ausbildung von (männlichen) Jugendpflegern profilieren sich ab 1923 vor allem drei Einrichtungen: das am 1. Dezember 1924 durch den Jugendpastor Bruno Meyer gegründete evangelische „Jugendpfleger-Seminar" und spätere „Wohlfahrtspfleger-

Seminar" (dann „Evangelische Wohlfahrtsschule") in Gehlsdorf bei
Rostock; diese Ausbildungsstätte ist geprägt von der Ideenwelt der Jugendbewegung und hervorgegangen aus der sozialen Arbeit des
Evangelischen Landjugenddienstes. Das Sozialpolitische Seminar an
der Deutschen Hochschule für Politik in Berlin unter der Leitung von
Carl Mennicke hat ebenfalls einem großen Zulauf von Studenten aus
der Jugendbewegung. Die dritte Ausbildungsstätte ist die Schule des
evangelischen Johannisstifts in Berlin-Spandau unter der Leitung von
Alexander von Viebahn. Die drei neu entstandenen Ausbildungsstätten verzeichnen einen großen Andrang und ermöglichen – mit dem
Hintergrund des RJWG - erstmals die Ausbildung von männlichen
Fachkräften (Wohlfahrtspfleger, Fürsorger, Sozialbeamten); dies ist
vor allem für die aus der Jugendbewegung kommenden Sozialarbeiter
interessant, denn hier konnten sie fachliche Ausbildung mit Gesinnung und Haltung in einer zweijährigen Ausbildung kombinieren
(Dudek 1988b, S. 51 ff). Am Beispiel des Jugendpfleger-Seminares in
Gehlsdorf sollen die Begründungen für eine eigenständige Ausbildung und die Praxis veranschaulicht werden. Alwin Brockmann, ein
führender Vertreter der „Gilde Soziale Arbeit", schreibt 1927 sehr an-
schaulich:

„Von bedeutenden Fachleuten aber wird immer wieder betont, daß es billiger
und volkswirtschaftlich richtiger ist, die gesunde und von sich aus zur Gesun-
dung drängenden Jugend, gesund zu erhalten, als nur die kranke Jugend in
langer Pflege zu betreuen. Jugendpflege (ich fasse Jugendbewegung und Jugendpflege absichtlich in diesem Begriff zusammen) ist demnach vorbeugende Jugendfürsorge... Es gilt einen neuen Stand zu schaffen, der bisher
keine besondere fachliche Ausbildung kannte. Der Ideenkreis der Jugendbewegung bildete die Grundlage des Aufbaues, ohne sich damit anderen Gebieten zu verschließen. Die Eröffnung des Seminares ist der Versuch eines Kreises der Jugend, das theoretisch als notwendig Erkannte praktisch zur Vollendung zu bringen. Diese Erkenntnis beseelte die uns innerlich durchaus verbundenen Leiter, Jugendpfarrer Bruno Meyer und Pastor Heinrich Karsten.
Die Aufnahme in das Seminar war an folgende Bedingungen geknüpft: 1. voll-
endetes 19. Lebensjahr, 2. Ablegung einer Reifeprüfung (Abitur) oder 3. Nachweis einer regelrechten Lehrzeit in einem anderen Beruf. Wir waren 11 Leute,
die sich zu Beginn des Semesters am 1. Dezember 1924 im Gehlsdorfer Erzie-
hungsheim (das Seminar war im *Herzen* einer *Fürsorgeerziehungsanstalt* gelegen, d. V.) zusammenfanden. Niemand konnte ihnen nach erfolgter Ausbildung gesicherte Lebensexistenzen bieten; ungewiß ist auch heute noch die berufliche Regelung für die männlichen Sozialbeamten. Der Lehrplan des ersten
Semesters umfaßte zunächst folgende Gebiete: Familienrecht, Jugendstrafrecht, praktische Fragen des Vormundschaftsgerichtes im Rahmen des RJWG,
Aufgaben des Jugendamtes nach RJWG und dem JGG, Volkswirtschaftslehre,
Innere Mission und Wohlfahrtspflege, Geistes- und Literaturgeschichte, politische Geschichte Deutschlands, Psychologie des Jugendalters, Bau und Ver-

richtung des menschlichen Körpers, erste Hilfe bei Unglücksfällen, Gymnastik und Bürokunde. Die Ausbildung ist auf zwei theoretische Wintersemester und zwei praktische Sommersemester festgesetzt und schließt dann mit einem staatlich anerkannten Examen. Das zweite Wintersemester soll naturgemäß auf das vorhergegangene und auf die praktische Arbeit des Sommersemesters aufbauen und neue Gebiete (wie Pädagogik, Sozialethik, Arbeitsrecht, Bürgerkunde, Ländliche Jugendpflege, Vormundschaftswesen, Werkunterricht und Leibesübungen) erschließen. Damit hofft das Seminar, indem es sich speziell auf die Ausbildung von Jugendpflegern beschränkt, seine Aufgaben lösen zu können. Wohl verhältnismäßig wenig städtische und ländliche Jugendämter können von sich aus behaupten, seit dem Inkrafttreten des RJWG am 1. 4. 1924 tatsächlich zu einer mustergültigen Durchführung des Gesetzes gelangt zu sein" (1927, S. 6 f.).

Neben dem Aus- und Aufbau von neuen Ausbildungsstätten beginnt gleichzeitig eine Reform bzw. Modernisierung der bestehenden Einrichtungen. Neben juristischen, sozialpolitischen und historischen Themen werden vor allem Psychologie und Pädagogik des Jugendalters akzentuiert und unterrichtet. Diese Entwicklung geht einher mit der zunehmenden Wissensproduktion „über Jugend" und Tendenzen der Verfachlichung bzw. Verwissenschaftlichung in der sozialen Arbeit (Dudek 1990). Nicht mehr nur altruistische Zielwerte, *Beruf als Berufung* und (niedrig bezahltes) soziales Engagement definieren das Berufsbild, sondern Qualifikation, soziale Pädagogik und Psychologie als Leitwissenschaften; professionsspezifische Interessen (Statusaufwertung, Gratifikation) werden Eckpfeiler einer sich entwickelnden beruflichen Diskussion und Identität. Mit der Reformulierung der staatlichen Prüfungsordnungen im Jahre 1920 wird die Ausbildung als eine primär *pädagogische* verankert, wird das medizinische Paradigma (Hygiene und Gesundheitslehre) endgültig von der Sichtweise *helfen, erziehen* abgelöst (vgl. zu den inneren und äußeren Entwicklungen der sozialen Frauenschulen den zusammenfassenden Überblick: Salomon 1927). Favorisiert wird eine universale, grundsätzlich sozialwissenschaftlich orientierte sowie auf die Praxis gerichtete Ausbildung. Spranger spricht von einem übergreifenden Prinzip der *pädagogischen Besinnung* in den Frauenschulen mit der Intention, den ganzen Menschen zu sehen und ihm neben materiellen Hilfeleistungen *durch gebende Liebe seelischen Halt zu geben* (Spranger 1926, S. 81). Psychologie und Pädagogik werden Mittelpunktfächer in den sozialen Schulen. Die Neuregelung der aus dem Jahre 1911 stammenden Jugendleiterinnen-Ausbildung, die sich auf die Arbeitsgebiete der Kindergärtnerin, Hortnerin, Heimerzieherin und Jugendleiterin bezieht, erfolgt in Preußen im Jahre 1931. In der einjährigen Ausbildung in den

Jugendleiterinnenseminaren bekommt „Jugend" (mit den Fächern
„Jugend- und Volksliteratur", „Jugend- und Wohlfahrtskunde", Pädagogik, Psychologie) im Ausbildungsplan einen großen Stellenwert
(vgl. Pädagogisches Zentralblatt, Heft 12/1931, S. 602). Kurt Richter
(Jugendpflegereferent im preußischen Ministerium) widmet 1932 der
Aus- und Fortbildung im Jugendpflegebereich ein Heft des „Hand-
buches der Jugendpflege" und begründet einen dringenden Reformbedarf in der Ausbildung: „Das ist um so notwendiger, als gerade in
der Jugendpflege die eigentümliche Tatsache besteht, daß in ihr zahl-
reiche Personen erziehend und bildend tätig sind, die keine eigentliche Ausbildung für diese besondere Tätigkeit mitbringen" (1932, S.
19). Darüber hinaus konzipiert Richter – nicht mehr realisierbare –
Vorstellungen und weitere Strukturen über Ausbildungs- und For-
schungsstätten für *die Jugendkunde und die Jugendführung,* die Haupt-
und Ehrenamtlichen zugänglich sein sollten.

Dudek resümiert die Entwicklung und inhaltlichen Zentren der
Ausbildung in den 20er Jahren: „Auch wenn in der Ausbildung ange-
hender Wohlfahrtspfleger in den zwanziger Jahren die Vermittlung
wissenschaftlichen Wissens an die Tradierung einer bestimmten Be-
rufsethik gekoppelt war, das Theorie-Praxis-Verhältnis letztlich als
Verhältnis von Ausbildung und Berufshandeln gedeutet wurde, waren Psychologie und Pädagogik Bestandteil des Curricula der Wohlfahrtsschulen" (1990, S. 83).

Die reformerischen Anstrengungen von Ausbildungsstätten gehen
in der zweiten Hälfte der 20er Jahre mit dem Abbau von Stellen in der
Sozialpolitik einher; in allen Bereichen der Wohlfahrtspflege und Jugendhilfe wird ab 1927 aufgrund der allgemeinen Finanznot der öffentlichen Haushalte gespart. Hohe Arbeitslosigkeit bei Absolventen
der Wohlfahrtsschulen und Ausbildungsstätten wie auch bei Lehrern
charakterisiert den Teilarbeitsmarkt „soziale Berufe". In den folgenden Jahren gibt es einen massiven Abbau der materiellen Leistungen
in der Jugendhilfe, wiederholt werden Sparprogramme verabschie-
det, nimmt Verelendung und Verarmung eines großen Teils der Jugendlichen zu; gleichzeitig gibt es – nach der Einschätzung von engagierten Praktikern in der Jugendwohlfahrt – regelrecht einen „Kampf
gegen den ungeistigen, unsachlichen, schematischen Abbau der Jugendwohlfahrt" (Kall 1932, S. 341). Die Politik des Abbaus von Mitarbeitern bzw. Einstellungsstopps korrespondiert mit dem Ruf nach
Selbsthilfe bzw. Ehrenamtlichkeit. Vor allem die Lehrer werden als *ge-
borene Helfer* der Jugendwohlfahrt gesehen, neu *entdeckt* und ideolo-

gisch aufgewertet; zu den Möglichkeiten ehrenamtlicher Jugendpflege wird z. B. geschrieben:

> „Ist es nicht soziale Arbeit, wenn der Volksschullehrer einer Kleinstadt, in der
> es weder Kinderhort noch sonst etwas dergleichen gibt, zu seinen eigenen 5
> Jungen, die ihm wirklich schon genug zu schaffen machen, immer noch 5, 6, 7
> Proletarierjungen um sich hat; sommers im Gärtchen, ohne Angst, daß ihm
> die Beete zertreten werden, winters in der einen geheizten Wohnstube, in der
> gebastelt, gelärmt, gesungen, gearbeitet wird? Ist es nicht eine soziale Tat,
> wenn die Lehrersfrau mit den Mädchen näht, stopft, musiziert, für alle Feste
> übt? Gewiß wird solche Arbeit als Selbstverständlichkeit angesehen, sie wird
> nicht registriert, sie gibt keine Jahresberichte heraus, und sie vollzieht sich
> ohne Vereinsriten, aber sie ist da! Oder die Lehrerin, deren einzige Abwechs-
> lung auf dem Lande die Wochenendfahrten zu ihren Eltern sind, aber lange
> vor Weihnachten, Ostern und Erntefest sind die Sonntage von den Schulkin-
> dern und Schulentlassenen mit Beschlag belegt, da ist an ein Heimfahren nicht
> zu denken. Alle diese kleinen, gern und freiwillig gebrachten Opfer werden
> nicht genügend als soziale Betätigung gewertet, sie dienen aber der sozialen
> Arbeit, und zwar an ihrem lohnendsten Teile, nämlich der vorbeugenden Ar-
> beit. Vielfach ist es – besonders bei Lehrerinnen – eine Scheu, die sie zurück-
> hält, von ihrer Arbeit zu sprechen, und vieles geschieht, ohne daß davon groß
> Aufhebens gemacht wird. Nicht ein Einzelfall, sondern typisch für eine große
> Zahl von sozial arbeitenden Lehrerinnen ist die Antwort, die ich einmal von
> einer Kollegin erhielt, die ich um eine Schilderung ihrer Tätigkeit bat. Als die
> statistische Erhebung das erstemal zu ihr kam, zeichnete sie sich nicht ein.
> Daraufhin ging ich zu ihr und bat sie darum. „Ach", sagte sie, „Sie wollten
> doch wissen, wer sich sozial betätigt! Ich habe doch nur meine Schulentlasse-
> nen bei mir." Und endlich erhielt ich auf mein Drängen eine Schilderung und
> Übersicht über das im letzten Jahr Geleistete. Es war eine Arbeit, die einer
> Kreisjugendpflegerin Ehre eingelegt hätte, von der aber nur ein kleiner Kreis
> Eingeweihter wußte; eine Insel mitten in der groß aufgezogenen sozialen Ar-
> beit einer Großstadt, ohne irgendwelche Unterstützung oder Sanktion! Und
> seufzend schloß sie ihren Bericht: „Wenn Sie also mein Stückchen Leben als
> soziale Arbeit bezeichnen wollen, dann tun sie es, aber nur in unserem Kreise
> und ohne Namensnennung!" (Kall 1932, S. 348).

Neben Einstellungsstopp und Personalabbau sowie der Aufwertung
von Ehrenamtlichkeit werden - als arbeitsmarktpolitisches Instrument gedacht – stellenlose Lehrer und Wohlfahrtspfleger als Hilfskräfte für die Jugendpflege (auch als Arbeitsdienst anerkannt) eingesetzt. In „Jugend heraus!" (der zentralen Monatsschrift für Jugendpflege, Jugendbewegung und Leibesübungen, Berlin) heißt es u. a.:

> „Um die Arbeitsfähigkeit der zahlreichen Kräfte mit pädagogischer und so-
> zialpflegerischer Schulung, die heute ohne Stellung sind, in verwandter Ar-
> beit zu erhalten, wird in Berlin zurzeit folgender Versuch gemacht: Die Deut-
> sche Akademie für soziale und pädagogische Frauenarbeit hat in Verbindung
> mit dem Berliner Verein für Volkserziehung eine Meldestelle für solche ar-

beitslosen Kräfte der genannten Art eingerichtet, die bereit sind, sich im Laufe der nächsten Monate im Dienste der Winterhilfe, aber auch in Kinderlesestuben, ferner in sogenannten offenen Stuben für Jungmädchen sowie in Jugendvereinen zu betätigen" (zitiert nach: Der Zwiespruch, 17. Januar 1932).

III. Zeit des Nationalsozialismus (1933–1945)

Jugendpflege und Hitlerjugend (HJ)

Mit der Machtübernahme durch die Nationalsozialisten setzt ab dem 30. Januar 1933 in der deutschen Geschichte auch eine umfassende Professionalisierung in der außerschulischen Jugenderziehung, der Jugendarbeit ein; dabei wird das Verhältnis von öffentlicher und freier Jugend- und Wohlfahrtspolitik im NS-Staat neu organisiert. Im Kontext von Zerschlagungs-, Auflösungs-, Verbots- und Gleichschaltungspolitik übernimmt die Hitlerjugend (HJ) – mit dem Anspruch auf die Alleinvertretung der deutschen Jugend – weitgehend die Aufgaben der bisherigen Jugendpflege (erzieherische und sozialpädagogische Aufgaben nach § 4 RJWG – das in der NS-Zeit nie außer Kraft gesetzt wurde). Die Aufgaben der Jugendfürsorge und -hilfe sowie der Volkswohlfahrt gehen im April 1933 zum großen Teil an die 1931 gegründete Nationalsozialistische Volkswohlfahrt (NSV) mit ihrer Abteilung *NSV-Jugendhilfe* über; sie wird für alle Fragen der Volkswohlfahrt und Fürsorge, für die Gleichschaltung im Gesundheits- und Fürsorgebereich bestimmend (Hilgenfeldt 1937). Die NSV ist das Instrument, „mit der der Grundsatz der Einheit von Partei und Staat auf dem Gebiet der Jugendhilfe dauerhaft und zuverlässig verwirklicht und damit dem Totalitätsanspruch der nationalsozialistischen Weltanschauung im Bereich der gesamten Jugendhilfe die Bahn frei gemacht wird" (Rösch 1936, S. 5). Die NSV erhält die Leitfunktion für den gesamten Bereich der Wohlfahrtspflege und ist 1939 mit nahezu 11 Millionen Mitgliedern neben der (Klassenharmonie propagierenden) „Deutschen Arbeitsfront" und dem Freizeitwerk „Kraft durch Freude" eine der größten Massenorganisationen der Nationalsozialisten. Die wichtigste Abteilung der Reichsführung der NSV wird die Abteilung II (Gesundheit) mit den Unterabteilungen: Gesundheitsfürsorge und Gesundheitspflege, Fachausbildung, Schulung und Volksernährung; das Gesundheitsamt wird Leitfigur nationalsozialistischer Sozialpolitik. Sie ist mit ihrer Wohlfahrtspflege und ihren „Wohlfahrtseinrichtungen" in die rassischen/rassenhygienischen (eugenischen) Grundlagen der Geburten-, Gesundheits- und Bevölkerungspolitik des NS-Staates eingebettet, begründet als „Fürsorge" gegenüber *erbgesunden* und *rassisch wertvollen* Kindern und Jugendlichen. Die Entstehung und Entwicklung der (zunächst sozialdarwinistischen und sozialbiologischen) Eugenik/Rassenhyhiene als Theo-

rie und Lehre reicht bis in die ersten Jahre der Weimarer Republik zurück; sie wird im Nationalsozialismus radikalisiert bei gleichzeitiger
Delegitimierung/Entwertung und Funktionalisierung der sozialen
Fürsorge und Wohlfahrtspflege für rassenhyhienische Zielsetzungen
(vgl. Reyer 1991). Die nationalsozialistische Funktionalisierung sozialer Arbeit zerstört wohlfahrtsstaatliche Ansätze und ersetzt sie
durch das rassenanthropologische Modell von Volkskörper und
Volksgesundheit; das bestimmende Wesensmerkmal der nationalsozialistischen Volkswohlfahrt wird die erbbiologisch und rassenhygie-
nisch begründete *Volkspflege*. Dazu schreibt Althaus:

> „Der Nationalsozialismus kennt keine Fürsorge um der Befürsorgung willen
> … Es geht nicht um das Wohl des Einzelnen, sondern des ganzen Volkes. In
> völkischem Interesse wird dem einzelnen Volksgenossen geholfen, und das
> Individuum hat nicht mehr Rechte als es auch Pflichten gegenüber der Allge-
> meinheit anzuerkennen und zu erfüllen willens ist… Aus dieser weltan-
> schaulichen Einstellung heraus ist eine Wohlfahrtspflege nationalsozialisti-
> scher Prägung grundsätzlich erbbiologisch und rassenhygienisch orientiert.
> Ihr gilt nicht der Satz von der Gleichheit der Staatsbürger. Sie weiß, daß die
> Erbanlage die Menschen ungleich in ihrem Wert für das Wohl des Ganzen
> macht… Eine Wohlfahrtspflege, die auf das Wohl des Volkes ausgerichtet ist,
> wird im Gegensatz hierzu die minderwertigen in eine ausmerzenden Erb-
> pflege zurückdrängen… Dies gilt vor allem für die Inidividuen, deren Eigen-
> schaft als Träger von Erbkrankeiten nicht feststeht, deren asoziales Verhalten
> dies aber vermuten läßt“ (1937, S. 8).

Die fürsorgerische Rolle des Jugendamtes wird in der „Bollwerkbil-
dung gegen die die Lebenstüchtigkeit bedrohenden Faktoren, verbunden mit der unablässigen Abschnürung der Gefährdungsquellen
und der Unterbindung der unseligen Reflexionen" gesehen (Hübner
1936, S. 391). Die Fürsorgeerziehung ist eingebunden in die völkisch-
rassische Linie, den Selektionsprozeß, die *Wertigkeitsskalen* und – so
heißt es bereits 1933 – habe zu unterscheiden „zwischen Gefährdeten
und Verwahrlosten, zwischen Verleiteten und Minderwertigen"
(Zentralblatt für Jugendrecht und Jugendwohlfahrt 1933, S. 276). Ziel
der Wohlfahrtspflege und sozialen Arbeit wird der *gesunde Volskör-
per;* der deutsche, biologisch wertvolle und erbgesunde Jugendliche
gerät ins Zentrum der Jugendpolitik und der Arbeit der Volkspfle-
gerin (der den Begriff Fürsorgerin ablöste), eingebunden in die Strate-
gie von Erfassung, Einordnung, von sozialer Selektion in Form von
Auslese (wert und unwert) und Ausmerze, von Kosten-Nutzen-Erwä-
gungen (Leistungsprognosen), Ghettoisierung, Jugendschutzlager –
von denen es insgesamt acht gab – und Euthanasie. Die Stigmatisie-
rung erfolgt in den Zuordnungen: nicht gemeinschaftsfähig, -würdig

oder -willig (vgl. zur Radikalisierung und Durchsetzung der Rassen-
hygiene im Nationalsozialismus: Reyer 1991; vgl. auch die Beiträge in
Otto/Sünker 1986). Aus den Wohlfahrtsschulen werden „Volkspfle-
geschulen", in denen der gesundheitspflegerische Aspekt zum
Schwerpunkt der Ausbildung wird; anpassungsbereite Fachkräfte
werden ins Gesundheitsamt versetzt oder in die NSV überführt, „die
Männer verschwanden so gut wie ganz aus der Ausbildung und zum
Teil auch aus dem Beruf" (Hasenclever 1957, S. 3).

Das Verhältnis von HJ-Erziehung (und deren *Sozialer Arbeit)*, der
NSV-Jugendhilfe (als vorbeugendem Jugendschutz) und der Jugendpflege wird mit dem Label *Integration und Ausgrenzung* insgesamt neu
geregelt (u. a. in der Vereinbarung zur Zusammenarbeit von NSV-Jugendhilfe und Hitlerjugend im Februar 1936); „die gemeinsame Aufgabe von NSV und HJ ist es, die soziale Jugendarbeit einheitlich im nationalsozialistischen Sinne auszurichten" (Zentralblatt, Oktober 1936,
S. 228). Nach der Vereinbarung vom 4. Februar 1936 zwischen HJ und
NSV sollten „ältere, fachlich geeignete HJ-Führer" (Zentralblatt, Januar
1937, S. 343) als Sachbearbeiter für Jugendhilfe für die Dienststellen des
Amtes für Volkswohlfahrt zur Verfügung gestellt werden. „Häufig ist
der Sozialstellenleiter der HJ gleichzeitig auch Stellenleiter für Jugendhilfe und ist so in der Lage, gemeinsam mit dem NSV-Helfer und dem
aktiven HJ-Führer bzw. der BDM-Führerin für die Jugendlichen einen
einheitlichen Erziehungsplan aufzustellen oder den Austausch von Be-
obachtungen, z. B. bei drohender Gefährdung, zu vermitteln" (Zentralblatt, Januar 1937, S. 343). Für die *voll leistungsfähigen, gesunden deutschen*
Jugendlichen und deren weltanschauliche und körperliche *Erziehung*
wird die HJ als Staatsjugend (einschließlich Schutzkameradschaft durch
einen HJ-Führer) zuständig, für die *Gefährdeten* und *Bedürftigen,* aber
noch *förderungswürdigen Volksgenossen* die NSV-Jugendhilfe.

Zwischen HJ und NSV (wie auch mit dem Jugendamt, der Jugend-
gerichtshilfe und anderen Behörden als Kontrollinstanzen des nationalsozialistischen Staates) gibt es eine enge Zusammenarbeit, einen
Melde- und Informationsaustausch über *gefährdende, abweichende* Verhaltensweisen von Kindern und Jugendlichen. Das Jugendamt wird
auf Fürsorgeaufgaben und die staatliche Jugendpflege auf HJ-ergän-
zende Aufgaben mit der unorganisierten Jugend reduziert; in vielen
Fällen wird die Leitung des Jugendamtes mit HJ-Führern und BDM-
Führerinnen besetzt.

Mit der Verfügung vom Juni 1933 und dem Erlaß vom 8. Juli 1933

werden die Zuständigkeiten in der Jugendpflege neu geregelt: danach
steht „der Jugendführer des Deutschen Reiches an der Spitze aller
Verbände der männlichen und weiblichen Jugend"; der Reichsjugendführer hat keinen „behördlichen Charakter", er „leitet und fördert den Neuaufbau der vaterländischen Jugendarbeit". Mit der Neuordnung der Jugendarbeit und der staatlichen Jugendpflege werden
auch die Stellung und Bedeutung des Jugendwohlfahrtsausschusses
sowie der haupt- und nebenamtlichen Mitarbeiter und Mitarbeiterinnen verändert, an die Stelle der stimmberechtigten Mitglieder treten
Beiräte. Mit dem Erlaß vom 6. Mai 1935 durch den Reichserziehungsminister und das Reichsgesetz vom 1. Februar 1939 wird mit der Einführung des Führerprinzips die staatliche Jugendpflege neu geregelt,
sie wird zur *staatlich geförderten Jugenderziehung außerhalb der Schule.*

An die Stelle der Jugendwohlfahrtsausschüsse auf Bezirks-, Kreis-,
(Stadt)- und Ortsebene treten beratende Arbeitsgemeinschaften bzw.
Beiräte für Jugenderziehung außerhalb der Schule – entsprechend den
Vorschriften der nach dem Führerprinzip gestalteten deutschen Ge-
meindeordnung von 1935. Nach dem Erlaß ist folgende Zusammen-
setzung der Arbeitsgemeinschaften *dringend erforderlich:* Vertreter der
Behörde als Führer, Vertreter der Parteidienstelle (PD), Vertreter der
HJ, Vertreterinnen des BDM, Vertreter des Reichsportführers bzw.
des Reichsbundes für Leibesübungen, ggf. Vertreter der Sturmabteilung (SA) und Schutzstaffel (SS), ggf. Vertreterin der Frauenschaft, ein
Schuljugendverwalter. Spätestens zu diesem Zeitpunkt wird aus dem
Amt eine *Behörde.* Mit dem Erlaß vom 6. Mai 1935 wird aus dem Bezirksjugendpfleger der ernannte hauptamtliche *Dezernent für Jugendpflege und körperliche Erziehung an der Regierung* aus der Bezirksjugendpflegerin wird die ernannte hauptamtliche Bezirksjugendwartin und
dem Kreisjugendpfleger/der Kreisjugendpflegerin der ehrenamtliche
Kreisjugendwart/die ehrenamtliche Kreisjugendwartin; sie sind als
Beauftragte des Staates Berater der Landräte und Oberbürgermeister
in allen Jugenderziehungsfragen außerhalb der Schule. In dem Erlaß
und den dazugehörigen Grundsätzen heißt es u. a.:

Neuordnung der staatlichen Jugendpflege

Der Reichserziehungsminister hat in dem nachstehenden Erlaß vom 6. Mai 1935 (RMinAmtsbl.
1935, S. 239) die staatliche Jugendpflege neu geregelt. Sie wird künftig „staatlich geförderte Jugenderziehung außerhalb der Schule" genannt.

„In der Anlage übersende ich die Grundsätze für die staatlich geförderte Jugenderziehung außerhalb der Schule zur Kenntnis und weiteren Veranlassung.

Die mit der Jugenderziehung außerhalb der Schule betrauten Stellen sind in Zukunft wie folgt zu
bezeichnen:

Bisherige Bezeichnung:		Jetzige Bezeichnung	
1. Bezirks-		Bezirks-	Arbeitsgemeinschaften
Kreis-(Stadt-)	Ausschuß	Kreis-(Stadt-)	gebildet aus Beiräten
Orts-		Orts-	
für Jugendpflege.		für Jugenderziehung außerhalb der Schule.	
2. Bezirksjugendpfleger.		Dezernent für Jugendpflege und körperliche Erziehung an der Regierung.	
3. Bezirksjugendpflegerin.		Bezirksjugendwartin.	
4. Kreisjugendpfleger(-pflegerinnen).		Kreisjugendwart(-wartin).	

Die für jeden Regierungsbezirk bestellten Dezernenten für Jugendpflege und körperliche Erziehung an der Regierung und Bezirksjugendwartinnen sind die technischen Berater des Regierungspräsidenten (in Berlin: des Staatskommissars) in allen Angelegenheiten der Jugendpflege und körperlichen Erziehung. Sie sind hauptamtlich tätig.

Die Kreisjugendwarte(-wartinnen) sind als Beauftragte des Staates Berater der Landräte und Oberbürgermeister in allen Jugenderziehungsfragen außerhalb der Schule. Sie sind ehrenamtlich tätig.

Ich beabsichtige, die körperliche, geistige und charakterliche Erziehung der Jugend außerhalb der Schule besonders zu fördern, um der Jugend ein Heranwachsen zur körperlicher und beruflicher Leistungsfähigkeit zu ermöglichen und sie zu geistig aufgeschlossenen, sittlich verantwortungsbewußten jungen Nationalsozialisten zu bilden, ohne dabei ihren Anspruch auf jugendliche Freude in zuchtvoller Gestaltung zu verletzen. Eine Hauptaufgabe der Jugendpflegedezernenten, Bezirksjugendwartinnen und Kreisjugendwarte(-wartinnen) ist daher, die staatlichen und gemeindlichen Behörden durch staatliche Beihilfen anzuregen, Jugendheime, Jugendherbergen, Turnhallen, Spiel- und Sportplätze, Bootshäuser, Zeltlager und ähnliche Einrichtungen in erforderlichem Ausmaß zu schaffen und ihre Unterhaltung sicherzustellen. Dabei haben die Jugendpflegedezernenten, Bezirksjugendwartinnen und Kreisjugendwarte(-wartinnen) den Behörden mit sachverständigem Rat zur Seite zu stehen. Soweit Jugend- oder Turn- und Sportorganisationen, deren Tätigkeit von Jugendführer des Deutschen Reiches und Reichssportführer als erwünscht anerkannt ist, derartige Einrichtungen von sich aus errichten, werden die Jugendpflegedezernenten, Bezirksjugendwartinnen und Kreisjugendwarte(-wartinnen) bemüht sein müssen, ihnen die Wege zu ebnen. Sie sind auch in erster Linie dazu berufen, die Pläne für die Benutzung der vorhandenen Jugendpflegeeinrichtungen aufzustellen, wobei sie darauf zu achten haben, daß diese Einrichtungen auch voll ausgenutzt werden. Ihre Hilfeleistung gilt in erster Linie der Hitler-Jugend und dem Bund Deutscher Mädel; aber auch die vom Reichssportführer anerkannten Turn- und Sportorganisationen kommen in Frage, da diese ihre Einrichtungen in weitem Umfang auch den Jugendorganisationen zur Verfügung stellen. Wenn die Jugendpflegedezernenten, Bezirksjugendwartinnen und Kreisjugendwarte(-wartinnen) sich auf diese Weise als Freunde und Helfer der nationalsozialistischen Jugendorganisationen erweisen, wird es ihnen nicht schwerfallen, das rechte Verhältnis zu ihnen herzustellen. Sie haben ferner sich der Gesamtheit aller Bestrebungen zu widmen, die dem Wohl der Jugend außerhalb der Schule gelten. Sie werden daher auch ihr besonderes Augenmerk auf die nichtorganisierten Jugendlichen zu richten haben, deren Zahl immer noch beachtlich hoch ist. Vor allem wird für diejenigen nichtorganisierten Jugendlichen gesorgt werden müssen, die erwerbslos sind. Wo die Hitler-Jugend und der Bund Deutscher Mädel diese Aufgabe mitübernehmen, wird es genügen, wenn die Jugendpflegedezernenten, Bezirksjugendwartinnen und Kreisjugendwarte(-wartinnen) ihnen ihre Mitarbeit und Hilfe anbieten. Wo das nicht der Fall ist oder der Umfang der Maßnahmen nicht ausreicht, werden die Jugendpflegedezernenten, Bezirksjugendwartinnen und Kreisjugendwarte(-wartinnen) selbst Sorge dafür tragen müssen, daß das Erforderliche geschieht. Das Ziel muß sein, jeden Jungen und jedes Mädel außerhalb der Schule durch geeignete körperliche Ausbildung sowie durch geist- und charakterbildende Erziehungsmaßnahmen zu tüchtigen und verantwortungsbewußten Nationalsozialisten zu machen. Selbstverständlich ist es auch hierbei erforderlich, ein möglichst enges Einvernehmen mit der Hitler-Jugend und dem Bund Deutscher Mädel herzustellen. Das Hauptziel der Jugendpflegedezernenten, Bezirksjugendwartinnen und Kreisjugendwarte(-wartinnen) besteht darin, der Hitler-Jugend und dem Bund Deutscher Mädel allmählich möglichst alle jungen Volksgenossen zuzuführen. – Dieses Ziel kann nicht ohne die Mitarbeit geeigneter Unterführer und

-führerinnen erreicht werden. Da es an diesen vielfach noch fehlt, wird es nach wie vor eine wichtige Aufgabe sein, solche Unterführer und -führerinnen durch Lehrgänge heranzubilden. Denn – wenn man von den gebotenen Führernaturen absieht – pädagogische Begabung, die natürlich vorausgesetzt werden muß, und guter Wille allein genügen nicht, um die Erziehung der Jugend in die richtigen Bahnen zu lenken. Es gehört vielmehr auch genaue Kenntnis der für die Jugenderziehung außerhalb der Schule in Frage kommenden Sachgebiete dazu. Aufgabe der Jugendpflegedezernenten, Bezirksjugendwartinnen und Kreisjugendwarte(-wartinnen) ist es infolgedessen auch, entweder selbst Lehrgänge für die verschiedenen Gebiete der Jugenderziehung außerhalb der Schule zu veranstalten oder sie in die Wege zu leiten. Auch hierbei wird planvolle Zusammenarbeit mit der Hitler-Jugend, dem Bund Deutscher Mädel und den Turn- und Sportorganisationen erforderlich sein. – Noch auf zahlreichen anderen Gebieten können die Jugendpflegedezernenten, Bezirksjugendwartinnen und Kreisjugendwarte(-wartinnen) wertvolle Diente leisten. Bei Tagungen, Festen und Feiern können sie auf eine dem Geist des Nationalsozialismus entsprechende Ausgestaltung Einfluß gewinnen. Dabei werden sie sich auch durch Vorschläge für die zweckmäßigste Organisation, durch die Empfehlung von Rednern und Referenten, durch die Beschaffung von Lichtbildapparaten, Lichtbildern, Filmen, Rundfunkapparaten, Turngeräten, Kostümen und dergleichen mehr nützlich machen können, da sie den besten Überblick darüber haben, wo Hilfe gefunden werden kann.

Grundsätze

I. A l l g e m e i n e s. Die Aufgabe der Erziehung außerhalb der Schule besteht darin, die deutschen Jungen dund Mädchen zu willensstarken und entschlußkräftigen Nationalsozialisten zu formen. Als Mittel zum Zweck dient hierzu vor allem die Erziehung durch den Leib im Geländesport und in den Leibesübungen, deren gemeinschaftsbildende und den Charakter stärkende Kraft die deutsche Jugend gesund und widerstandsfähig machen soll. Hierdurch wird die Hauptaufgabe der staatlichen Jugenderziehung außerhalb der Schule erreicht, die Gliederungen der Hitler-Jugend in ihren Aufgaben zu unterstützen und den noch nicht von ihr erfaßten Teil der deutschen Jugen zuzuführen. Der Staat selbst zieht von sich aus keine Jugendverbände auf, sondern er fördert die nationalsozialistischen Jugendorganisationen, ohne in ihre Selbständigkeit einzugreifen. Die staatlichen Förderungsmaßnahmen erstrecken sich vor allem: 1. auf die Gewährung von Beihilfen für Jugenderziehungseinrichtungen (außer für Schulen), 2. auf Gewährung von Fahrpreisermäßigungen bei Jugendpflegefahrten, 3. auf Gewährung eines kostenlosen Versicherungsschutzes für die Führer und Jugendwarte der anerkannten Organisationen, 4. auf den Abschluß einer Kollektivversicherung für sämtliche Jugendliche mit der „Agrippina" zu günstigen Bedingungen, 5. auf Benutzung von reichs- oder staatseigenen Einrichtungen, 6. auf Steuererleicherungen.

II. B e z i r k s-, K r e i s-(S t a d t-) u n d O r t s a r b e i t s g e m e i n s c h a f t e n f ü r J u g e n d e r z i e h u n g a u ß e r h a l b d e r S c h u l e. Damit die der körperlichen Jugenderziehung dienenden Organisationen, wie HJ., BDM. und die Vereine des Reichsbundes für Leibesübungen sich in ihrer Arbeit nicht gegenseitig hemmen, sondern planmäßig auf das gemeinsame Ziel hinarbeiten, ist ein Zusammenwirken aller Kräfte in den Bezirks-, Kreis-(Stadt-) und Ortsarbeitsgemeinschaften für körperliche Jugenderziehung herbeizuführen. Eine zweckmäßige Zusammensetzung dieser Gemeinschaften ist dringend erforderlich. In ihnen sollen grundsätzlich vertreten sein: 1. Vertreter der Behörde als Führer, 2. Vertreter der PD., 3. Vertreter der HJ., 4. Vertreterinnen des BDM., 5. Vertreter des Reichssportführers bzw. des Reichsbundes für Leibesübungen, 6. gegebenenfalls Vertreter der SA. und SS., 7. gegebenenfalls Vertreterin der Frauenschaft, 8. ein Schuljugendwalter. Dem Staat verantwortlich für die Förderung der Jugenderziehung außerhalb der Schule sind in den Landkreisen die Landräte, in den Stadtkreisen die Oberbürgermeister, in den Regierungsbezirken die Regierungspräsidenten (für Berlin der Staatskommissar).

III. D e z e r n e n t e n f ü r J u g e n d p f l e g e u n d k ö r p e r l i c h e E r z i e h u n g a n d e n R e g i e r u n g e n. Die Dezernenten werden auf Vorschlag des Regierungspräsidenten (für Berlin: des Staatskommissars) vom Minister ernannt; sie sind vollbeschäftigte Angestellte bei der Preußischen Staatsverwaltung im Sinne des Preußischen Angestelltentarifs. Die Dezernenten können gleichzeitig Bezirksbeauftragte des Reichssportführers sein.

Das Dezernat umfaßt folgende Aufgabengebiete: 1. Staatsjugendtag. 2. Staatlich geförderte Jugenderziehung außerhalb der Schule im allgemeinen. 3. Organisation der Jugenderziehung außerhalb der Schule, Bezirks-, Kreis-(Stadt-), Ortsarbeitsgemeinschaft für Jugenderziehung außerhalb der Schule, Bezirksjugendwartinnen, Kreisjugendwarte(-wartinnen), 4. Körperliche Jugenderziehung: a) Leibesübungen, Sportplätze, Turnhallen, Badeeinrichtungen. b) Jugendwandern, Jugendherbergswesen, Heime. 5. Geistige Jugendpflege: a) Laienspiele, Musik und Gesang. b) Lichtbild- und Rundfunkwesen, soweit Jugendpflege und kulturelle Belange in Frage kommen. c) Jugendbüchereien, Bekämpfung von Schund und Schmutz in Schrift und Bild. 6. Angelegenheiten der weiblichen Jugendpflege.

IV. B e z i r k s j u g e n d w a r t i n n e n . Zwecks Unterstützung des Dezernenten für Jugendpflege und körperliche Erziehung ist in jedem Regierungsbezirk eine Bezirksjugendwartin hauptamtlich tätig. Sie wird auf Vorschlag des Regierungspräsidenten (für Berlin: des Staatskommissars) vom Minister bestellt und ist vollbeschäftigte Angestellte bei der Preußischen Staatsverwaltung im Sinne des Preußischen Angestelltentarifs. Sie übt ihre Tätigkeit nach Anweisung des Regierungspräsidenten oder seines Vertreters sowie des Dezernenten für Jugendpflege und körperliche Erziehung aus und betreut die weibliche Jugend des Bezirks. Ihre Aufgabe ist im wesentlichen, durch persönliche Fühlungnahme mit den Kreisjugendwartinnen und anderen in der Jugenderziehung außerhalb der Schule tätigen Persönlichkeiten sowie mit den HJ.-Organisationen und allen anderen Jugendverbänden und -vereinen anregend und fördernd zu wirken. Die Bezirksjugendwartinnen als Vermittler zwischen Behörden und Jugendorganisationen müssen über gute pädagogische Anlagen, über sachliche Vorbildung auf den verschiedensten Gebieten der Jugendpflege und körperlichen Erziehung, über jahrelange Erfahrung in der Jugendförderung und in Verhandlungen mit Behörden und Jugendorganisationen, über Entschlußkraft sowie Takt verfügen. Besonders geeignet für die Stellen werden daher vor allem staatlich geprüfte Turn- und Sportlehrerinnen, staatlich geprüfte Volkspflegerinnen usw. sein, die gleichzeitig langjährige BDM.-Führerinnen gewesen sind.

V. K r e i s j u g e n d w a r t e (- w a r t i n n e n) . In jedem Land- oder Stadtkreise sind grundsätzlich ein Kreisjugendwart und eine Kreisjugendwartin tätig. Sie werden auf Vorschlag des Landrats oder Oberbürgermeisters vom Regierungspräsidenten (in Berlin: vom Staatskommissar) auf jederzeitigen Widerruf ernannt. Die Tätigkeit der Kreisjugendwarte(-wartinnen) wird ehrenamtlich ausgeübt. Die Kreisjugendwarte(-wartinnen) erhalten vom Staat zur Deckung der in Ausübung ihrer Tätigkeit entstandenen baren Ausgabe eine Aufwandsentschädigung. Den Land- oder Stadtkreisen ist es überlassen, ihnen weitere Entschädigungen zu gewähren.

Die Aufgaben der Kreisjugendwarte(-wartinnen) sind u. a.: 1. Durchführung des Staatsjugendtages in den Kreisen. 2. Mitarbeit im Kreis-(Stadt-)Beirat für Jugenderziehung außerhalb der Schule: a) Vorbereitungen der Sitzungen des Beirats. b) Vorbereitung und Prüfung der Beihilfeanträge der Jugendgruppen, Prüfung der Verwendungsnachweise. c) Prüfung der Anmeldungen zur Unfallversicherung. d) Vorschläge für die Bereitstellung der notwendigen Kreismittel für Jugendpflege. 3. Beratung und Förderung der Jugendgruppen: a) Förderung der körperlichen Jugenderziehung der Gesamtjugend einschließlich der Nichtorganisierten (Dorfsportabende). b) Förderung der geistigen Jugendpflege der Gesamtjugen einschließlich der Nichtorganisierten. c) Unterstützung der Gruppen bei Ansprüchen aus der Unfallversicherung. 4. Vorbereitung von Lehrgängen zur Schulung der Jugendführer im Einvernehmen mit den Organisationen. 5. Förderung der Bereitstellung oder des Baues notwendiger Übungsstätten (Sportplätze, Badeanstalten, Turnhallen). 6. Förderung der Einrichtung notwendiger Hitler-Jugend-Heime. 7. Förderung der Jugendherbergen. Zusammenarbeit mit den Ortsgruppen des Reichsverbandes für DJR. 8. Förderung der Jugend- und Volksbüchereien. 9. Förderung der Verwendung von Bild und Film in der Jugendpflege in Zusammenarbeit mit den amtlichen Bildstellen. 10. Zusammenarbeit mit dem Vertrauensmann des Beauftragten des Reichssportführers. 11. Zusammenarbeit mit dem Sozialen Amt der HJ. und dem Kreisschulungsleiter. 12. Mitarbeit in der Landgemeinschaft des Reichsbundes für Leibesübungen. 13. Teilnahme an den Jugenderziehungsberatungen der Regierung. 14. Bericht über den Stand der Jugenderziehung außerhalb der Schule. 15. Zusammenarbeit mit den Werbewarten des Amts für Sportwerbung bei den Gemeinden. Kreisveranstaltungen."

Zuständig für die Förderung, Sicherstellung und Nutzung von Jugendheimen, Jugendherbergen, Turnhallen, Spiel- und Sportplätzen, Bootshäusern, Zeltlagern, die Organisation und Leistung von Hilfestellungen bei Veranstaltungen (Tagungen, Feiern, Feste u. a.) sollten sich die Dezernenten und Jugendwarte – neben ihren Angeboten für die nicht-organisierte Jugend – als *Freunde und Helfer der nationalsozialistischen Jugendorganisationen* erweisen.

Das Jugendamt ist als Organ der öffentlichen Fürsorge mit seinen Dezernenten, den Jugendwarten und Jugendwartinnen zur Zuarbeit an die HJ und den BDM reduziert bzw. verpflichtet, mit der Aufgabe,

„an vorderster Linie dem Gemeinschaftsfeind die Stirne zu bieten. Rastloses Aufspüren der körperlichen und seelischen Gefährdungs- und Verwahrlosungsquellen für Jugendliche jeglichen Alters sichern in organischer Zusammenarbeit mit Schul-, Gesundheits- und Gerichtsbehörden mit hinlänglicher Sicherheit eine Dammziehung gegen das Lebensunwerte. Es gilt nicht Geringeres, als durch das Zusammenwirken der beteiligten Organe und durch deren Maßnahmen von einem nachdrücklicheren Ausmaße, als es die NSV-Jugendhilfe vermag (z. B. Sterilisierung Erbuntüchtiger und vorübergehende Isolierung körperlich und seelisch gefährdeter oder kranker Jugendlicher in Heimen und Anstalten), das Sammelbecken des Unrats jenseits dieses Grenzdammes immer mehr zu entleeren" (Hübner 1936, S. 391).

Mit HJ, NSV und Jugendamt (sowie NS-Frauenschaft und den Vereinen des Reichsbundes für Leibesübungen) sind die außerschulischen Erziehungsaufgaben im Sinne und Auftrag des NS-Staates arbeitsteilig neu organisiert, funktionalisiert und transformiert. Damit ist das staatliche System und das lückenlose Netz von Jugendschutz, Erfassung, Kontrolle für die *gesunde, normale* und *gefährdete* Jugend (mit den Folgen für *lebensunwertes Leben im völkischen Gesellschafts- und Leitungskörper und dessen Gesundheit,* als abgestuftes System von Erziehung, Repression, *Auslese, Ausmerze und Vernichtung)* reichsweit weitgehend lückenlos geschlossen – deklariert als *einheitliche jugendpolitische Verantwortung,* eingeordnet in die Erziehungsziele des völkischen Staates, dem *übergeordneten Ganzen, der neuen Volkswerdung.* Der Neugestaltung der Jugendpflege folgt – vor dem „Reichsgesetz zu Förderung der Hitlerjugend-Heimbeschaffung" vom 30. Januar 1939 – das „Gesetz über die Hitlerjugend" vom 1. Dezember 1936, in dem es heißt:

„Die gesamte deutsche Jugend innerhalb des Reichsgebietes ist in der Hitlerjugend zusammengefaßt (§ 1).
Die gesamte deutsche Jugend ist außer in Elternhaus und Schule in der Hitlerjugend körperlich, geistig und sittlich im Geiste des Nationalsozialismus zum Dienst am Volk und zur Volksgemeinschaft zu erziehen (§ 2).
Die Aufgabe der Erziehung der gesamten deutschen Jugend in der Hitlerjugend wird dem Reichsjugendführer der NSDAP übertragen. Er ist damit „Jugendführer des Deutschen Reiches". Er hat die Stellung einer obersten Reichsbehörde mit dem Sitz in Berlin und ist dem Führer und Reichskanzler unmittelbar unterstellt (§ 3)."

HJ: Verstaatlichte Erziehung

Das Zwangssystem der Erfassung, Beeinflussung, Erziehung und Kontrolle, der totalen Formierung und Disziplinierung der Jugend im Nationalsozialismus wird mit der HJ als Staatsjugend in ihren vertikalen Strukturen und ihrer inhaltlichen Ausrichtung zentral durchorganisiert. Die HJ gibt sich in ihrem Erscheinungsbild zunächst *jugendbewegt* (Radkau 1985, Schmitt-Sasse 1985), sie betont ihre Abneignung gegen alles Überkommene, gegen das *Weimarer System*. Politisch-propagandistische Schlagworte werden, als Beitrag zur staatlich formierten und okkupierten, heroisierten Mythen- und Legendenbildung: die *Einheit der Jugend* als Teil und eigenständige Dimension der Volksgemeinschaft; auserwählt als Träger einer *neuen Ordnung*, der *Neuformung des deutschen Menschentums;* Teil eines nebulösen, zukunftsbestimmenden Selbst- und Erziehungskonzeptes hin zur Volksgemeinschaft, in dem der Mythos *Jugend muß von Jugend geführt werden* real wird (Baldur von Schirach). In seiner Königsberger Rede am 13. Januar 1936 sagt von Schirach zum *Erziehungswillen* der Hitlerjugend:

> „Wir stehen hier und wir arbeiten, um eine Revolution in das Volk zu tragen, eine Revolution auf erzieherischen Gebiet. Denn die Idee der Selbstführung der Jugend ist die revolutionärste Tat überhaupt in der Geschichte der menschlichen Erziehung" (in: Führerblätter der HJ, Februar 1936, S. 3).

Der Aufbau der HJ bleibt von 1933 bis 1945 weitgehend unverändert. Die männlichen Jugendlichen zwischen 14 und 18 Jahren sind in der Hitlerjugend, die 10- bis 14jährigen Jungen im Deutschen Jungvolk (DJ) organisiert. Die weibliche Jugend im Alter von 14 bis 18 Jahren sind im Bund Deutscher Mädel (BDM), die 10- bis 14jährigen Mädchen im Jungmädelbund (JM) und die 17- bis 21jährigen im BDM-angegliederten Werk „Glaube und Schönheit" organisiert. Die Organisation ist einheitlich und straff im ganzen Reich, sie umfaßt die Gliederungen: Gebiete, Obergaue, Gaue, Bann, Jungbann, Untergau und Mädelring (Klönne 1982, S. 15–142). Die Aktivitäten und das totalisierende Engagement der HJ (als hierarchisch-strukturierte Masse) umfassen insbesondere: weltanschauliche (rassenpolitische) Schulung, körperliche Ertüchtigung, Sport- und Berufswettkämpfe, vormilitärische Ausbildung und Wehrerziehung, Erziehung zur Kriegsbereitschaft und Kriegseinsätze; Heimabende, Streifendienste, Ernteeinsätze, Appelle, Aufmärsche, kulturelle Arbeit, Fahrten und Lager, Arbeitsgemeinschaften, Sammlungen u. v. a. Deren organisiert inszenierte und symbolisierte – auch Selbstbestätigung verleihende, massenkulturell

wirksame Überredung, Lockung und Belohnung sowie Energien frei-
setzende – Praxis wird als Teil der politisch-ambivalenten Ästhetik
aus Gewalt, Barbarei und des *schönen Scheins des Dritten Reiches* (Reichel) über vorgegebene Dienstpläne, rigide Verhaltensvorgaben und
Organisation, Genehmigungspflicht und Dienststrafordnung gesichert (Klönne 1956; ders. 1982). Dies knüpft an Vorstellungen von *hero-
ischer Sittlichkeit*, Gefolgschaftsbereitschaft und die machttechnisch-
politische Bedeutung von Ästhetik und Inszenierung an, die sich nach
Ernst Jünger in der ideologischen Formel ausdrückt: „Nicht wofür wir
kämpfen ist das wesentliche, sondern wie wir kämpfen".

Die Zahl der Mitglieder vergrößert sich von Jahr zu Jahr: sind es
Ende 1933 2,3 Millionen Mädchen und Jungen im Alter von 10 bis 18
Jahren, Ende 1934 3,5 Millionen und Ende 1936 5,4 Millionen, so sind
es 1939 – nach der ersten und zweiten Durchführungsverordnung
zum „Gesetz über die Hitlerjugend", das alle Jugendlichen zur Mitgliedschaft zwangsverpflichtet und nach der Einführung einer eigenen Disziplinargerichtsbarkeit – 8,7 Millionen und Ende 1940 über 9
Millionen; damit gehen alle Angelegenheiten der Jugendpflege in den
Geschäftsbereich des Jugendführers des Deutschen Reiches über.

Jugendbild und Leitmotive der nationalsozialistischen Jugendarbeit

Das Vergesellschaftungsinteresse der faschistischen Formationserziehung in der HJ ist – mit Rasse als erziehungswissenschaftlichem
Grundbegriff, biologischer Weltanschauung und einer *rassisch-völ-
kisch-politischen Anthropologie* (Ernst Krieck) – auf die totale Erfassung
und funktionale Eingliederung der Jugend in das nationalsozialistische System gerichtet. Die NS-konformen – oder sich an die neuen politischen Konstellationen anpassenden – Vertreter der *faschistischen
Jugendforschung* und Pädagogik machen Rasse zum wissenschaftlichen und nationalpolitischen Primat, sie dominieren den Wissen-
schaftsbetrieb. Sie politisieren und konzentrieren die Jugenddiskussion auf die NS-Ideologie und rassistische Deutungsmuster, stellen
die *völkische Jugendkunde* in den Zusammenhang der Herrschaftspoli-
tik, geben *Auslese und Ausmerze* eine wissenschaftliche Legitimation.
Mit der sogenannten *Rassen-Seelenkunde* (Clauss), mit rassisch-seeli-
schen *Artungsbesonderheiten* wird anthropologisch und psychologisch
der ganzheitliche Zusammenhang zur rassisch bestimmten Volksgemeinschaft hergestellt, in die „der Einzelmensch gliedhaft eingebunden ist" (Remplein 1943, S. 131). Für die Psychologie wird die Erfor-

schung des ganzen Menschen in seiner *rassisch und völkisch bestimmten Eigenart* und Verbundenheit zur maßgeblichen Aufgabe. Die „Zeitschrift für Psychologie und Physiologie der Sinnesorgane" hat in ihrem umfassenden Literaturbericht lange Zeit einen Schwerpunkt „Individualpsychologie, Rassen- und Gesellschaftsphänomene", später einen Schwerpunkt „Biologie der Person". Damit werden auch die biologisch-rassistisch-psychologischen Grundlagen des NS gelegt. 1934 ist in der Zeitschrift u. a. von der organisch-biologischen Ableitung der volkspolitischen Grundsätze und Maßnahmen im Sinne der nationalsozialistischen Weltanschauung die Rede; weiter wird der Zusammenhang von biologischer Erbforschung und weltanschaulicher Grundlegung sowie volkspolitischer Auswertung gefordert (Voss 1934). Jugend- und Charakterkunde, psychologische Anthropologie erhalten eine völkisch-rassistische Komponente und werden zur „Rassen- Seelenkunde", die sich bereits am Ende der Weimarer Republik in der Pädagogik und Jugendpsychologie in Begriffen wie „Volkstum und Rasse", „rassische Merkmale" andeutet (vgl. die Beiträge in: Otto/Sünker 1986). Otto Tumlirz z. B. trägt zu einer totalisierenden Jugendkunde bei, wenn er schreibt:

„Nur die rassische Blutsgemeinschaft gründet in Erbanlagen. Volkstum ist nicht Erbmasse, die von Geschlechterfolge zu Geschlechterfolge weitergegeben wird, sondern geistige Umwelt, die die Geschlechts-, Rasse- und Einzelanlagen zur Entfaltung bringt. Ein nordisch deutsches und nordisch englisches Kind oder ein dinarisches deutsches und ein dinarisch serbisches Kind werden sich trotz der gleichen Rasseanlagen wegen der Dauerwirkung der verschiedenen geistigen Umwelten verschieden entwickeln. Da aber weder das Volkstum noch irgendeine andere äußere Einwirkung neue Anlagen schaffen können, so gilt ebenso die Umkehrung, daß sich auch in der gleichen geistigen Umwelt verschiedene Rassen sehr verschieden entwickeln" (Tumlirz 1943, S. 74).

Ziel aller *nationalpolitischen Erziehung* (Krieck) wird „die künftige Generation immer wieder zum nationalsozialistischen Volksgenossen zu erziehen; erste Aufgabe der Erziehung ist eine politische, die Willenserziehung" (Zentralblatt, August/September 1936, S. 169). Spranger malt als Bild des neuen politischen Menschen: „Der Mensch, der bodenverbunden, volksverbunden, arbeitsgebunden als kämpferische Natur um den neuen, schlichten, aber ethisch tieferen Menschentypus in seinem Volke ringt" (1933, S. 65 ff.). Die *Einheit der Jugend* und der Grundsatz *Jugend soll durch Jugend geführt werden* werden in ideologisierter Aufladung und Aufwertung als Träger der *Neuformung des Deutschen und der Nation* propagiert. Zentrales Leitmotiv ist *Dienst und Dienen* für Führer, Volk und Vaterland; dem NS-Staat haben sich die Jugendlichen mit einer bedingungslosen Opferbereitschaft und Hingabe zu unterwerfen (von Schirach 1936 und 1939; Stellrecht 1942). Die Heroisierung von führenden Männern als *soldatische Männer* und *Massenkristalle* (Balistier) sollen in den Dimensionen von Held und Gefolgschaft die Antizipation der *Volksgemeinschaft*, von Nation und Reich als „Sprung ... aus der Geschichte in den Mythos" (Balistier 1989, S. 201) andeuten bzw. symbolisch repräsentieren. Die Ästhetisierung von Politik und Gesellschaft hat – als komplementäre Herrschaftstechnik neben militärischer Gewalt und Polizeistaatsterror – auch in der HJ einen hohen Stellenwert (u. a. in Aufmärschen, Inszenierungen, Gedenkfeiern und Ehrungen, Präsentationen) und wird professionell genutzt. Die *Welt des schönen Scheins* wird – neben der des Schreckens als *reaktionäre Modernität* – professionell, massenwirksam und vielfältig errichtet. Körperliche und charakterliche Erziehung als heldische, soldatische Erziehung bedeutet für den männlichen HJ-Führer nicht *Amtsverwalter noch Beamter* zu sein; er wird, indem er *Idee, Richtung und Ziel in sich selbst* trägt, zum Kämpfer stilisiert, zur geschichtsbildenden Kraft und als schicksalsbestimmend derealisiert (in: Führerblätter, Dezember 1935, S. 21 ff.; Januar 1936, S. 4 f.).

Für die weibliche Jugend werden *Opfer, Dienst und Hingabe* für Volk und Nation die ideologischen Zentren des nationalsozialistischen Weiblichkeitsbildes, die Tugenden werden im Art- und Rassemythos des NS biologisiert und als *Helferin* an der *Seite des Mannes* zur Lebens- und Sinnerfüllung des *weiblichen Wesens* ideologisch aufgeladen. Die Stellung der Frau im Volksganzen erfährt mit ihrer *Kulturaufgabe* – auch in Transformation und Radikalisierung von Gedankengut aus der bürgerlichen Jugend- und Frauenbewegung – eine ambivalente Veränderung. Dies ist als *reaktionäres, antifeministisches Emanzipationsangebot* auf Familie, Ehe, Mutterschaft und Hausarbeit gerichtet (Wittrock 1983) bei gleichzeitiger ideologischer Aufladung ihres sozial und kulturell (und auch wirtschaftlich-beruflichen) bedeutsamen Beitrages und ihrer politisch-weltanschaulichen Aufgaben am Aufbau des *neuen Volksganzen und der Volksgemeinschaft* (Schmidt-Waldherr 1987).

Ausbildung der Führer und Führerinnen

Die Durchsetzung des Führerprinzips ist ein politisch-ideologisches Zentrum des faschistischen Systems, das auch für die Strukturen der Jugenderziehung in der HJ gilt.

Ende 1933 gibt es 220 000 ehrenamtliche HJ-Führer und -Führerinnen, ein Jahr später bereits 367 000; 1938 werden in Statistiken insgesamt 720 000 HJ-Führer und für das Jahr 1939 765 000 angegeben (Kaufmann 1943, S. 43). Ihre Schulung und Ausbildung wird von den Reichsführer- bzw. Gebietsführerschulen zentralistisch vorgegeben und straff organisiert. Zuständig ist die Reichsjugendführung (RJF) mit ihren 14 Ämtern, 18 Spezialreferaten und mehreren Unterabteilungen. Die RJF trägt mit dem Reichsjugendführer Baldur von Schirach und seinem Nachfolger Arthur Axmann (ab 1940) die Gesamtverantwortung für die Jugendarbeit; sie ist ab 1936 eine zentrale Reichsbehörde und direkt Hitler unterstellt. „Der Führungsaufbau der HJ war somit völlig hierarchisch; eine formelle Verantwortung der Führerschaft war nur jeweils nach oben hin gegeben; die Betrauung mit Führerstellungen erfolgte mit gestaffelter Zuständigkeitsskala allein von der Spitze des Führungssystems aus. Die Befehlsbereiche, Dienstwege und Kompetenzen waren nach militärischem Vorbild bis ins letzte geregelt" (Klönne 1982, S. 45).

Das Durchschnittsalter der Führer der höheren Dienststellen ist am 1. April 1938: Obergebietsführer 30 Jahre und 6 Monate, Gebietsführer 31 Jahre und 4 Monate, Abteilungsleiter der Gebiete 25 Jahre und 4 Monate, Bannführer 25 Jahre und 1 Monat.

Die RJF entwickelt und etabliert ein komplexes System von Ausbildungsstätten. Im Juli 1933 eröffnet sie zwei Reichsführerschulen der HJ in Potsdam und Remagen, drei Reichsführerinnenschulen des BDM in Potsdam, Godesberg und Boyden, jeweils eine Reichsverwaltungsführerschule für die HJ und den BDM in Niedernhausen und in Traunstein, eine Ostlandführerschule in Marienberg, zwei Reichsseesportschulen in Prieros und Seemoos, eine Motorsportschule in Arnstadt. Dazu kommen weiter 31 Gebietsführerschulen der HJ und 38 Obergau-Führerinnenschulen des BDM. Für jeden HJ-Bann (und analog für den BDM) gibt es eine Bannführerschule. Jedes Jahr steht für die HJ unter einem zentralen Motto; das *Jahr der Schulung* zielt 1934 vor allem auf die innere Gleichschaltung und ideologische Ausrichtung der Führerschaft.

Die berufliche Zusammensetzung der gesamten HJ-Führerschaft bietet folgendes Bild: 16,4% Schüler, 25,5% kaufmännische Berufe, 8,7% technische Berufe, 3,4% landwirtschaftliche Berufe, 2o,9% Jungarbeiter, 5,9% Studenten, 5,4% Lehrer, 11,3% sonstige Berufe, 2,5% ohne Beruf.

Jugendführung als Beruf

Mit dem Totalitätsanspruch, dem Aufbau von einheitlichen Organisa-
tionsstrukturen und den Interessen des nationalsozialistischen Staates an der Erfassung und Formationserziehung (als Totalisierung des
Engagements und inzenierte Dauerpräsenz mit Massenaufmärschen;
akustischen, optischen Symbolsystemen und Ausdrucksmitteln) der
Jugend wird zur Durchsetzung dieser Ziele eine umfassende Professionalisierung mit entsprechenden Strukturen geschaffen. Der HJ-
Führer wird Hoheitsträger, der Hoheitsmacht ausübt. Oskar Ruckdäschel kommt im Rahmen seiner Dissertation zu der Auffassung, daß
innerhalb der HJ (als Verkörperung des ganzen Volkes auf einer gewissen Altersstufe) im „Dienste einer Erziehungsaufgabe echte Ho-
heitsgewalt ausgeübt wird" (1942, S. 11). Nach § 2 des HJ-Gesetzes,
dem Grundpfeiler der HJ-Verfassung, ist die gesamte deutsche Jugend in der HJ körperlich, geistig und sittlich im Geiste des Nationalsozialismus zum Dienst am Volk und zur Volksgemeinschaft zu erziehen. Der § 3 des HJ-Gesetzes überträgt diese Erziehungsaufgabe
dem Reichsjugendführer der NSDAP. Damit schließt die HJ eine
staatspolitisch-weltanschauliche und vormilitärisch-wehrerzieheri-
sche Erziehungslücke zwischen Schule und Arbeitsdienst. Nach der
Jugenddienstverordnung vom 25. März 1939 unterliegen alle Jungen
und Mädchen einer öffentlich-rechtlichen Erziehungsgewalt, die von
der HJ als Hoheitsmacht in Form von Befehls- und Disziplinargewalt,
Führer-Gefolgschaftsverhältnis (verstanden als wechselseitiges
Pflicht-, Treue- und Kameradschaftsverhältnis) verwirklicht wird. „In
ihrem Selbstverständnis war die HJ geprägt von kritischer Distanz zur
schulischen und familiären Erziehung und zum traditionellen Bil-
dungsbegriff, eine Haltung, die sie mit der Jugendbewegung vor 1933
verband" (Seubert 1989, S. 88).

Mit dem „Reichsgesetz über die Hitlerjugend" und dem Erlaß der
beiden ersten Durchführungsverordnungen vom 25. April 1939 hat
der „Führer und Reichskanzler die ausschließliche Zuständigkeit des
Jugendführers des Deutschen Reiches *für alle Aufgaben der körperlichen,
geistigen und sittlichen Erziehung der gesamten deutschen Jugend des
Reichsgebietes außerhalb von Elternhaus und Schule* reichsrechtlich für
alle Zukunft festgelegt" (Kaufmann 1943, S. 30). Als staatlicher Erziehungsauftrag kommt der HJ die alleinige außerschulische öffentlich-
rechtliche Erziehungsgewalt zu. Mit dem staatlichen, umfassenden
Erziehungsauftrag sind auch die Zuständigkeiten des Jugendführers

als Erzieher gegenüber dem Staat – als Vorgesetzter, Hoheitsträger mit Befehlsgewalt kraft besonderen öffentlich-rechtlichen Auftrages – festgelegt. Die Führerlaufbahn in der HJ ist streng und hierarchisch durchorganisiert (s. S. 90/91).

Mit der Verfügung vom 18. Februar 1938 erklärt von Schirach die höheren HJ-Führungspositionen zum *Beruf* und der Jugendführer wird als ein „Beruf des 20. Jahrhunderts" propagiert (in: Wille und Macht, März 1938, S. 31 ff.). Er stellt im Selbstverständnis des Führercorps der HJ den (rechtlichen) Abschluß einer Entwicklung in der „modernen Jugenderziehung" dar. Aber die Patentierung des Berufes „Jugendführer" sollte kein Endziel sein,

„obschon es sich – wie das Wort sagt – um einen Beruf handelt, soll er doch nicht, soweit es die Aufgabe der aktiven Führung betrifft, das ganze Leben des erwachsenen Menschen ausfüllen. So ist darum eine Vereinbarung geschlossen worden, wonach der Jugendführer (Führer des Bannes) der künftig in der Akademie in Braunschweig seine Ausbildung und sein Patent als Jugendführer erhält, nach zwölfjährigem Dienst – also im Alter von 36 Jahren – aus der Hitlerjugend ausscheidet und in eine gleichrangige Führerstellung der SS übernommen werden kann. Gleiche Möglichkeiten werden sich im Laufe der nächsten Jahre für das Führercorps nach einem ungefähr 12jährigen aktiven Dienst in erster Linie bei den nachgeordneten staatlichen Dienststellen des Jugendführers des Deutschen Reiches, in der politischen Führung der Partei, SA, ferner in der Kommunalverwaltung, in der Wohlfahrtspflege usw. ergeben" (Kaufmann 1943, S. 46).

Nach dem Haushaltsjahr der RJF für 1937 entfallen auf etwa 7 Millionen Mitglieder der HJ insgesamt 17 288 besoldete Stellen. Davon sind 1300 hauptamtlich (als „Führercorps", das sich als *Ehr- und Schicksalsgemeinschaft* versteht und vom Bann-, später Gefolgschaftsführer bis zum Gebietsführer reicht) bei der RJF, 3880 besoldete Mitarbeiter bei den Gebieten, 1540 bei den Obergauen, 3344 bei den Bannen, 1728 bei den Jungbannen, 2919 bei den Untergauen, 1251 bei den JM-Untergauen, 883 bei den Unterbannen und 768 bei den Mädelringen. An den insgesamt 149 Schulen (7 Reichsführer-, 5 Reichssport-, 2 Reichsverwaltungs-, 54 Gebietsführer-, 56 Obergau-, 17 Gebiets- und Obergausport-, 8 Gebietsverwaltungsführerschulen) sind 1789 Hauptamtliche beschäftigt. Für das Jahr 1938 werden 13 550 hauptamtliche HJ-Funktionäre ausgewiesen, die sich folgendermaßen verteilen: RJF mit ihren 14 Ämtern 1062, Gebiete 4984, Banne etc. 6568 und die Schulen 936 Stellen. Davon sind 8376 der HJ und 5174 dem BDM zugeordnet. Die HJ gibt für das Jahr 1939 insgesamt 8017 hauptamtliche Führer und Führerinnen (Kaufmann 1943, S. 43) mit einem Alter des Führercorps

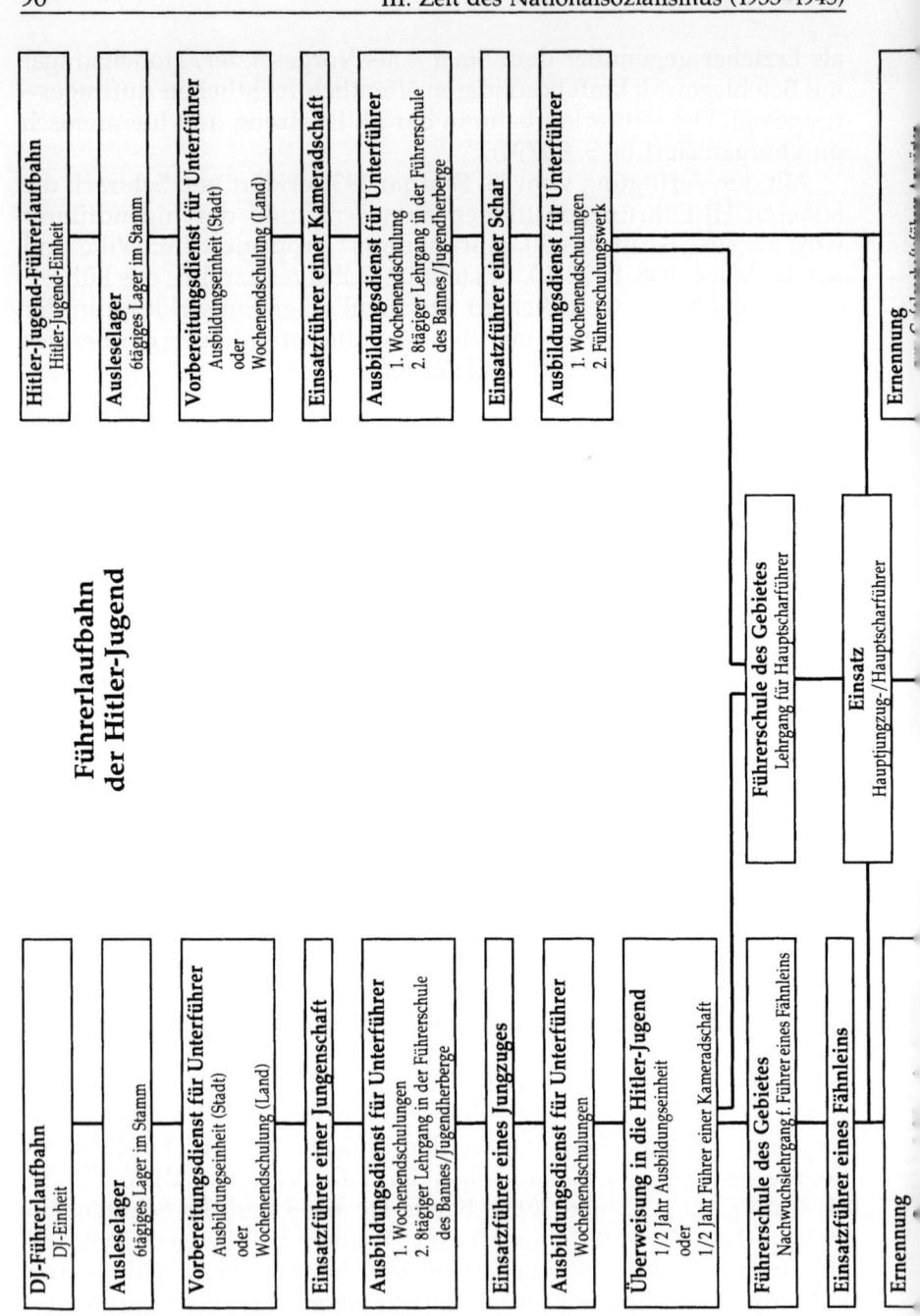

Führerlaufbahn der Hitler-Jugend

DJ-Führerlaufbahn
DJ-Einheit

Ausleselager
6tägiges Lager im Stamm

Vorbereitungsdienst für Unterführer
Ausbildungseinheit (Stadt)
oder
Wochenendschulung (Land)

Einsatzführer einer Jungenschaft

Ausbildungsdienst für Unterführer
1. Wochenendschulungen
2. 8tägiger Lehrgang in der Führerschule des Bannes/Jugendherberge

Einsatzführer eines Jungzuges

Ausbildungsdienst für Unterführer
Wochenendschulungen

Überweisung in die Hitler-Jugend
1/2 Jahr Ausbildungseinheit
oder
1/2 Jahr Führer einer Kameradschaft

Führerschule des Gebietes
Nachwuchslehrgang f. Führer eines Fähnleins

Einsatzführer eines Fähnleins

Ernennung

Hitler-Jugend-Führerlaufbahn
Hitler-Jugend-Einheit

Ausleselager
6tägiges Lager im Stamm

Vorbereitungsdienst für Unterführer
Ausbildungseinheit (Stadt)
oder
Wochenendschulung (Land)

Einsatzführer einer Kameradschaft

Ausbildungsdienst für Unterführer
1. Wochenendschulung
2. 8tägiger Lehrgang in der Führerschule des Bannes/Jugendherberge

Einsatzführer einer Schar

Ausbildungsdienst für Unterführer
1. Wochenendschulungen
2. Führerschulungswerk

Führerschule des Gebietes
Lehrgang für Hauptscharführer

Einsatz
Hauptjungzug-/Hauptscharführer

Ernennung

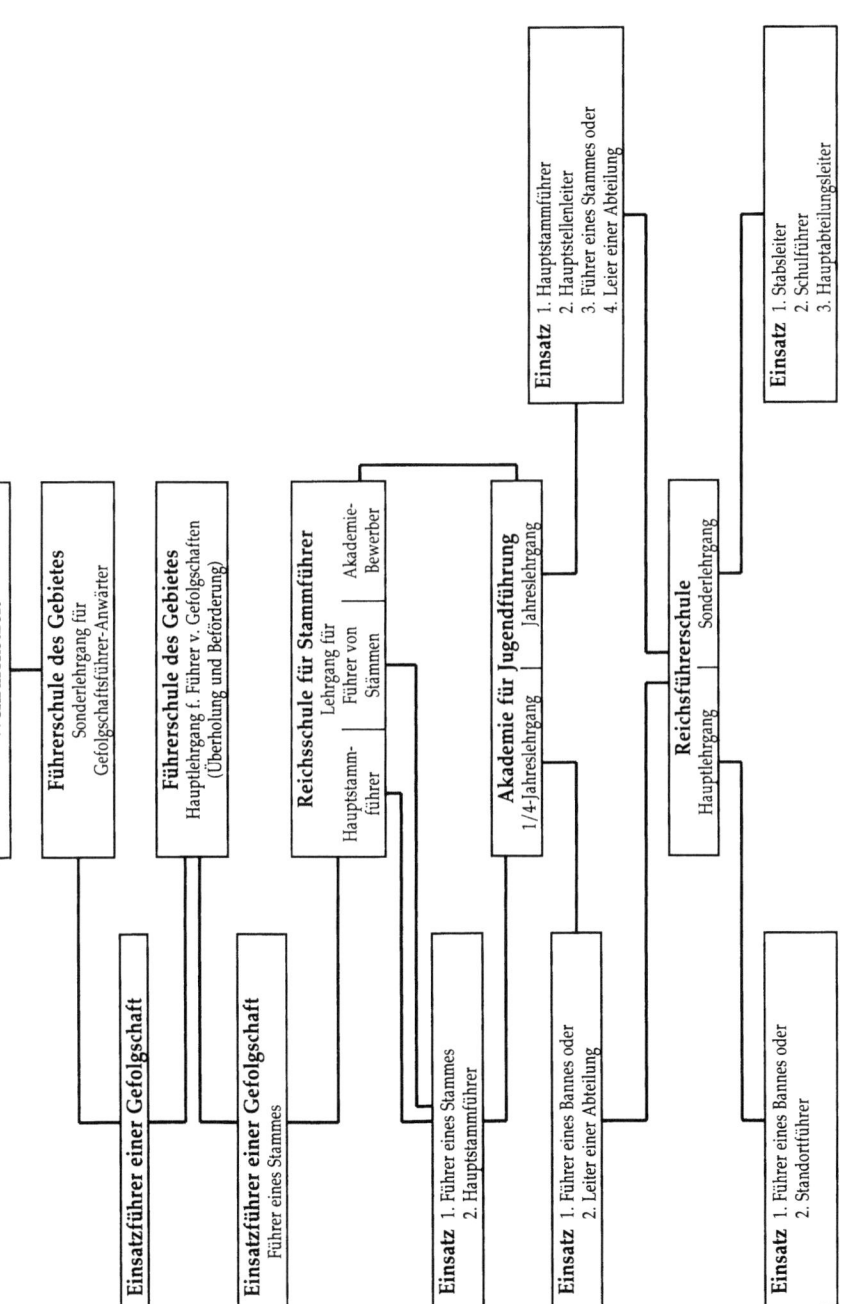

zwischen 23 bis 35 Jahren und einem Eintrittsalter in die Akademie bei 23 Jahren an.

„Die HJ wird nach dem Stand vom 1. Mai 1939 von 765 000 Führern und Führerinnen geführt; davon sind 745 819 Formationsführer (Führer von Kameradschaften bis Gebieten) und 19 765 haben leitende Führerstellungen in den Stäben der Banne, Gebiete und Reichsjugendführung. 44 Führer haben den Dienstrang Obergebiets- und Gebietsführer, 1743 sind Hauptbann-, Oberbann- und Bannführer (BDM entsprechend mitgezählt)... Hauptamtlich sind in der HJ 8017 Führer und Führerinnen tätig... Auf einen hauptamtlichen HJ-Führer bzw. Führerin kommen 1450 Jugendliche" (Kaufmann 1943, S. 44 f.).

Die HJ hat, abgesichert durch Vereinbarungen und Zusammenarbeit, den Führungsnachwuchs für die NSDAP, für Staat und Wehrmacht, für Polizei und SS zu sichern; im Rahmen von vertraglichen Vereinbarungen übernimmt die HJ auch den gesamten Leistungssport der Jugend. Die Jugendführung wird von militärischer Seite als *Vorschule soldatischen Führertums* und als Offiziersnachwuchs gesehen. Die Wehrmacht sieht die vormilitärische Wehrerziehung bei der HJ *in den besten Händen* und in den Offiziersbewerbern, die Führungsstellungen in der Hitlerjugend innehatten, den höchsten Eignungsgrad. Mit dem soldatischen Lebensstil „vollzieht sich bereits im Jugendführercorps eine bedeutsame Selbstauslese, die sich von der Wehrmacht nicht übersehen läßt" (in: Das Junge Deutschland, 15. August 1943, S. 193).

Akademie für Jugendführung

1937 entsteht das Führerschulungswerk der HJ und 1938 beginnt die „Akademie für Jugendführung" der HJ in Braunschweig mit ihrer Arbeit; als einzige Reichs-Akademie ist sie die höchste Führerschule der HJ zur Auslese und Ausbildung des hauptamtlichen Nachwuchses. Zur Ausbildung des Führercorps als *Ehr- und Schicksalsgemeinschaft*, als „Neuadel", von dem in weitgehendem Maße das Schicksal der „Bewegung" abhängt, wird mitgeteilt:

„Ein Jahr vor Eröffnung der Akademie für Jugendführung in Braunschweig, am 18. Februar 1938, verfügte der Reichsjugendführer eine neue Ausbildung des Führercorps der Hitler-Jugend. Sie bedeutete die Anerkennung des *Jugendführers* als Beruf und war die letzte Folge einer Entwicklung in der modernen Jugenderziehung, die durch das Wort von der Selbstführung der Jugend gekennzeichnet ist. Wenn auch die neue Ausbildungsordnung wegen des Krieges nicht in allen Einzelheiten erfüllt werden kann, so bildet sie doch die programmatische Grundlage, auf der man in späteren Jahren weiterbauen kann" (in: Das junge Deutschland, 30. Januar 1943, S. 37).

Mit dem Totalitätsanspruch und der durchorganisierten Führer- Mitglieder-Struktur (im Verhältnis 1 : 10 in der Gesamt-HJ) geht es um die systematische Erziehung und Ausbildung von hauptamtlichen Führern und Führerinnen vom Bannführer an aufwärts. Bis zur Eröffnung der Akademie ist die Aufnahme in das höhere Führercorps vom erfolgreichen Besuch der Reichsführerschulen (ab Juli 1933 in Potsdam und ab Ende März 1935 auch in Calmuth) bzw. der entsprechenden Reichsführerinnenschule (in Potsdam und später auch in Godesberg) abhängig.

Die Führerschulung vollzieht sich auf den verschiedenen Ebenen der Hierarchie, vor allem in Lagern, Kursen und Schulungslehrgängen. Im Rahmen des 1937/38 geschaffenen Führerschulungswerkes, in dem im ersten Jahr 12 000 HJ-Führer und -Führerinnen im Rahmen von Lehrgängen (und 500 Arbeitsgemeinschaften) geschult werden, stehen 11 Reichsführer- und 75 Gebietsführerschulen zur Verfügung. Diese Form der *weltanschaulischen Schulung* (Stabsführer Lauterbacher) im Rahmen von Arbeitsgemeinschaften mit durchschnittlich 20 Führern oder Führerinnen (von Parteigenossen, HJ-Führern und Wissenschaftlern geleitet), soll dazu dienen, „das Weltbild der Führerschaft zu weiten, Gesamtüberblicke zu geben und die Fähigkeit zu entwickeln, die Erscheinungen und Ereignisse des täglichen Lebens von der Grundlage der nationalsozialistischen Weltanschauung aus zu werten und einzuordnen" (Schnabel 1938, S. 10). Dabei werden Themen vorgegeben wie: Rassen- und Bevölkerungspolitik, der Osten, deutsches Schicksalsland, die Judenfrage als weltpolitisches Problem, der HJ-Führer im Dienst.

Die Schaffung einer geeigneten, das NS-System tragenden, sichernden und die Jugend sozialisierenden Führerschaft als neuem Beruf wird wiederholt in der Reichsjugendführung diskutiert und geplant. Jürgen Schultz kommentiert in seiner Untersuchung über die Akademie für Jugendführung in Braunschweig das Nachdenken der RJF über eine „neue und gründliche Ausbildungskonzeption" und kommt u. a. für die „Zweite Generation" des Nationalsozialismus (ab 1936) zu dem Ergebnis:

„Denn war die erste HJ-Führergeneration mit der Organisation gewachsen und weitgehend schon mit einer abgeschlossenen Berufsausbildung in ihr Führeramt getreten, so rückte die nachwachsende Führerschaft in niedrigerem Alter in ihre Positionen. Für sie mußte ein neuer Beruf entwickelt werden mit einer einheitlichen Laufbahnregelung, attraktiv genug und derartig abgesichert, daß das Führerdasein nicht nur als eine ungesicherte Übergangstätigkeit angesehen wurde" (Schultz 1978, S. 24).

Die Führerlaufbahn wird institutionalisiert und zu einer beruflich fixierten Karriere. Sie dient – als ein Teil der Eliteschulen – der Etablierung und Sicherung des Herrschaftssystems und Führerstaates sowie des Nachwuchses „im Hinblick auf die spätere Besetzung führender Positionen in den entscheidenden Schaltstellen von Partei und Staat" (Schultz 1978 S. 187). Anläßlich der Grundsteinlegung der Akademie für Jugendführung am 24. Januar 1936 hält von Schirach folgende Rede:

**Rede v. Schirachs anläßlich der Grundsteinlegung
der Akademie für Jugendführung der HJ am 24. Januar 1936**

Meine Kameraden!

Jugendheime und Führerschulen sind während der letzten Jahre in allen Teilen des Reiches entstanden, und es ist an sich an der heutigen Grundsteinlegung für eine solche neue Einrichtung nichts Besonderes. Was aber die Feier dieser Stunde grundlegend unterscheidet von allen ähnlichen Veranstaltungen, ist die Tatsache, daß hier mehr errichtet wird als eine Führerschule im landläufigen Sinne des Wortes.

Wir haben uns hier zusammengefunden zur Grundsteinlegung der ersten Reichsakademie für Jugendführung. Hier an dieser Stelle begeht heute die ganze deutsche Jugend und begeht das ganze Deutsche Reich eine Feierstunde, deren Bedeutung erst kommende Jahrzehnte und Jahrhunderte voll würdigen und verstehen können.

Denn hier auf diesem Boden wird sich nun bald der Bau erheben, in dessen Räumen und Hallen die kommende Führerschaft der nationalsozialistischen Jugend und der Reichsjugend ausgerichtet wird für ihre vom Führer und Reichskanzler gestellten geschichtlichen Aufgaben.

Der bisherige Ausbildungsgang der Führer der nationalsozialistischen Jugendverbände ist durch die Kampfzeit und durch die Schwierigkeiten unserer organisatorischen Arbeit in den vergangenen zwei Jahren bedingt worden. Wenn wir der Ausbildung unserer Führerschaft nicht die Aufmerksamkeit zuwenden konnten, die einer so wichtigen Arbeit entgegengebracht werden mußte, so liegt es nicht daran, daß wir den großen Problemen der neuen Zeit ferngestanden hätten, sondern es war darin begründet, daß das ungeheure Anwachsen der Hitler-Jugend uns nicht die Zeit ließ und die Möglichkeit gab, die für eine intensive Führerschulung der Zukunft notwendig ist. Eines ist klar: Hier entsteht ein Institut, das erste in seiner Art, das den Begriff des Jugendführers als Beruf und Berufung in sich trägt.

Nicht mehr wird der Jugendführer in den kommenden Jahren und Jahrzehnten eine Zufälligkeit sein, was gleichsam als Nebenberuf ausgeübt wird, sondern hier schaffen wir uns in der Akademie für Jugendführung in Braunschweig die Stätte, in der ein neuer Erzieherstand ausgebildet und für seine Aufgaben erzogen wird.

Zugleich verankern wir damit im Leben des Staates den großen revolutionären Gedanken der Selbstführung der Jugend, den wir als die uns alle verbindende Idee in unserer Jugendarbeit empfinden.

So wird auch in der Art und Führung dieses Instituts ein grundlegender Unterschied gegenüber ähnlichen zu suchen sein. Der Lehrkörper dieser Akademie wird nach anderen Gesichtspunkten ausgebildet werden als anderswo. Hier wird vor allem die große Charakterschulung vorgenommen werden, die die Grundlage zur Jugendführung sein muß. Hier wird eine Anstalt errichtet, die nach Geist und Gesetz im Nationalsozialismus ihre historische Bedeutung erhalten soll.

Es ist kein Zufall, daß die Akademie für Jugendführung zu Beginn eines Jahres ihre Grundsteinlegung erfährt, das für die Hitler-Jugend von größter Bedeutung ist, weil es die Erfüllung ihres Totalitäranspruches in sich trägt, und den Abschluß der ganzen Arbeit der vergangenen Jahre darstellt. Wenn wir heute die Grundsteinlegung vollziehen, so bringen wir zugleich zum Ausdruck, daß sie im Dienst der Problemsetzung der deutschen Jugend steht. Wir stehen am Anfang einer neuen großen Arbeitsperiode der deutschen Jugend. Das Jungvolk entsteht als die große allgemeine Basis der Jugenderziehung. Aus dem Jungvolk heraus beruft die NSDAP durch die Hitler-Jugendführung die Fähigsten und Berufensten in die Reihen der Hitler-Jugend.

Die Hitler-Jugend ist die vom Führer und Reichskanzler ausersehene Organisation, die die Aufgabe erfüllt, den Nachwuchs im nationalsozialistischen Sinne zu erziehen. Diejenigen Jungen, die nicht dazu berufen werden, einmal Führer zu sein, werden in einer besonderen Organisation zusammengefaßt werden. So werden wir bereits in absehbarer Zeit imstande sein, das Bild einer vom Reich planvoll geleisteten Erziehung zu haben. Diese Akademie für Jugendführung in Braunschweig wird zusmmen mit dem Schwesterinstitut in München zu sorgen haben, daß alle, die die Jugend einmal führen sollen, hier an dieser Stätte im Geiste unseres Führers erzogen werden. In den Grundstein, der hier eingemauert ist, werden wir in einer eisernen Kassette Erde von Langemarck aufbewahren. Erde, die unsere Kameraden aus Westfalen von den Gräbern der gefallenen Studenten geholt haben. Damit legen wir zugleich ein Bekenntnis zu unserer heroischen Sendung ab, und ein Gelöbnis zu den tapferen Kameraden, die uns vorangegangen sind und die in fremder Erde für deutsche Ehre ruhen.

Der Tag ist zugleich ein Tag der Trauer und der Besinnung. Denn heute vor drei Jahren mußte in Berlin unser Hitler-Jugendkamerad Herbert Norkus sein Leben lassen. Er war es erst, der durch seinen Opfertod Millionen deutscher Jungen mit dem Geist der neuen Jugend erfüllte. Daß wir das Vermächtnis unseres Toten, in dem wir zugleich das Vermächtnis aller anderen Gefallenen verehren, an diesem Tage besonders würdigen und daß wir den Wunsch haben, den Grundstein dieser Akademie für Jugendführung in seinem Geiste und im Gedächtnis an ihn zu legen, das soll das ganze deutsche Volk zur Kenntnis nehmen und daß wir uns zutiefst verbunden fühlen mit allen heiligen Erlebnissen der Vergangenheit.

Die Jugend begeht diesen Tag in ehrfürchtigem Gedenken und in wehmütiger Erinnerung eines kleinen tapferen Kameraden, der einsam starb, damit wir diese Gemeinschaft aufbauen können, damit wir in diesem Geist die Jugend der kommenden deutschen Generation erziehen.

Meine Kameraden, wenn hier in kommenden Jahrhunderten eine Generation von Jungen durch diese Räume gehen, wenn sie hinausziehen zur Arbeit an der Zukunft, wie wir einst ausgezogen sind, so sollen alle, die hier wirken und diese Stätte verlassen, sich dessen erinnern, daß wir an Herbert Norkus gedacht haben, als wir diesen Bau errichteten. Er ist auch heute bei uns und er wird bei aller Arbeit ganz mit uns sein und wird die Jugend, die nach uns kommt, auf ihrem Wege begleiten und wird ihr das leuchtende Vorbild immer bleiben. In diesem Sinne wollen wir den Grundstein zur Reichsakademie für Jugendführung legen. In diesem Sinne begrüßen wir auch den Mann, dessen Namen dieser Jugend gehört: Adolf Hitler Sieg-Heil!

(Quelle: BTZ, Nr. 20 vom 24. Januar 1936, S. 1 f.)

Text der Grundsteinlegungsurkunde

Am 24. Januar 1936 wurde durch Baldur von Schirach, den Jugendführer des Deutschen Reiches, der Grundstein der Akademie für Jugendführung in Braunschweig gelegt. Die Stadt Braunschweig hat durch ihren Oberbürgermeister Dr. Wilhelm Hesse der Deutschen Jugend die Errichtung dieser Erziehungsstätte möglich gemacht, wofür die Deutsche Jugend zu tiefem Dank verpflichtet ist. Aus diesem Hause sollen, ebenso wie aus der noch in diesem Jahr zu errichtenden Schwesteranstalt in München die zukünftigen Führer der Hitler-Jugend hervorgehen, deren Aufgabe es sein wird, die kommenden Geschlechter nach dem Vorbild unseres Führers Adolf Hitler zu Trägern des nationalsozialistischen Deutschen Reiches zu erziehen. Die Grundsteinlegung geschah am 4. Todestage von Herbert Norkus, dessen Opfertod für die nationalsozialistische Jugendbewegung eine bleibende Verpflichtung bedeutet.

Der Jugendführer   Der Oberbürgermeister
des Deutschen Reiches   der Stadt Braunschweig

gez. Baldur von Schirach   gez. Dr. Wilhelm Hesse

Braunschweig, den 24. Januar 1936.

(Quelle: Fotografie der Urkunde)

Am 18. Februar 1938 wird die „Ausbildungsordnung für das Führercorps der Hitler-Jugend" erlassen, in der eine einjährige Ausbildung und nach erfolgreichem Bestehen die Verleihung des sogenannten Jugendführer-Patentes (und des Führerdolches als äußerliches Zeichen) und die Aufnahme in den hauptamtlichen Dienst der HJ vorgesehen ist. Am 20. April 1939 beginnen 87 (statt der vorgesehenen 100) Führer-Anwärter – nach einem spezifischen System der Auslese: Beobachtung, Beurteilung und Auswahl in den Bannen – ihre Akademie-Ausbildung zunächst in Potsdam und ab August in Braunschweig. Auch für hauptamtliche Führerinnen des BDM werden ab 1940 Lehrgänge angeboten; im Januar z. B. ein dreiwöchiger Lehrgang für 80 hauptamtliche Führerinnen des BDM-Werkes „Glaube und Schönheit". In der Verordnung der RJF über Mädellehrgänge an der Akademie für Jugendführung vom September 1942 heißt es:

Verordnung über Mädellehrgänge an der Akademie für Jugendführung vom 2. September 1942

I. Voraussetzungen

   a) Bewährung als aktive BDM-Führerin (mindestens eineinhalb Jahre als Führerin einer JM-, M-Gruppe oder als Führerin eines JM-, M-Ringes).
   b) Teilnahme an einem Lehrgang der Führerinnenschule des Gebietes.
   c) BDM-Leistungsabzeichen.
   d) Ahnennachweis bis 1800.
   e) Ärztliches Tauglichkeitszeugnis der Gebietsärztin.
   f) Abgeschlossene Schul- oder Berufsausbildung.
   g) Abgeleistetes Pflichtjahr und abgeleisteter Arbeitsdienst.
   h) Mindestalter: 19 Jahre.

II. Bewerbung und Auslese

Die Mädelführerinnen der Banne melden laufend an die Mädelpersonalabteilungen die Mädel, die den Beruf der BDM-Führerin ergreifen wollen, und die nach den durchgeführten Führerinnenbestandsaufnahmen für die Teilnahme an einem Mädel-Lehrgang an der Akademie für Jugendführung in Frage kommen. Von der Mädelführung des Gebiets ist für diese Akademie-Bewerberinnen ein Sonderlehrgang durchzuführen. Die besten Teilnehmerinnen dieses Sonderlehrgangs werden dem Personalamt der Reichsjugendführung gemeldet (Stammblatt, Lichtbild, Ahnennachweis bis 1800, Dienstleistungszeugnis der Mädelführerin des Gebietes).

Die Akademie-Bewerberinnen werden sodann in sechstägigen Ausleselehrgängen der Reichsjugendführung zusammengefaßt.

Nach erfolgreicher Teilnahme an einem Ausleselehrgang wird die Akademie-Bewerberin zu einem Mädellehrgang an der Akademie für Jugendführung einberufen. Sie muß sich verpflichten, nach dem Besuch des Lehrgangs drei Jahre in der hauptamtlichen Arbeit zu bleiben.

III. Einsatz

Nach erfolgreichem Abschluß des Mädel-Lehrgangs an der Akademie für Jugendführung erfolgt ein dreimonatiger Einsatz im Osten. Anschließend erfolgt zunächst (ein halbes Jahr) die Einsetzung z. B. als Hauptringführerin, BDM-Werk-Beauftragte, Stellenleiterin für Leibesübungen, Führerin eines Ringverbandes, Ringführerin z. b. V., sofern diese Führerinnen nicht bereits vorher in vorstehenden Dienststellungen (mindestens ein halbes Jahr) tätig waren.

Nach Bewährung in dieser Arbeit wird die Führerin mit der Mädelführung eines Bannes beauftragt.

IV. Besoldung

Die Teilnahme an den Lehrgängen an der Akademie ist kostenlos. Die Führerinnen-Anwärterinnen erhalten während der Ausbildung monatlich ein Taschengeld.

(Quelle: RB. RJF 18/42 K vom 2. September 1942, S. 223)

Aufruf zur Übernahme von Versehrten in die HJ

Kameraden!

Im Kampf um die Freiheit und Größe des Reiches sind in vorbildlicher Pflichterfüllung viele unserer besten Kameraden gefallen. Andere aber liegen in Lazaretten oder stehen als Verwundete und Versehrte in den Ersatzeinheiten der Wehrmacht. Auch sie sind uns durch ihren Einsatz und ihr Opfer Beispiel und Vorbild.

Es muß daher die vornehmste Aufgabe der HJ sein, Kameraden, die sich zur Mitarbeit in der Jugendbewegung bekennen und deren Fronteinsatz für immer oder vorläufig beendet ist, in die Führung der Jugend einzureihen.

Ich mache es daher den Führern der HJ zur Pflicht, in Verbindung mit den Dienststellen der Partei, der Wehrmacht und des Staates geeignete Führer durch persönliche Betreuung, durch Auslese und Ausbildung im Zuge der Sicherung und des planvollen Aufbaues des hauptamtlichen Führernachwuchses zu gewinnen.

Die Ausführungsbestimmungen werden vom Chef des Personalamtes erlassen.

gez. Axmann

(Quelle: RB. RJF 26/44 K vom 3. August 1944)

Die Planung der Akademie erstreckt sich bis auf einen achten Lehrgang in das Jahr 1946. Mit Beginn des Krieges wird die Ausbildung des
ersten Lehrgangs (u. a. wegen der Einberufung vieler Akademie-
Schüler) unterbrochen und die folgenden Lehrgänge (als Kurzlehr-
gänge, mit Veränderungen bzw. Lockerungen bei der Aufnahme von
Anwärtern, sogenannten Versehrtenlehrgänge) verändern sich; sie
bekommen vor allem aus Gründen des „Führermangels" Notcharak-
ter. Mit Jahresbeginn 1940 sind 95% der Akademie-Teilnehmer zur
Wehrmacht eingezogen und viele hauptamtliche HJ-Führer im Krieg
gefallen. 1943 heißt es zum Führernachwuchs der HJ: „Für die im
Felde stehenden Kameraden der Hitler-Jugend besteht auch während
des Krieges die Möglichkeit, sich für eine hauptamtliche Übernahme
in die Hitler-Jugend als aktiver Führer, als Erzieher an den Adolf-Hitler-Schulen, für die Tätigkeit in der Verwaltung der Hitler-Jugend, in
der Sozialarbeit usw. zu bewerben" (in: Die Hitler-Jugend im Kriege,
28. Bericht, Sept. 1943). Aufgrund erheblicher Nachwuchs- und Quali-
fikationsprobleme konnten nach Axmann ab 1944 auch Persönlichkeiten zu Fachführern avancieren, „die im Rahmen ihrer Berufsarbeit an
der Jugendarbeit mitwirken und den Bedingungen der HJ entsprechen" (RB. RJF 2/44, vom 19. Januar 1944, S. 29 ff.). Dazu gehören im jugendpädagogischen Bereich tätige Zivilpersonen, Leiter der Lehrer-
bildungsanstalten, Jugendamtsleiter, Lehrmeister und Lehrlings-
warte. Der letzte Lehrgang findet Anfang 1945 statt, und der Lehr-
gangsbetrieb läuft bis Anfang April 1945.

Die Ausbildung hat in ihrem Selbstverständnis und Lehrbetrieb
mehr akademischen Charakter; sie bezieht sich mit dem Primat der
Weltanschauung auf „gründliches Wissen in allen Fragen der Erziehung und Jugendführung ... Kenntnisse in den wichtigsten Natur-
und Geisteswissenschaftlichen Fächern ... Ausbildung in Wehrerziehung und Leibesübung ... und auf die Persönlichkeitserziehung"
(Schultz a. a. O., S. 189). Der durchschnittliche Tagesablauf sieht folgendermaßen aus:

    6.30 Uhr Wecken mit anschließendem Frühsport
    7.30 Uhr Frühstück
    8.00 Uhr Dienstbeginn (Unterricht, Vorlesungen,
                Arbeitsgemeinschaften, teilweise Gastreferate
  12.15 Uhr Mittagessen
  14.30 Uhr Fortsetzung des Unterrichtes (bis 17.00 Uhr)
  18.00 Uhr Abendessen
  20.00 Uhr verschiedene Veranstaltungen

Die weltanschaulich-politische Erziehung beinhaltet: Rassekunde und Vererbungslehre, Geschichte, Führungslehre, Geographie, Sprach- und Musikerziehung.

Ausbildungsordnung für das Führerkorps der HJ vom 18. Februar 1938

Die großen Aufgaben, die der Führer seiner Jugend gestellt hat, erfordern ein Führerkorps, das nach Charakter und Leistung höchsten Anforderungen genügt.

Der Heranbildung dieses Führerkorps dient die Akademie für Jugendführung in Braunschweig.

An diese Akademie kann jeder Hitler-Junge berufen werden.

Voraussetzung hierfür ist:

1. Nachweis der deutschblütigen Abstammung.
2. Einwandfreier gesundheitlicher und erbgesundheitlicher Untersuchungsbefund.
3. Einwandfreie nationalsozialistische Haltung, körperliche und geistige Leistungsfähigkeit.
4. Abgeschlossene Berufsausbildung oder Abitur.

Der Anwärter nimmt an einem Vorauslese-Lehrgang teil. Nach Abschluß dieses Lehrganges wird entschieden, ob er den gestellten Anforderungen genügt.

Nach erfolgreicher Ableistung der Arbeitsdienst- und Wehrdienstpflicht wird vom Führeranwärter die Erfüllung folgender Aufgaben verlangt:

1. Viermonatliche Tätigkeit als Mitarbeiter in einer Gebietsführung.
2. Achtwöchentlicher Lehrgang in der Reichsjugendführerschule in Potsdam.
3. Einjährige Ausbildung auf der Akademie für Jugendführung.
4. Dreiwöchentliche Ausbildung in der Industrie des Inlandes und sechsmonatliche Ausbildung im Ausland.
5. Abschlußprüfung.

Mit der Einberufung zur Akademie ist der Anwärter auf eine Mindestzeit von 12 Jahren für den Dienst in der Hitler-Jugend verpflichtet.

Nach Bestehen der Abschlußprüfung erhält der Führer-Anwärter das Jugendführer-Patent des Jugendführers des Deutschen Reichs unter gleichzeitiger Ernennung zum Bannführer und Berufung in das Führerkorps der Hitler-Jugend.

Noch während seiner Ausbildungszeit auf der Akademie hat er sich entschieden, ob er in Partei oder Staat nach seiner Dienstzeit in der Hitler-Jugend weiterarbeiten will. Er wird dementsprechend während seines Einsatzes als HJ-Führer einmal im Jahre einer Dienststelle der Bewegung oder deren Gliederungen für die Zeit von 3 bis 4 Wochen zugeteilt. Sein endgültiger Einsatz jedoch wird von mir entschieden.

Diese Ausbildungsordnung für das Führerkorps der Hitler-Jugend ist als Richtlinie zu werten, in deren Rahmen die Führer-Auslese von meinem Beauftragten durchgeführt wird.

Ich beauftrage den Chef des Personalamtes mit der Durchführung meiner Anordnung. Er erläßt die Ausführungsbestimmungen.

gez. Baldur von Schirach

(Quelle: ANBl VI/4 vom 18. Februar 1938, S. 61 ff.)

Die Akademie für Jugendführung in Braunschweig hat zunächst und
kurzfristig der Heranbildung des hauptamtlichen Führercorps, im
Range höherer Stabs- und Formationsführer, zu dienen. An die Akademie konnte jeder Hitlerjunge unter den Voraussetzungen berufen
werden: Nachweis der deutschblütigen Abstammung, gesundheitlicher und erbgesundheitlicher Untersuchungsbefund, körperliche
und geistige Leistungsfähigkeit, nationalsozialistische Haltung, Abitur oder abgeschlossene Berufsausbildung. Nach einem Vorauslese-
Lehrgang und nach Ableistung von Wehr- und Arbeitsdienstpflicht
werden verlangt: vier Monate Mitarbeit in einer Gebietsführung,
achtwöchiger Lehrgang in der Reichsjugendführerschule in Potsdam,
einjährige Ausbildung an der Akademie für Jugendführung, drei Wochen Ausbildung in der Industrie im Inland und sechs Monate im Ausland; nach der einjährigen Ausbildung erfolgt die Abschlußprüfung
(Schultz 1978). In einem Merkblatt des Personalamtes der RJF über die
Laufbahn des HJ-Führers vom Oktober 1941 heißt es:

Mit der Einberufung zur Akademie verpflichtet sich der Anwärter
auf eine Mindestdienstzeit in der HJ von 12 Jahren. Nach bestandener
Abschlußprüfung erhält er das Jugendführer-Patent und wird in das
Führercorps der HJ berufen. In der Ausbildungszeit hat er sich zu entscheiden, ob er nach der Arbeit als HJ-Führer in der NSDAP oder im
Staat eingesetzt werden wollte. Mit der Konzipierung der Erziehungs-
vorstellungen für die HJ mußte „innerhalb dieses Corps ein elitäres
Selbstgefühl entstehen, das seine Träger zwar als Menschen in Zucht,
Ordnung und Härte, gläubig einer Fahne verschworen sah, im glei-
chen Atemzug aber auch bei aller militärischen Haltung geistig ela-
stisch, beweglich ... verstanden wissen wollte" (Schultz, S. 188).

Ergänzend und integriert in die Erziehungs- und Professionalisie-
rungskonzeption der HJ wird am 5. September 1939 in Berlin ein
„Reichsinstitut für nationalsozialistische Jugendarbeit" gegründet. Es
bekommt die Aufgabe, sämtliches Material über die Geschichte der HJ
sicherzustellen und auszuwerten. Als wissenschaftliche Arbeitsstätte
soll es die RJF unterstützen und Kontakte zu Hochschulen, dem Seminar für HJ-Führer, den Führerschulen und der Akademie für Jugendführung herstellen. Neben dem HJ-Erziehungssystem ordnet Hitler
1937 die Errichtung von Adolf-Hitler-Schulen an, die organisatorisch
als Einheiten der HJ der RJF und inhaltlich dem Reichsjugendführer
und dem Reichsorganisationsleiter der NSDAP unterstehen. Gemeinsam mit den sogenannten Ordensburgen und den 44 Nationalpoliti-

schen Erziehungsanstalten, die formal dem Reichserziehungsministerium, später jedoch faktisch der SS unterstanden, sollten sie – als Eliteschulen – neben der hohen Schule der Partei den Nachwuchs für die Führungspositionen des Staates und der NSDAP heranbilden, politisch durchgesetzt, neben dem biologischen Merkmal der „Rassereinheit", vor allem mit dem Mittel der „vorbildlichen Erziehung". Dieses System der Führerauslese ist in den Gesamtzusammenhang von Organisation, Beeinflussung und Kontrolle eingebunden. „Der deutsche Mensch im nationalsozialistischen Staat ist von frühester Jugend an in ein großes Erziehungssystem eingebaut, welches ihn zur Gemeinschaft führen und ihn für seine Aufgaben im Dienst des deutschen Volkes vorbereiten soll. Hitlerjugend, Elternhaus und Schule, die Gliederungen der Partei, Reichsarbeitsdienst und Wehrmacht sind solche Erziehungsfaktoren" (Schnabel 1938, S. 23).

IV. Nachkriegszeit und fünfziger Jahre (1945–1959)

Jugend: Integration und Erziehung

Die primären Vergesellschaftungsinteressen an Jugend sind in der Nachkriegszeit an den Leitmotiven *Behebung der Jugendnot, Integration, Hinführung zum westlichen Demokratiemodell, Eingliederung in das gesellschaftliche Leben* orientiert. Jugendliche sollten – als Objekte der Erziehung, von Verwaltung und Politik – *sinnvoll beschäftigt,* sie sollten über Arbeitserziehung, Erholung und Bildung integriert werden. Auf dem Hintergrund der etwa 600 000 *arbeits- und berufslosen* Jugendlichen, den *heimatlosen* (alleinstehenden) Jugendlichen; von 1,6 Millionen Kindern und Jugendlichen, die durch Kriegseinwirkungen einen oder beide Elternteil(e) verloren haben; von etwa 80 000 bis 100 000 vagabundierenden (wandernden und streunenden), eltern- oder heimatlosen Kindern; geburtenstarken Schulentlaßjahrgängen; etwa 11 Millionen Flüchtlingen und Vertriebenen; von sozialem Chaos, Hunger, Armut und Wohnungslosigkeit bzw. katastrophalen Wohnverhältnissen; überfüllten Schulen; von fehlenden Lehr- und Arbeitsstellen; immer wieder veröffentlichten Warnungen vor Jugendverwahrlosung und hoher Jugendkriminalität wird bis Mitte der 50er Jahre von einer allgemeinen *Jugendnot und Bindungslosigkeit* (sozialer und politischer Entwurzelung) der Jugend gesprochen (Albers 1949, Bondy/Eyferth 1952, Schelsky 1952).

In der (sozial)pädagogischen Diskussion und den entstehenden Strukturen, Organisationen und Arbeitsfeldern sollten die Jugendlichen zunächst primär vor Gefährdungen („Straße", Verwahrlosung, Kriminalität) geschützt werden; moralisches und soziales Abgleiten sollten verhindert und für die Erwachsenenorganisationen sollten sie als Nachwuchs gewonnen werden. Erziehung in die demokratische Gesellschaft und das gesellschaftliche Leben, Prävention und „Rettungspädagogik" gegenüber den „Gefahren" der modernen, sich wandelnden industriellen Gesellschaft in Beruf, Schule, Familie (*Funktionsverlust,* Wurzbacher) und Freizeit bestimmen eine nur in Ansätzen geführte jugendsoziologische und -pädagogische Diskussion; sie sind leitend für den grundsätzlichen Charakter der öffentlichen Förderung von Jugendpflege. Die Angebote der Jugendpflege sollten ein *gesellschaftliches Defizit* aufgreifen, ein *erzieherisches*

Vakuum (Scheuner) auf dem Hintergrund von Verführungs- und Gefährdungstheoremen ausfüllen, das u. a. mit den Gefahren des *öffentlichen Lebens* begründet wird:

> „Reizüberflutungen durch Reklame, Lärm, Schaufensterauslagen, schlechte Literatur, Kino und Fernsehen, Erscheinungen, mit denen das Kind heute nicht nur in der Großstadt frühzeitig und eindringlich in Berührung kommt. Das erzieherische Ethos und die öffentliche Moral mit ihrer Auflösung ethischer Grundsätze und fester Werteordnungen stehen oft im krassen Gegensatz, so daß die Jugend für die Bewährung in einer Welt erzogen wird, vor der sie zugleich weithin geschützt werden muß" (Scheuner 1956, S. 34).

Die Jugend der Nachkriegszeit und der 50er Jahre wird eher verallgemeinernd – und kaum sozialstrukturell, in ihren Erscheinungsweisen und nach ihrem Verhalten differenziert – als materiell-konsumorientiert (Job-Haltung) und *wirklichkeitsnah*, als *unbekannt* und *unpolitisch* (Dannemann), mit einer *Ohne-Uns*-Haltung (Kluth 1953), als *skeptisch, angepaßt und nüchtern* (Schelsky 1957) beschrieben; es dominieren Einschätzungen wie privater Rückzug, vor allem Interessen an Beruf, Ausbildung und persönlichem Fortkommen. Die Jugendphase wird nicht als eigenständige Lebensphase und Statuspassage, sondern als *bloße Übergangsphase* in die sozialen Rollen des Erwachsenenstatus diskutiert; *eigenständige* und von der Jugendbewegung geprägte Verhaltensweisen seien nur noch rückwärtsorientierte, unangepaßte, wirklichkeitsfremde und romatizistische geschichtliche Restbestände. Gegenüber der von Schelsky formulierten Desillusionierung und Entmutigung der Jugendpflege, der beschriebenen Nützlichkeitsorientierung und Nüchternheit von Jugendlichen werden pädagogische Selbstverpflichtungen für die Jugendarbeit formuliert. Es sollen glaubhaft *echte Ideale, Werte und Vorbilder* vorgelegt und vorgelebt werden, um der *Jugend* Glauben und Vertrauen wiederzugeben, Jugendarbeit soll „die Kräfte in der Jugend wecken und aktivieren" (Scheuner 1956, S. 70). Neben der materiellen Not, dem *angekränkelten* körperlichen Zustand, wird immer wieder auf die seelische Lage der Jugendlichen (geprägt von NS-Sozialisation und Kriegserlebnissen) verwiesen, die mit Merkmalen wie *Verrohung und Entsittlichung, Zynismus und Ekel, Zweifel und Gleichgültigkeit* charakterisiert wird; gleichzeitig wird der Jugend ein Bedürfnis und die Suche nach *Bindung und Bildung* unterstellt.

Das jugendpolitische Bestreben und erzieherische Leitmotiv der Jugendpolitik aller Besatzungsmächte in den Nachkriegsjahren ist zunächst, „die Gruppenbildung und Organisation von Jugendlichen im

besetzten Deutschland strikt unter Kontrolle zu halten, um der Wei-
terführung von nationalsozialistischen Ideen keine Chance zu geben"
(Klönne 1989, S. 7). In den westlichen Besatzungszonen entwickeln
sich bis 1948 – mit strukturierenden und kontrollierenden Einflüssen
der Alliierten – eine pluralistische Vielfalt von Trägern, Inhalten und
Formen in der Jugendarbeit. Mit der Konstituierung der Bundesrepublik Deutschland 1949 ist die grundlegende Strukturierung vorerst ab-
geschlossen, und es folgt zu Beginn der 50er Jahre mit der Diskussion
um das *neue, lebendige* Jugendamt – mit der Novelle des RJWG vom
28. August 1953 – eine erzieherische Orientierung, die vor allem vorbeugende (d. h. erziehende und bildende) Angebote in den Mittelpunkt einer hauptamtlichen Ausstattung der Jugendarbeit stellt. Dabei unterliegen der jugendfürsorgerische und der jugendpflegerische
Bereich Definitionen, wie sie bereits in der Weimarer Republik entwickelt wurden: Vermeidung, Eindämmung und Beseitigung von
Erziehungsnotständen ist Fürsorge; Förderung und Unterstützung
der *gesunden* Jugend bzw. der gesunden Entwicklung der Jugend ist
Jugendpflege (Fluk 1972). In der Unterscheidung von *gesunder und ver-
wahrloster Jugend* fragt Lades 1949 in aggressiver Abwehr alliierter
Strukturen, Verfahrensweisen, Einflüsse und Erziehungsabsichten
nach den Aufgaben der Jugendarbeit: „Wer spricht aber von jenen
neun Zehnteln der Jugend, die in keiner Weise als verwahrlost
bezeichnet werden können, die sich bei allen äußeren Schwierigkeiten
die innere Gesundheit und Natürlichkeit bewahrt haben, die in der
Stille, in den Werkstätten, Schulen und Jugendgruppen bescheiden
und ehrlich arbeiten, sich Ziele stecken und mit Hingabe nach ihnen
streben, wie es jede Jugend vor ihnen getan hat?" (S. 4).

Entwicklung und Erziehung (als Vermittlung und Ermöglichung
von Entfaltungs- und Lernprozessen sowie Integration in die demokratische Gesellschaft) werden in den fünfziger Jahren Leitmotive jugendpflegerischen Handelns.

„Für den jugendlichen Menschen dient die Freizeit nicht nur der Erholung
von der Arbeit, sondern sie muß mit dem Ziele der inneren Reifung im Rahmen einer ganzheitlichen Erziehung gesehen werden, ob es sich um musische,
werkhafte, sportliche Betätigung, um gute Lektüre oder Fahrten und Lager
handelt. Die Jugend braucht echte Erlebnismöglichkeiten zur Persönlichkeitsbildung … Das Jugendamt wird immer neue Formen suchen müssen, um
auch die Jugendlichen zu fassen, die aus mancherlei Gründen den Weg zu den
vorhandenen Jugendorganisationen nicht finden. Die Frage der Offenhaltung
vorhandener Jugendfreizeitheime, die Schaffung von Häusern der Jugend,
der Offenen Tür, von Klubhäusern … sind einige der Probleme, die die öffentliche Jugendpflege mit den Jugendorganisationen in engstem Zusammenwirken beschäftigen muß" (Scheuner 1956, S. 70 f.).

Angelehnt an das Wohlfahrts- und Jugendhilfesystem in der Weimarer Republik differenziert sich die Jugendarbeit – in Auseinandersetzung mit der *Jugendnot* in der Nachkriegszeit – strukturell, in funktionaler Arbeitsteilung und förderungspolitisch in die Bereiche: Jugendfürsorge, Jugendsozialarbeit, kommunale Jugendpflege und Jugendverbandsarbeit. Dabei liegt die generelle Akzentuierung auf dem Bereich der Hilfe für besondere Problemgruppen und der vorbeugenden Jugendpflege, weil die traditionellen Grenzen zwischen *normalen* und *problematischen* Lebensverhältnissen kaum zu erkennen sind. „Die Maßstäbe von Normalität, ordentlicher Lebensführung, von positiven Familienleben und tüchtiger Erziehung waren durcheinander geraten und vielerorts nicht anwendbar" (Münchmeier 1979, S. 8). Im Kontext der Rekonstruktion und des Wiederaufbaus der Jugendhilfe beginnen noch in der zweiten Hälfte der 40er Jahre – parallel zur staatlichen Entwicklung – die Gründungen von freien Trägern der (Jugend)Wohfahrt und ihren großen Zusammenschlüssen: Deutscher Verein (DV), Arbeitsgemeinschaft für Jugendfürsorge und Jugendpflege (AGJJ, später AGJ), Deutscher Bundesjugendring (DBJR), Jugendaufbauwerk (BAG-JAW). Das zentrale jugendpolitische Förderungs- und Steuerungsinstrument der Bundesregierung wird ab 1950 der Bundesjugendplan (vgl. Naudascher 1990, Collm 1991, S. 196 ff., Müller-Stackebrandt 1991, S. 205 ff.); die Förderung der Länder erfolgt über die entsprechenden Landesjugendpläne, die zu Beginn der 50er Jahre erlassen werden. Die Fördermittel der ersten sieben Bundesjugendpläne stehen integrativ orientierten Programmschwerpunkten zur Verfügung, vor allem für fürsorgerische Aufgaben und Maßnahmen der Jugendsozialarbeit (Kriegsfolgeprobleme, Flucht, Heimat-, Berufs- und Arbeitslosigkeit); die Förderung der politischen Bildung (staatspolitischen Erziehung) ist jedoch von Anbeginn ein angestrebtes Ziel, sie hat als Vehikel für die Demokratisierung und Reedukation inhaltlich eine große Bedeutung. 1958 kündigt der zuständige Minister Wuermeling die „konsequente Umgestaltung des Bundesjugendplanes von einem *Jugendsozialplan* zu einem breit angelegten Werk der Jugendförderung" (S. 2234) an; Ziel soll die bewußte politische Willensbildung in einer *raschen wirtschaftlichen und gesellschaftlichen Entwicklung* sein. Mit der Novelle zum RJWG im Jahre 1953 und dem Gesetz zur Änderung und Ergänzung des (R)JWG am 11. August 1961 (jetzt als *Gesetz für Jugendwohlfahrt)* wird die zentrale Aufgabe der Jugendpflege durch die politische Mehrheit festgeschrieben: Jugendpflege bleibt *vorbeugende Jugendhilfe,* der Fürsorge gegenüber jedoch nicht *gleichrangig* und der Auslegung der Länder überlassen (vgl. Harrer 1967, Lüers 1979).

Jugendsozialarbeit

Die sozialpädagogischen Angebote und Hilfen der Jugendsozialarbeit – als Träger 1949 zusammengeschlossen in der Bundesarbeitsgemeinschaft Jugendaufbauwerk – dominieren in den Nachkriegsjahren die Jugendhilfe, sie sind bis in die Mitte der 50er Jahre durch die hohe Arbeitslosigkeit und Berufsnot bei Jugendlichen weitgehend an „arbeitsmarkt- und berufspolitische Maßnahmen gebunden" (Nachbauer 1959, S. 38). Zielsetzungen sind, „junge Menschen zwischen 14 und 25 Jahren durch die Heranführung an einen existenzsichernden Beruf und einen dauerhaften Arbeitsplatz (geordnete Berufsausbildung, Berufsausübung und Berufsvorbereitung) gesellschaftlich einzugliedern und sie auf dieser Grundlage in individueller erzieherischer Anleitung wie durch ein gruppenpädagogisch gestaltetes Gemeinschaftsleben zu einer vollen Entfaltung ihres Wesens und ihrer Kräfte, zu einer sinnerfüllten Lebensführung und zu tätiger Mitverantwortung in Jugendleben, in der Gesellschaft und im Staat zu führen" (Handbuch 1955, S. 255 f.). Über ihre Mitglieder (Katholische Arbeitsgemeinschaft für Jugendsozialarbeit, Arbeitsgemeinschaft Evangelischer Jugendaufbaudienst, Sozialistische Trägergruppe, Freie Trägergruppe und Landesarbeitsgemeinschaften) sind der Bundesarbeitsgemeinschaft – nachdem in den sogenannten *Selbsthilfewerken der Jugend* bereits 1949 in der amerikanischen und britischen Zone rund 200 Jugenddörfer, Jugendsiedlungen, Wohnheime, Berufsausbildungsstätten und Heimatwerke existieren – Mitte der 50er Jahre rund 1.400 Wohnheime verschiedenster Art und rund 1000 berufsfördernde Maßnahmen (gemeinnützige Lehrwerkstätten, Grundausbildungs- und Grundlehrgänge, Jugendnoteinsätze, handschaffendes Jahr, Bildungsangebote, Förderkurse und Jugendgemeinschaftswerke) angeschlossen. Die Förderung erfolgt über die Erlasse und Richtlinien zum Bundesjugendplan, der sich in den 50er Jahren auf die *Jugend in Not* und die Förderung entsprechender Einrichtungen (u. a. Lehrwerkstätten, Jugendgemeinschaftswerke, Lehrlingsheime, Grundausbildungslehrgänge) konzentrierte (vgl. Naudascher 1990).

Mit der Beschäftigung von Heimleitern und Mitarbeitern wird die Jugendsozialarbeit (als *Lücke* zwischen Jugendpflege und -fürsorge) in Form von Heimstätten, Jugenddörfern, Jugendsiedlungen, Lehrlings- und Jungarbeiterwohnheimen, Auffangheimen, Selbsthilfe- und Jugendaufbauwerken professionalisiert. Hintergrund dafür sind die Notlagen und vielfältigen Hilfeanlässe: die materielle, berufliche, Wohnungs- und soziale Not; die *Bindungslosigkeit;* die Erfahrungen von Enttäuschung und *weltanschauliche Entwurzelung* – auch als Folge des NS-Sozialisation - der Jugendlichen, die *ohne Angehörige, Heimat und Hoffnung* sind. Hendrik von Bothmer beschreibt die Lage dieser Jugendlichen:

> „10 000 Jugendliche ziehen heute landauf, landab über die Straßen Niedersachsens, die keine Angehörigen, keine Heimat und kaum mehr eine Hoffnung haben. Ordentliche Arbeit bekommen sie nicht, weil man ihnen das Wohnrecht verweigert. Eine Gemeinde schiebt sie mit einem Almosen zur anderen weiter. Gestern lebten sie noch vom schwarzen Markte, wovon sie morgen leben werden, mag man sich von dieser verlorenen Jugend selber sagen lassen: Wem man die Möglichkeit zu leben vorenthält, wird sich mit Gewalt holen, was er braucht" (1949, S. 114).

Ziel ist, den Jugendlichen mit Gemeinschaftsdienst, Erziehung und Hilfe *Halt und Heimat* (Bothmer), *Bindung in neuer Heimat und neuer Familie* (Lenhatz), *Bindung in einem Beruf* (Lenhatz) zu geben; ihnen durch berufliche und soziale Integrationsangebote, Gewöhnung an Arbeit, verbesserte Berufsqualifikationen die Integration in Arbeitswelt und Gesellschaft sowie eine selbständige Lebensführung zu ermöglichen. Als zu vermittelnde Grundelemente der sozialen Ordnung werden proklamiert: *Familie oder Heim und Arbeit oder Beruf* (Lenhatz). Die Jugendwohnheime und berufsfördernden Maßnahmen (als Lehrwerkstätten, Grundausbildungslehrgänge, Förderungslehrgänge, Jugendgemeinschaftswerke und Jugenddörfer) werden mit Erziehern und Sozialarbeitern zur „sozialen, pädagogischen und jugendpflegerischen Betreuung" (Richtlinien des Bundesjugendplans 1951) professionell ausgestattet. Die Erzieher und Sozialarbeiter werden verpflichtet, die *Mitverwaltung* der Jugendlichen durch Wahlen zu sichern (z. B. über einen Heimrat oder Heimausschuß). Die Heimleitung wird aufgefordert, „im Sinne einer Anteilnahme der Jugendlichen an der kulturellen und politischen Entwicklung, die Hilfe politischer Parteien, der Gewerkschaften, der Kultur-, Sport- und Jugendverbände in Anspruch zu nehmen" (Nachbauer 1959, S. 44f.).

Curt Bondy/Klaus Eyferth schreiben in einer Studie über 56 Heime, die sie besuchen und in ihre Erhebung einbeziehen, zu den Heimleitern bzw. Heimeltern u. a.:

> „... Von einem guten Heimleiter wird erwartet, daß er eine echte Beziehung zur Jugend und Freude an der Zusammenarbeit mit ihr hat, daß er Kenntnisse und Fähigkeiten auf pädagogischem und psychologischem Gebiet besitzt, daß er über eine gute Bildung verfügt, daß er praktische und organisatorische Fähigkeiten aufweist und schließlich, daß er einen festen weltanschaulichen Standpunkt hat. Mit Recht wird man fragen, ob es so vielseitige Menschen überhaupt gibt. Wir haben einige wenige auf unserer Reise getroffen. Die

Mehrzahl der Heimleiter ist jedoch den hohen Anforderungen nicht gewachsen. Wir trafen Heimleiter, die nichts anderes als Wächter oder Portiers waren, andere, die nur äußere Ordnung halten konnten, und wieder andere, die sich einseitig und eng den Interessen ihrer Trägerverbände verschrieben hatten. Nur ganz wenige hatten ausreichende pädagogische und psychologische Kenntnisse" (1952, S. 72).

Die Träger der Jugendsozialarbeit führen in der ersten Hälfte der 50er Jahre eine rege Diskussion über die Berufnot (schulentlassene Jugend; vor allem auch von Mädchen) und die Heimatlosigkeit der Jugend, sie erstellen mehrere Denkschriften und treten damit in die Öffentlichkeit. Diese beinhalten u. a. Forderungen nach gesetzgeberischen Maßnahmen, nach berufsfördernden Maßnahmen, dem Bau von Jugendwohnheimen und deren jeweiligen (berufs-, arbeits-) pädagogischen – auch professionell ausgestatteten – Gehalt. Nach den Richtlinien des Evangelischen Jugendaufbaudienstes wird für die Jugendwohnheime z. B. neben dem Heimleiter für jeweils 30 Jugendliche ein erzieherischer Mitarbeiter mit abgeschlossener Fachausbildung gefordert (Nachbauer 1959, S. 48).

In der zweiten Hälfte der 50er Jahre gerät – auf dem Hintergrund anhaltender *Jugendflucht aus Mitteldeutschland* – in der Jugendsozialarbeit die Integrationshilfe für die *SBZ-Jugendlichen* in die sozialpädagogische Diskussion. Der persönliche Kontakt mit den Jugendlichen und die gruppenpädagogische bzw. jugendpflegerische Arbeit sollen als praxisorientierte Leitmotive die Wirksamkeit der Jugendgemeinschaftswerke erhöhen (vgl. Brass 1957); dafür gelten u. a. als Forderungen und Grundsätze:

1. Der Betreuer soll schon beim Eintreffen des Jugendlichen den ersten Kontakt aufnehmen und ihn zum Arbeitsamt, zum Arbeitgeber und zu seiner Unterkunft begleiten; die erste Begegnung soll gleich ein Vertrauensverhältnis schaffen.

2. Die Trägergruppen sollen dem Betreuer am Ort seiner Tätigkeit einen Büroraum stellen, um allen Jugendlichen Gelegenheit zu Aussprachen und zum Vortragen von Wünschen zu geben.

3. Der Betreuer soll durch seinen Kontakt mit dem Jugendlichen die Möglichkeit wahrnehmen, ihn in die örtlichen Lebensverhältnisse einzuführen.

4. Der Einsatz des Betreuers zielt darauf, den Jugendlichen aus seiner Isolation zu lösen, ihn vor Gefährdungen zu schützen und ihn mit dem kulturellen und politischen Leben vertraut zu machen.

4. Zur Wahrnehmung dieser Aufgabe muß dem Betreuer ein Gruppenraum zur Verfügung stehen – ggf. in einem Jugendfreizeitheim, Haus der Jugend.

Jugendverbände

Die Zulassung (Lizenzierung) von Jugendgruppen erfolgt ab 1945 zunächst durch die Militärregierungen der Besatzungsmächte, das gilt auch für die Gründung von Kreisjugendausschüssen als Zusammenschlüsse von Jugendgruppen auf Kreisebene (vgl. Lüers 1979, Rosenwald/Theis 1984, Projektgruppe 1988). Die Lizenzierung der Gruppen und der Jugendverbände wird Ende der 40er Jahre den Jugendausschüssen und Jugendringen (in der amerikanischen Zone) oder den Jugendämtern (in der britischen Zone) übertragen. Obwohl zuverlässige Statistiken fehlen, gibt es einige Zahlenbelege und Motivhinweise zu Jugendlichen, sich in Jugendgruppen, -verbänden zu organisieren: als Möglichkeiten des *Zusammenseins, der Freizeitangebote/ Sport, musische Aktivitäten*. Einen großen Zulauf gibt es vor allem zu den Sportverbänden, Hobbygruppen und konfessionellen Verbänden. Für den Bund der Deutschen Katholischen Jugend (BDKJ) werden für 1947 (im Jahr der Gründung) beispielsweise 750 000 Mitglieder angegeben (vgl. Drews 1991, S. 109).

> „1948 waren in der amerikanischen Zone bereits knapp 10.000 Jugendgruppen mit 1,4 Millionen Mitgliedern registriert... Bei der von der Hörerforschung des NWDR (Nordwestdeutscher Rundfunk) 1953 in seinem Sendegebiet durchgeführten Repräsentativumfrage bei Jugendlichen zwischen 15 und 24 Jahren gaben 49 Prozent der Jugendlichen an, einer Vereinigung anzugehören... Und die erste EMNID-Untersuchung, ebenfalls aus dem Jahre 1953 erbringt... einen Prozentsatz von 45 bei den männlichen und 31 bei den weiblichen Jugendlichen" (Faltermaier 1983, S. 14).

Es geht den Jugendverbänden in ihrer Gründungsphase, parallel zur Reorganisation der gesellschaftlichen Verhältnisse, zunächst primär um ihren inneren Aufbau, ihre Organisation und Struktur; um öffentliche Förderung und Absicherung; um ihre jeweiligen spezifischen Interessen, die abhängig, anerkannt und eingebunden (und sich z. T. auch kritisch auseinandersetzen) in Erwachsenenverbände sind; um ihre Integration und die der Jugend in die demokratische Gesellschaft aber auch das Selbstverständnis von jugendpolitischer Interessenvertretung (wie sie beispielsweise die Themen der ersten Vollversammlungen des DBJR belegen). Im Fürstenecker Gespräch des DBJR geht es im Jahre 1954 um eine umfassende Besinnung über die Grundlagen und Probleme der Jugendarbeit; u. a. wird formuliert:

> „1. Wir wollen junge Menschen sinnvoll beschäftigen, damit sie ihre Fähigkeiten entfalten können und Lebensfreude gewinnen.

2. Wir wollen jungen Menschen Erholung von der Arbeit im Beruf und in der Schule bieten.
3. Wir wollen junge Menschen beruflich, kulturell, politisch und religiös bilden.
4. Wir wollen Nachwuchs gewinnen für unsere politischen Auffassungen, für unsere Kirchen, unsere Erwachsenenorganisationen.
5. Wir wollen die Jugend vor Gefährdungen aller Art schützen, vor der Arbeitslosigkeit, vor der *Straße*, vor dem Absinken in Kriminalität "(zitiert nach: Faltermaier 1983, S. 36).

Das Verständnis und die Grundstruktur der Jugendverbände sind – in der Wahrnehmung öffenticher Funktionen und Aufgaben – pluralistisch und korporativistisch; sie bleiben bis Ende der 50er Jahre eingebunden ins „Gehege der Konventionen" (Klönne) und weitgehend der jeweiligen Erwachsenenpolitik zu- bzw. untergeordnet.

„Tatsächlich läßt sich wohl festhalten, daß die Jugendverbandsarbeit in der Bundesrepublik, nimmt man die durchschnittlichen Verhältnisse, nicht ein Ort war, an dem sich heftige gesellschaftspolitische Bewegungsversuche junger Menschen abspielten oder an dem sich fundamentale jugendliche Opposition äußerte... Die großen Jugendverbände in ihrer Gesamtheit haben so etwas wie ein Korporativsystem ausgebildet, in dem sie öffentliche Funktion wahrnehmen und durch öffentliche Mittel unterstützt werden, was geordnete innerverbandliche Verhältnisse und eine gewisse Mäßigung gegenüber Regierungen und Verwaltungen voraussetzt" (Klönne 1989, S. 22 f.).

Die Gruppe gerät zunächst als soziales System und die Gruppenarbeit als methodisches Arbeitsprinzip in den Mittelpunkt der pädagogischen Diskussion. Diese dominierende restaurative Arbeitsform ist orientiert an Leitbildern der bündischen Jugend; sie gerät ab Mitte der 50er Jahre zunehmend in Widerspruch zur wirtschaftlichen Entwicklung, dem (jugend)kulturellen Nachholbedarf und sich entwickelnder Konsumindustrie in der Bundesrepublik. Die Jugendverbände sind in den 50er Jahren – mit Ausnahmen einiger Aktivitäten der Arbeiterjugendverbände wie der Naturfreundejugend und Gewerkschaftsjugend sowie einigen kirchlichen Gruppen – eher *brave* Organisationen, sie sind kein Ort des Nachdenkens und kritischen Korrektivs.

Von zentraler Bedeutung ist für die Jugendverbände in der Aufbauphase zunächst, daß sie von Älteren (Erwachsenen) geführt werden; verstanden als *verantwortungsvolle und vorläufige Pflicht* (Walter Herrmann), den Jugendlichen neue Wege aufzuzeigen und neue Idealbildungen zu ermöglichen. Dem folgen „interne" pädagogische Kontroversen aus der noch nicht bewältigten Tradition der Jugendbewegung und im Prozeß der Neuorientierung über: das Verhältnis Jugendgruppe–Jugendverband; Gemeinschaftserziehung; Zielsetzungen „von oben" oder den Jugendlichen selbst; „Betrieb" oder „Bewegung"; die „richtige Führung" durch Ältere oder in *eigener Verantwortung*, die Jugendlichen selbst (Hafeneger 1988b). Methodisch und pädagogisch zentrale Prinzipien werden für das erzieherische Selbstverständnis der Jugendverbandsarbeit das *personale Angebot* und die *reflektierte Gruppe*.

Becker resümiert in seiner Auseinandersetzung über die Stellung der Jugendverbände unter demokratischen gesellschaftlichen Verhältnissen mehr zögerlich und fragend: „Es mag sein, daß der Mythos von der Jugendgemeinschaft ein Wunschbild aus der Vergangenheit ist, und daß es heute nur darauf ankommt, gut ausgebildete Sozialarbeiter für die Arbeit an der Jugend zu finden" (1958, S. 279). Lediglich im Zusammenhang von Jugendpflege und Jugendsozialarbeit wird in kontroverser Diskussion, ob dies nun Aufgabe von Jugendverbänden sei, auch die Professionalisierung angesprochen und eine Förderung aus dem Bundesjugendplan erwogen. Dabei wird in einem Kommentar von Friedrich Krause vor allem verbandseigennützig argumentiert, aber auch das Profil und Spektrum verbandlicher Jugendarbeit – im Kontext der jugendpolitischen Strukturen – akzentuiert.

„Ist es denn eine Schande, Jugendpflege zu treiben? Sie ist in der heutigen Situation eine immens wichtige Arbeit. Und um einer Verstaatlichung zu wehren, ist es ebenso wichtig, daß sich Männer und Frauen der Jugendverbände finden, die Erfahrung und Initiative zu diesen Dingen haben und bereit sind, alle Kräfte auf diesem Gebiete einzusetzen. Die Novelle zum RJWG bietet hier unter dem Stichwort *Subsidiarität* ungeahnte Möglichkeiten, der Bundesjugendplan die notwendige finanzielle staatliche Unterstützung. Hierzu gehören alle Arten der Flüchtlingsarbeit, Lehrlingsheime, die berufsfördernden Maßnahmen, Jugendaufbauwerke, die Frage des Nachwuchses in der Landwirtschaft, weiterhin die Häuser für Alle und die Häuser der offenen Tür. Es ist falsch, den Jugendverbänden in Fragen der nicht organisierten Jugend die Zuständigkeit abzusprechen, man sollte ihnen vielmehr in weit größerem Maße die Möglichkeit solcher Arbeit geben, staatliche und kommunale Maßnahmen aber erst dann zum Zuge kommen lassen, wenn sich wirklich kein freier Träger findet, und das gilt nun wirklich vom Kindergarten bis zu Verlobtenfreizeiten. Man sollte den Mut haben zu reinlicher Scheidung: Hier Jugendpflege und Jugendsozialarbeit der Verbände mit allen ihren Möglichkeiten, aber ohne die Form der Mitgliedschaft, sondern offen in jeder Richtung, das Ganze getragen von kleinen Teams verantwortlicher und erfahrener, genügend vorgebildeter Leiter, hinter denen das Gewicht eines Verbandes und die Unterstützung des Staates stehen, denn sie nehmen sich ja eben der gefährdeten oder bedrängten zukünftigen Staatsbürger an" (1954, S. 359 f.).

Professionalisierung von Jugendverbandsarbeit

Es gibt Hinweise, daß bereits ab Ende 1945 hauptamtliche Geschäftsführer bei den Kreisjugendausschüssen (KJA) eingestellt und über die amerikanische Militärregierung bezahlt werden. Sie müssen mit der Währungsreform 1948 – mangels Bargeld – weitgehend entlassen werden. Dies wird z. B. durch die regionale Studie von Fehrlen für Baden-Württemberg bestätigt:

> „Nachdem sich ab September 1947 auch das Kultusministerium weigert, weiterhin Zuschüsse für hauptamtliches Personal der KJAs zu gewähren, mußten viele der Geschäftsführer entlassen werden, oder aber ihre Bezahlung und damit ihr Dienstauftrag wurden eingeschränkt. Den verbleibenden Rest traf teilweise die Währungsreform, als vorübergehend auch die amerikanischen Zuschüsse ausblieben" (1988, S. 66).

In der Gründungs- und Etablierungsphase der Jugendverbände ist Professionalisierung kein Thema bzw. ein Begriff, den man nicht kennt. Hauptamtliche Mitarbeiter gibt es nur in *mittleren und zentralen Leitungs- und Planungsaufgaben;* Professionalisierung wird ermöglicht mit der Förderung durch den Bundesjugendplan im Rahmen besonderer Zuwendungen zur Einstellung hauptamtlicher Jugendsekretäre. Als hauptamtliche Mitarbeiter, „Jugendleiter" bzw. „Führungskräfte" – so der zeitbezogene Sprachgebrauch – fungieren in *zentralen Führungsaufgaben* in den (großen) Jugendverbänden vor allem Jugendsekretäre, Funktionäre, Diakone, Sozialsekretäre, Gemeindehelfer, Kapläne. Dies weist auf die unterschiedlichen inhaltlichen Schwerpunkte ihrer Tätigkeit und von Ausbildungsgängen hin; es gibt zu Beginn der 50er Jahre kein einheitliches Berufsbild bzw. keinen eindeutigen Ausbildungsgang für die Jugendarbeit.

Ommo Grupe weist in der Diskussion erstmals auf Probleme hin, die er im Kontext der gesellschaftlichen Entwicklung (Arbeitsteilung, Technik, Leistungsdenken und Fortschritt, berufliche Karriere) aus Ergebnissen der (jugend)soziologischen Forschung (Schelsky 1957, Wurzbacher 1958, Wurzbacher/Jaide/Wald/Recum/Cremer 1958, Kluth 1955) für den ungeklärten Status von Mitarbeitern folgert.

> „Selbst die aus dem Status des ehrenamtlichen Jugendführers ausgeschiedenen hauptamtlichen Manager und Funktionäre der Jugendverbände unterliegen weithin einer ähnlichen Beurteilung. So sehr ihnen mit dem eigenen Schreibtisch, der eigenen Sekretärin und der nach Reisekostenordnung erlaubten Benutzung der ersten Wagenklasse die Anpassung an das Leistungsdenken unserer Gesellschaft gelungen zu sein scheint, so sagt man ihnen doch nach, sie seien diejenigen, die im *eigentlichen Leben* nicht so recht vorankämen;

bestenfalls ist man noch bereit, anzuerkennen, daß ihre Tätigkeit lediglich Übergangscharakter besitzen solle und als Basis für den späteren Absprung in die Politik oder die Führung der Erwachsenenorganisation diene" (1962, S. 167).

Die Probleme des gesellschaftlichen Ansehens und der Geringschätzung der Arbeit bezieht Grupe auch auf die Jugendpfleger und Jugend-Sozialarbeiter.

„Ihre Tätigkeit wird von dem hartnäckigen – wenn auch selten offen ausgesprochenen – Vorwurf begleitet, eigentlich müßten sie ja nichts können; andernfalls hätten sie sich bestimmt einträglicheren Berufen zugewandt – ein Vorwurf, dem immer diejenigen ausgesetzt sind, von denen man annimmt, ihr Beruf bedürfe keinerlei Vorbildung. Die meist sehr niedrige Vergütung für jugendpflegerische Tätigkeit steht damit im Zusammenhang. Neben dem geringen öffentlichen Ansehen dürfte sie mit zu jenen heimlichen und uneingestandenen Minderwertigkeitskomplexen beitragen, der diesem so notwendigen wie ehrenwerten Berufsstand unter der Haut sitzt" (ebda., S. 168).

In einer kontroversen Diskussion zur Frage der Gewährung öffentlicher Mittel an Jugendverbände, die unter den Stichworten Abhängigkeit, Subsidiarität, Verhältnis staatliche und freie/verbandliche Jugendarbeit, Verhältnis Basis und Verbandsspitze innerhalb der Jugendverbände geführt wird, ist auch das Verhältnis von Ehren- und Hauptamtlichkeit von Bedeutung; gewarnt wird Ende der 50er Jahre vor „jenem Typ des Managers, der von der Geldbeschaffung und Abrechnung lebt" (in: Recht der Jugend, Heft 22/1959, S. 343).

Auch Begriffe wie *Apparatschik* und *Jugendmanagertum,* Warnungen vor der Abhängigkeit der Finanzierung durch den Bundesjugendplan zeigen noch als Polemik die argumentativen „Reste" in der Tradition (Eigenleben- und Bewegungsideologie) der Jugendbewegung, die den aktuellen Prozessen der Institutionalisierung und gesellschaftlichen Verortung (Vergesellschaftung) von Jugendarbeit versucht werden entgegenzuhalten. „Wer an den Säulen der Zuschüsse für zentrale Führungsaufgaben und hauptamtliche Führungskräfte rüttelt, darf des wütenden Zornes der Jugendmanager insbesondere großer Verbände ebenso sicher sein wie des Vorwurfes hoffnungsloser Rückständigkeit im 20. Jahrhundert" (in: Recht der Jugend, Heft 22/1959, S. 345).

Im Handbuch der Jugendarbeit (München 1955) wird eine professionelle Ausstattung bei vielen Jugendverbänden und in ihren Schulungszentren, -stätten (deren Arbeitsschwerpunkte in der Aus- und Weiterbildung von Leitern und Leiterinnen für Jugendgruppen liegt) mit Geschäftsführern, Vorsitzenden, Jugendpfarrern, Pastoren, Jugendreferenten, Mitarbeitern, Sekretären genannt und unvollständig aufgelistet. Dies gilt auch für die Verbände und Institutionen der Jugendsozialarbeit und die Jugendleiterschulen bzw. Jugendhöfe, in denen (u. a. im „Haus am Rupenhorn" in Berlin, im „Haus Schwalbach", in der Jugendgruppenleiterschule Bündheim, den Jugendhöfen Steinkimmen, Radevormwald, Steinbach, Barsbüttel, Vlotho, im Wannseeheim für Jugendarbeit in Berlin) vor allem ehrenamtliche Gruppenleiter, *Führungskräfte* in der Jugendarbeit, aber auch hauptamtliche Mitarbeiter aus- und fortgebildet werden. Das „Haus Schwalbach", eine Arbeitsstätte für Gruppenpädagogik, qualifiziert u. a. hauptberufliche Mitarbeiter aus Heimen der Offenen Tür, Jugendwohnheimen und in der Jugendpflege. Die Jugendgruppenleiterschulen und Jugendhöfe – die meist über die Förderung durch die Landesjugendbehörden in den 50er Jahren zu Jugendbildungsstätten werden – bekommen den Auftrag, experimentelle Methoden und Arbeitsformen sowie didaktische Konzepte für die außerschulische Jugendbildung zu entwickeln. Sie werden mit Unterstützung von britischen und amerikanischen Jugendoffizieren gegründet und vermitteln die vor allem in den USA entwickelten Formen der sozialen Arbeit, vor allem Gruppenpädagogik. Die im Schwerpunkt behandelten Themen und Fachgebiete sind Mitte der 50er Jahre u. a.: Gruppenpädagogik, Musik, Spiel, Tanz, Werkarbeit, Laienspiel in gruppenpädagogischer Sicht; Methodik des Gruppengespräches, staatsbürgerliche Erziehung und politische Bildung (Handbuch 1955, S. 237). „In allen Jugendleiterschulen und Bildungsstätten dieser Gründerjahre wurde ... eine enge Verbindung zwischen politischer Bildung, kommunikativer Kultur und Kunst gesehen und gesucht. Es gab regelmäßige Ausstellungen moderner Malerei, es gab Schallplattenabende mit klassischer und zeitgenössischer Musik, es gab Anleitung zur Arbeit mit Fingerfarben und in den Techniken von Linolschnitt und Collage" (Müller 1988b, S. 56).

In der Diskussion innerhalb der Jugendarbeit gibt es Hinweise zur Konkurrenz der Kreisjugendausschüsse (d. h. der Jugendverbände) mit den offenen Angeboten im Rahmen der German Youth Acitvities (vgl. dazu das Kapitel „Offene Jugendarbeit"). Der Bayerische Jugendring hat bereits im Jahr 1946 kommentiert:

„Die Kreisausschüsse erkannten, daß sich hauptamtliche Kräfte der Jugendarbeit annehmen müssen, um wirklich Fortschritte zu erzielen. Sie wünschten sich Geschäftsräume, in denen Sportgeräte aufbewahrt, Jugendbücher gesammelt und Jugendliche beraten werden konnten. Ohne Geld aber bekam man weder einen hauptamtlichen Betreuer noch einen Geschäftsraum. Auch in dieser Beziehung hat es GYA leichter: die Jugend- und Erziehungsoffiziere (die später durch zivile Berater ausgetauscht wurden, d. V.) konnten sich ganztägig ihrer Aufgabe widmen, und ihre Diensträume befanden sich in den örtlichen Truppenunterkünften" (in: Zwanzig Jahre Bayerischer Jugendring, München 1967, S. 22).

Bei entstehender verbandlicher Grundstruktur mit einem *hauptamtlichen Apparat* auf *mittlerer, Landes- und Bundesebene* resümiert Martin Faltermaier für die Aufbauphase der Jugendverbandsarbeit und die 50er Jahre: „Abgesehen von einigen kritischen Anmerkungen zum „Jugendfunktionär" wird zunächst weder über den ehrenamtlichen Jugendgruppenleiter noch über den hauptamtlichen Mitarbeiter viel nachgedacht" (1983, S. 24). Diese Einschätzung muß für die Diskussion um Rolle, Funktion und Probleme des ehrenamtlichen „Führers" und „Leiters" zumindest teilweise korrigiert werden (Hafeneger 1988b); sie gilt aber uneingeschränkt für die professionelle Seite.

Staatliche Jugendpflege

Begründet wird die notwendige Professionalisierung der kommunalen Jugendpflege mit den zwei Drittel verbandlich nichtorganisierten Jugendlichen, denen die Jugendpfleger (neben der Schule) erzieherische Angebote (Freizeiten, Zeltlager, Jugenderholung, Seminare u. a.) machen müßten; aber auch mit der Organisation und Finanzierung, der Materialbeschaffung für die Jugendarbeit, Unterstützung und Förderung der Jugendgruppen, -verbände, der Geschäftsführung der Kreisjugendausschüsse im Kontext des Subsidiaritätsverständnisses. Für die ländliche Jugendpflege bildet sich als typisches Tätigkeitsprofil heraus: Entwicklung örtlicher Jugendtreffs und von Jugendheimen, Förderung und Unterstützung lokaler Jugendinitiativen, Dorfjugendabende und Werkstuben, Entwicklung von Kreisjugendbüchereien, Laienspiel- und Wanderberatungsstellen (vgl. Böhnisch/Winter 1990, S. 62 ff.). Dabei bedürfe vor allem die unorganisierte (vielfach *haltlose und labile*) Jugend der Betreuung und pädagogischen Führung, um sie in ihrer *ideellen Not* zur gesellschaftlichen und kulturellen Verantwortung zu erziehen, vor *verderblichen Einflüssen* und *jugendverderbenden Führern*, vor Verwahrlosung und Kriminalität zu beschützen. Der Jugendpfleger als *Helfer der Jugend* wird mit dem politisch, kulturell, sozial und seelisch *gefährdeten* Jugendlichen begründet; vor allem die Unorganisierten sollten von der Jugendpflege erfaßt und in ihrer Integration unterstützt werden. Daneben wird der Kreisjugendpfleger für die Ausbildung von Jugendleitern und die Förderung der verbandlichen Jugendarbeit zuständig.

Die Reformdiskussion zum RJWG zielt – mit der Novelle von 1953 – auf die erweiterte Rekonstruktion der ursprünglichen sozialpädagogischen Konzeption des Jugendamtes, d. h. auch auf den Katalog der §§ 3, 4 und 5. Damit wird auf die vorbeugenden Jugendpflegeaufgaben für die *gesunde und vorwärtsstrebende Jugend* – nicht nur die *gefährdeten und verwahrlosten, in Erziehungsnot geratenen und wirtschaftlich schwachen Jugendlichen* – hingewiesen, *die es als Pflichtaufgabe des Jugendamtes zu realisieren gilt. „In einer Zeit der Erosion und Destruktion der gleichsam natürlichen Ordnungen und sozialen Netze bedürfe es eines starken und leistungsfähigen Jugendamts, das kooperativ neue soziale Infrastrukturen in Gestalt von präventiv und gemeinwesenorientiert ausgerichteten Einrichtungen stabilisierend in den Alltag der Nachkriegsjugend einbringen könnte" (Münchmeier, a.a.O., S. 9). Mit der verabschiedeten Novelle zum RJWG am 28. August 1953 wird u. a. die Notverordnung von 1924 („eine Verpflichtung zur Durchführung der in § 5 bezeichneten Aufgaben besteht nicht") aufgehoben; Jugendpflege wird damit zwar erstmals Pflichtaufgabe der Jugendämter, aber weder Bundesgesetzgeber noch Landesgesetzgeber haben konkrete Mindestanforderungen formuliert. Mit der weiteren Novellierung vom 11. August 1961 wird vor allem die sozialpädagogisch und präventiv ausgerichtete Jugendpflege als öffentliche Aufgabe (und eigenständiges Sozialisationsfeld) neben der Familienerziehung betont; mit Angeboten die sich an die gesamte junge Generation richten sollen. Die Arbeit der (zunächst nur männlichen) Jugendpfleger ist – weil Richtlinien fehlen – bis Anfang der fünfziger Jahre relativ selbstbestimmt.*

Zentral werden für die Jugendpfleger die subsidiären Aktivitäten nach § 5, Abs. 1 Nr. 6 JWG: „Freizeithilfen, politische Bildung und internationale Begegnung". Als Angebote für die sog. nichtorganisierte Jugend werden verstanden:

„Die Freizeithilfe soll dem jungen Menschen eine Anleitung sein, seine schul- oder arbeitsfreien Stunden in vernünftiger Weise gebrauchen zu lernen, soll ihn überhaupt wieder hinführen zur Muße, die unserer hastvollen, mit irgendeinen Zweck verfolgenden Zeit in bedenklicher Weise verlorenzugehen droht. So wird Freizeithilfe auch zu dem *erzieherischen Geleit* zur Sicherung personaler Reife, das dem jungen Menschen hilft, sich in seiner Welt zurechtzufinden, und ihn vor unfruchtbarer Opposition zur Erwachsenenwelt oder vor kritikloser, schematischer Übernahme äußerer Verhaltensmuster der heutigen Gesellschaft bewahren kann. Hinzu kommt, daß gerade im Raum der Freizeit auch die gesunde Jugend starken Gefährdungen ausgesetzt ist. Politische Bildung ist im weitesten Sinn zu verstehen. Durch sie soll der Sinn für das Gemeinwohl frühzeitig geweckt und klares politisches Denken sowie Bereitschaft zu politischer Verantwortung erstrebt werden. Die Mittel hierzu entsprechen denen der organisierten Jugendpflege, wobei den Jugendpflegern in ganz besonderer Weise fruchtbare Arbeits- und Wirkungsmöglichkeiten erwachsen. Durch die internationale Begegnung sollen schließlich auch nichtorganisierte Minderjährige und junge Menschen über 21 Jahre Zugang finden zur Jugend anderer Völker, der allerdings nicht so sehr durch kurzfristige Auslandsreisen im Touristentempo als vielmehr durch Austausch, Besuch von Lehrgängen im Ausland gewonnen werden kann. Diese Maßnahmen erscheinen fruchtbar und vor allem nachhaltig, da sie die Kenntnisse fremden Volkstums und fremder Völkerart vermitteln und damit Vorurteilen zu steuern vermögen" (Harrer 1967, S. 142 f.).

Auf dem *Weg zu neuen, lebendigen Jugendämtern* wird zu Beginn der 50er Jahre und in der Diskussion zur Novellierung des Jugendwohlfahrtsgesetzes von der *Aktivierung und Belebung der Jugendamtsarbeit*, dem *Jugendamt neuer Prägung*, dem *neuen, lebendigen und tatkräftigen Jugendamt* gesprochen (Becker 1952, S. 372 f.), das mit einer neuen Rechtsgrundlage für das Amt und den Jugendwohlfahrtsausschuß den drängenden sozial-pädagogischen Aufgaben gerecht werden müsse. In der 10. Anweisung für Erziehungsüberwachung. Plan für die Wiederaufnahme deutscher Jugendorgane der Amerikaner heißt es u. a.: „Außer besoldeten Beamten und Angestellten soll das Kreisjugendamt zusammengesetzt sein aus einem kleinen Kreis Freiwilliger (Ausschuß) von nicht mehr als 10 Personen ... Alle Personen, die innerhalb des Jugendamtes irgendeine Aufgabe haben, müssen sorgfältig ausgewählt werden. Der Landrat/Oberbürgermeister ist berechtigt, geeignete Kräfte anzustellen, zunächst einmal vorläufig".

In der fachlichen Diskussion wird die Jugendpflege als *echte Pflichtaufgabe* in der *Einheit der Jugendhilfe* akzentuiert; „sie umfaßt alle Maßnahmen, die dazu bestimmt sind, den noch nicht gefährdeten Teil unserer Jugend zu fördern und zu behüten, alles Gute, das in der Jugend emporwächst, zu wahren und für die Freizeit der Heranwachsenden alles Schöne, die Werte von Natur und Kultur nutzbar zu machen" (Becker 1952, S. 373). Mit einem harmonischen und konfliktfreien pädagogischen Selbstverständnis, orientiert an Vorstellungen der bürgerlichen Jugendbewegung und einer sozialpädagogisch inspirierten Romantik, wird von der Professionalisierung erhofft: „Unter der Leitung warmherziger und wahrhaft fachkundiger Männer und Frauen wahre Mittelpunkte einer sozialpädagogisch ausgerichteten Jugendarbeit, von der ein Strom des Segens für die kommende Generation ausgeht" (ebda., S. 373).

Die wiederholt formulierten *schöpferischen Ideen* für die kommunale
Jugendpflege im Rahmen der Novellierung des RJWG werden zwei
Jahre nach Inkrafttreten der Novelle – auch wenn die Aufgaben des § 5
zu Pflichtaufgaben erklärt und das Jugendamt organisatorisch umge-
staltet wurde – kritisch kommentiert: „Schaffung von Jugendämtern
als Mittelpunkt und Zusammenfassung der gesamten öffentlichen
und freien Jugendarbeit unter verantwortlicher Mitwirkung der
freien Kräfte konnte nicht Wirklichkeit werden."

Rosenwald verweist Ende der fünfziger Jahre auf den Bildungsge-
danken der Jugendpflege, den er neben den Kernaufgaben der
Jugendpflege in neu zu schaffenden Jugendbildungswerken verortet
sehen will (1958, S. 121 ff.) Er entwickelt (für Hessen) erste Gedanken
zu einem Berufsbild (Jugendbildner) und referiert Ideen zur
außerschulischen Jugendbildung als *Schließung einer Lücke* in der
Freizeit der Jugend mit den drei Hauptaufgabengebieten: Staatsbürgerliche Bildungsarbeit, musische Bildungsarbeit, philosophisch-literari-
sche Bildungsarbeit. Bei der Realisierung kommt es darauf an, „die erforderlichen geeigneten Erzieher zu gewinnen, wobei zweifelsohne
dem hauptamtlich tätigen Erzieher, der sich ganztägig seiner Arbeit
widmen kann, der Vorzug zu geben ist, da er auch Zeit zum Nachdenken und zur geistigen Sammlung hat und nicht, wie der anderswo
berufstätige Mitarbeiter abends oft abgespannt und eigentlich
erholungsbedürftig seine Erziehungsarbeit aufnimmt" (ebda.,
S. 123).

Professionelles Profil und berufliche Stellung des Jugendpflegers und der Jugendpflegerin

In der Nachkriegszeit beginnt recht bald eine Professionalisierung in
der Jugendpflege. In der britischen Besatzungszone werden bereits
1945 in Jugendämtern hauptamtliche Jugendpfleger eingesetzt bzw.
eingestellt und Ende der 40er Jahre sind auch in der amerikanischen
und französischen Besatzungszone hauptamtliche Jugendpfleger beschäftigt. Mit der Differenzierung der Jugendarbeit wird auch die
Ausbildung und berufliche Stellung des Jugendpflegers und hauptamtlichen Jugendarbeiters generell thematisiert. Berufsethos und *innere Grundeinstellung* (Elisabeth Siegel) der sozial Tätigen sind wieder-
kehrende Themen im Prozeß der Selbstverständigung und neuen Ver-

gewisserung der Profession in den Nachkriegsjahren. Lina Mayer-Kulenkampff schreibt zum Berufsethos des Jugendpflegers:

„Die innere Berufung, diese erste und unabdingbare Voraussetzung jedes Erziehers, bedurfte – so lehrten die Erfahrungen – zu ihrer stetigen Auswirkung des für das verantwortliche erzieherische Tun unentbehrlichen Wissens und Könnens. Diese Einsicht vertiefte sich noch, als zur Hilfe und Förderung der berufs- und heimatlosen Jugend in einem unwahrscheinlich kurzen Zeitraum Durchgangsheime, Jugendwohnheime und Lehrlingswohnheime für Jungen und Mädchen zu Hunderten errichtet wurden. Überall fehlten die Leiter und Erzieher mit einer ausreichenden theoretischen und praktischen Schulung auf den Gebieten der Jugendkunde" (1953, S. 3).

Gleichzeitig warnt Erich Weniger vor einer *Verbeamtung der Jugendarbeit*. Er plädiert für eine Professionalisierung und besondere sozialpädagogische Ausbildung, rät dabei gleichzeitig:

„So gefährlich und sinnwidrig es wäre, für das weite und sehr differenzierte Gebiet der Jugendarbeit eine neue Bürokratie und einen in sich abgeschlossenen Erzieherstand zu schaffen, so sehr bedarf dieses neue Arbeitsfeld sorgfältigst ausgebildeter und erzogener Erzieher, die während ihrer Tätigkeit in der Jugendarbeit ausreichend bezahlt und deren weitere Zukunft in der Jugendarbeit wirtschaftlich gesichert sein muß. Die besondere Situation der Jugendarbeit besteht darin, daß sie normalerweise keinen Lebensberuf zuläßt, weil Überalterung da ihre großen Gefahren hat" (1952, S. 512).

Weniger schlägt als Professionalisierungswege vor:

„1. Bei allen bisher bestehenden Erziehungsberufen, wie den Lehrern aller Schularten, der Volks-, der Mittel-, der höheren und der Fachschulen, sollte es heute Sitte werden, während der praktischen Ausbildung wie auch in den ersten Berufsjahren, längere Zeit in der Jugendarbeit tätig zu sein. Diese Zeit sollte auf die Dienstjahre angerechnet und sollte nach den für die Berufe üblichen Sätzen bezahlt werden. In der Berufsausbildung aller dieser Gruppen sollte im Hinblick auf die künftige Beteiligung an der Jugendarbeit Sozialpädagogik und gegebenenfalls Heilpädagogik gelehrt werden.
2. Daneben wird aber eine besondere sozialpädagogische Berufsausbildung für eine hauptamtliche Tätigkeit in der Jugendarbeit nicht zu entbehren sein. Die schon vorhandenen oder zu schaffenden Ausbildungsstätten (Kindergärtnerinnen- und Jugendleiterinnenseminare, Frauenschulen, Wohlfahrtsschulen, Akademien der Arbeit, Hochschulen für Politik, Pädagogische Seminare der Universitäten) sollten Rücksicht auf die besonderen Aufgaben der Jugendarbeit nehmen" (ebda, S. 513 f).

Die Jugendverbände weisen für das Berufsbild des Jugendpflegers auf dessen Doppelfunktion hin: beim Staat die Anliegen der Jugend zu vertreten und bei der Jugend die Anliegen des Staates. Für die pädagogische Praxis wird auf die *direkte Kontaktarbeit* in einem *Erziehungsraum* verwiesen. „Zunächst müssen wir feststellen, daß der Jugendpfleger, wenn er mit seiner Arbeit beginnt, gar keinen echten Erziehungsraum hat, sondern bestenfalls kann er sich diesen Raum schaffen, und damit beweist er, daß er Erzieher ist. Schafft er ihn sich nicht, so wird er niemals die Möglichkeit haben, überhaupt erziehen zu können, sondern er bleibt dann bestenfalls Hilfsweichensteller auf dem praktischen Gebiet... Der Jugendpfleger muß sich einen Kontaktraum schaffen zwischen seiner eigenen Persönlichkeit und den Erziehungsfaktoren, die ihn umgeben. Er kann das lebendige Bild des Jugenderziehers für alle werden, wenn er für alle da ist und im Sinne Pestalozzis wirkt, bis zum Opfer" (zitiert nach: Faltermaier 1983, S. 47).

Es wird aber auch prinzipiell von einer Verberuflichung der Jugendpflege abgeraten; die Argumente reichen dabei von der mangelnden Finanzkraft der Kommunen bis hin zu personalwirtschaftlichen Hinweisen. Der Deutsche Verein argumentiert gegen hauptamtliche Jugendpfleger, weil diese „meist aus der Jugendpflegearbeit ausscheiden werden, wenn sie ein gewisses Alter überschritten haben werden" und die Behörde sie dann anderweitig beschäftigen müsse (Stellungnahme vom 10. Juni 1949). Demgegenüber regt Weniger für den Bundesjugendplan an, möglichst viele Erziehungs- und Mitarbeiterstellen in der Jugendarbeit zu finanzieren, „ es auf Zeit, sei es auf Dauer". Auch Gottfried Herzfeld warnt vor der Gefahr der Bürokratisierung: „Der Kreisjugendpfleger (meist eine *Ein-Mann-Struktur*, d. V.) nicht als Behörde, sondern als lebendiger Teil dieser Arbeit in, mit und für Jugend ist heute eine unbedingte Notwendigkeit" (1947, S. 90). Adolf Hauert weist der Kreisjugendpflege eine kommunale Erziehungsfunktion zu, er fordert eine *gründliche* Ausbildung, um den vielfältigen Anforderungen gewachsen zu sein. Dabei werden als erste praktische Aufgaben vor allem die Organisation von Lagern, Wanderungen und jugendpflegerische, musische Kurse (Haller 1957, S. 97) genannt.

> „Zwar kann auch mit Begeisterung und gutem Willen viel erreicht werden, und wenn jemals das Wort Berufung auf einen Beruf zutrifft, so ist es hier der Fall, aber ohne das gründliche Wissen um die Mittel der Erziehung kommt auch bei der größten Opferbereitschaft der Kreisjugendpfleger nur halb zum Zuge... deshalb sollte ihr beruflicher Vertreter auch den für Lehrer und Erzieher notwendigen Bildungsgrad haben, der wohl am besten auf einer pädagogischen Akademie zu erwerben ist" (Hauert 1950, S. 294).

Hauert hält z. B. die zweijährigen Kurse auf einer Landjugendleiter-
schule, die in Form von zeitlichen Blöcken qualifizieren sollen, allenfalls für eine einmalige Notmaßnahme. Er sieht wie Gottfried Herzfeld den Kreisjugendpfleger nicht „als Behörde, sondern als lebendiger Träger dieser Arbeit" (1947, S. 90). Lades warnt vor einer Bürokratisierung und *behördlichen Erstarrung*, für ihn gilt es Jugendpfleger zu
gewinnen, "die sich stärker der Jugend selbst verpflichtet fühlen als
dem Staat oder der Gemeinde" (1949, S. 20). Während er als *berufene* Jugendpfleger (der kein Beruf auf Lebenszeit ist) vor allem die aus den
Jugendorganisationen hervorgegangenen Jugendleiter sieht, finden
Hauert vor allem junge Lehrer zu dieser Arbeit *berufen*. „Die Nach-
wuchsfrage wäre gelöst, da unter den vielen Lehrkräften jederzeit
junge Idealisten zu finden sind, die aus der Jugendarbeit kommen
(und von den Kreisjugendausschüssen gewählt werden müßten, nicht
vom Schulrat bestimmt; d. V.). Es könne keine überalterten Kreisjugendpfleger mehr geben, weil ein Wechsel jederzeit möglich sei. Für
die Schulverwaltung ergibt sich daraus aber eine Forderung, die sie zu
erfüllen bisher leider ablehnte. Der Lehrer, der die Stelle des Kreisju-
gendpflegers übernimmt, darf dadurch keinen beruflichen Schaden
erleiden. War er bereits Inhaber einer etatmäßigen Lehrerstelle, ist
dieselbe während seiner Beurlaubung, als Kreisjugendpfleger für ihn
offen zu halten, und die Zeit ist ihm auf sein Dienstalter anzurechnen"
(Hauert, a. a. O., S. 296). Für Helene Schörken ist die amtliche Jugendpflege ein „Dienen an der Jugend" (1947, S. 223). Sie verweist auf die
praktischen Anforderungen wie Zeltdörfer und Erholung, Sport, Beschäftigung, Lehrgänge und Arbeitsgemeinschaften, musische Angebote und geistig-seelische Umerziehung mit dem Ziel, *sittlich starke
Persönlichkeiten* gegenüber einer zunächst zweifelnden, energielosen,
unterernährten und schwachen Jugend zu erziehen. Hans Netzer
fragt – aus der Tradition der bürgerlichen Jugendbewegung – nach
der Begründung und Berechtigung, die Jugend zu erziehen und zu
führen. „Sind wir Älteren uns der richtigen Haltung gegen die Jugend
noch sicher? Erhebt sich nicht auch heute immer wieder Ablehnung
oder zum mindesten Reserve und Gleichgültigkeit aus den Reihen der
Jugend gegen unsern Anspruch auf Führung? Wir haben allen Grund,
unser erzieherisches Verhältnis zur Jugend zu überprüfen und verantwortlich zu ordnen, und müssen Antwort zu finden suchen auf die
beiden entscheidenden Fragen: Wie weit sind wir berechtigt, die Jugend nach unserem Bilde zu formen, und: Wie weit ist die Jugend ge-
neigt, unseren Führungsanspruch anzuerkennen und ihm in Freiwilligkeit zu folgen?" (Netzer 1954, S. 351).

In der Auseinandersetzung mit verschiedenen Bildern des Generationenverhältnisses aus Sicht der älteren Generation (im Spannungsfeld: *wir wissen, was zu tun ist und suchen selbst den Weg – aber die Jugend muß dabei mithelfen; die Jugend muß ihren eigenen Weg finden, wir können dabei nur zusehen und abwarten; unsere Zeit ist abgelaufen, wir müssen die Jugend nach vorn lassen)* plädiert Netzer für ein partnerschaftlich-erzieherisches Verhältnis, aktive Zusammenarbeit und pädagogische Kontakte.

Unterstellt wird der Jugend in der (sozial)pädagogischen Diskussion, daß sie – als Grundzug ihres Wesens – neben der Loslösung und Unabhängigkeit von der Erwachsenengeneration, die Deutung ihrer Lebensprobleme und *Wegweisung* durch erfahrene Ältere erwarte; „die Sehnsucht, sich beraten, führen, leiten zu lassen, um die innere Klarheit zu gewinnen, die aus eigener Kraft nicht erreichbar erscheint" (ebda., S. 356).

Die erste Jugendpflegergeneration, die in der britischen Zone bereits Ende 1945 eingesetzt ist und in der amerikanischen und französischen Zone 1947/48 eingestellt wird, ist entweder sehr alt (und schon in der Weimarer Zeit tätig gewesen) oder sehr jung. Über deren Qualifikation schreiben Walter Rosenwald und Bernd Theis: „1952 waren nur 22% der Jugendpfleger ausgebildete Fachkräfte. Ca. 25% kamen aus kaufmännischen oder aus Verwaltungsberufen. Ungefähr 15% waren vorher Berufssoldaten oder beim Reichsarbeitsdienst gewesen. 17% waren ehemalige Sport- und Musiklehrer" (1984, S. 37). Nach Palm sind Mitte der fünfziger Jahre in den 418 Landkreisen (der *ländlichen Jugendpflege*) der Bundesrepublik 180 hauptamtliche Jugendpfleger tätig. „Viele Landkreise begnügen sich mit ehrenamtlichen Helfern. In anderen Landkreisen wünschen vitale Jugendpflegegruppen überhaupt keinen hauptamtlichen Jugendpfleger" (Palm 1956, S. 40). Der neue *Berufstyp Jugendpfleger* wird in Bayern z. B. durch ein Gesetz über Jugendpfleger im Jahre 1949 geregelt. Der Hauptausschuß des bayerischen Jugendringes stellt dazu fest: „Der künftige Jugendpfleger in Bayern (allen Stadt- und Landkreisen, d. V.) soll nicht ein Beamter in Jugendfragen werden, sondern ein Helfer der Jugend, dessen Platz nicht in einer Behörde, sondern im Kreisjugendring ist" (in: Zwanzig Jahre Bayerischer Jugendring, München 1967, S. 50). Der Bayerische Jugendring hat drei Ausbildungskurse für die zukünftigen Jugendpfleger in seiner Jugendleiterschule in Niederpöcking durchgeführt. Für die kommunalen Jugendpfleger in Hessen, die nach der anfänglichen großen Fluktuation tätig bleiben, wird ab 1947 eine Zusatzausbildung gefordert, „die jedoch erst Jahre später nach einer langwierigen Zuständigkeitsauseinandersetzung zwischen dem Landespersonalamt und den Fachministerien ansatzweise verwirklicht werden konnte" (Lüers 1979, S. 77). Im Sommer 1948 sind in Hessen erst 22 Kreisjugendpfleger eingestellt, obwohl die amerikanische Militärregierung bereit ist, für jede Stelle 200,– DM im Monat zu zahlen. Die Auswahl der Jugendpfleger ist mehr zufällig und läßt deren eigenen Interessen (z. B. Volksmusik, Zeltlager) viel Spielraum. Die ersten sechswöchigen Kurse finden schließlich 1951 (in Niederhausen) und 1952 (in Neustadt bei Marburg) mit einem gegenüber den ursprünglichen Planungen erheblich reduzierten Stoffplan statt. Schon bald wird resümiert, daß das Jugendamt keineswegs wirklich „der lebendige Mittelpunkt der gesamten Jugendwohlfahrtspflege, kein Amt voll Initiative, Anregung und Förderung, fern aller Bürokratie" (Scheuner 1951, S. 177) geworden ist. Es wird vor allem auf die Bedeutung der „Menschen, die in den Jugendämtern tätig sind" (Scheuner), hingewiesen. Mit der personellen Besetzung und der fachlichen Ausbildung der Leiter und Sachbearbeiter im Jugendamt wird die Hoffnung verbunden, Jugendlichen wieder Vertrauen zu geben, ihre Nöte zu verstehen, ihnen zu helfen und sie für die Demokratie zu erziehen.

> „Zu seinen (dem Jugendpfleger, d.V.) Aufgaben gehört es, die natürlichen Beziehungen und Aufgabenstellungen von Schule, Beruf und Elternhaus zu sehen, Grenzen zu wahren und doch zielstrebig zu arbeiten. Die Arbeitsplatzmöglichkeiten hierfür sind vielfältig. Bei der Behörde, also etwa dem Jugendamt, wird der Jugendpfleger mehr organisatorische und gar finanzielle Probleme zu lösen haben, von denen die praktische Arbeit im ganzen abhängt ... Dem Jugendpfleger in der freien, oder besser gesagt, praktischen Frontarbeit stellen sich in der Hauptsache andere Aufgaben" (Haller 1957, S. 98).

Brenner problematisiert das Berufsbild des Jugendpflegers in seinem Verhältnis zum ehrenamtlichen Jugendgruppenleiter und weist ihm als Selbstverständnis und Aufgabe zu:

> „Der hauptamtliche Mitarbeiter ... ist in erster Linie Pädagoge. Er muß die Fähigkeit haben, Jugendgruppen anzuregen und ihnen in ihrer Arbeit zu helfen. Er soll und darf den ehrenamtlichen nicht ersetzen, sondern soll ihm nur aufgrund seiner größeren Kenntnis und besseren Ausbildung an die Hand gehen und ihm helfen, seine Aufgabe richtig zu sehen. Er muß darüber wachen, daß die Mitglieder der Gruppen selbst aktiv mitarbeiten und sich nicht, wie es leider noch häufig der Fall ist, voll und ganz auf die Initiative des Gruppenleiters verlassen" (1957, S. 534).

German Youth Activities (GYA)

In der amerikanischen Zone gibt es Ende 1947 323 Einrichtungen der Offenen Jugendarbeit (German Youth Activities – GYA). Das GYA-

Programm endet erst 1955 und geht ab 1953 in vielen Kommunen – vielfach in konkurrenten Auseinandersetzungen mit den Jugendverbänden um das Geld und um die *Jugend* – in die „Häuser der Offenen (Teiloffenen) Tür" (HOT), Jugendfreizeitstätten, „Häuser der Jugend" und spätere Jugendclubarbeit über (Böhnisch 1984, Rosenwald/Theis 1982, Projektgruppe 1988, Müller 1988b, Fehrlen 1991, Bauer 1991). Das GYA-Programm ist Teil der amerikanischen Militärregierungspolitik (OMGUS; ab 1949 HICOG) und als re-education (re-orientation) deren Erziehungsabteilung (Educational and Religious Affairs) zugeordnet. In ihren Angeboten unterliegen die GYA der eigenständigen Aktivität amerikanischer Soldaten (auch weiblichem Personal in Mädchencentern), die in Etappen deutscher Leitung übertragen werden; dabei sind bis zu 1000 hauptamtliche deutsche Mitarbeiter eingestellt. Allgemeine Zielsetzung ist die re-education – re-orientation (Neu-Orientierung), die „Erziehung der deutschen Jugendlichen zur Demokratie", zu „demokratischen Verhaltensformen". Eine Anordnung der amerikanischen Militärregierung vom Oktober 1946 empfiehlt die aktive Unterstützung der organisierten und nichtorganisierten Jugend und beinhaltet weiter, „in der Nähe einer jeden Militärgemeinschaft ein entsprechend geeignetes Gebäude für den ausschließlichen Gebrauch deutscher Jugendgruppen" zu bestimmen (Projektgruppe 1988, S. 50).

Mit der Entscheidung der amerikanischen Besatzungstruppen, den Schwerpunkt auf die Einrichtung eigener Häuser zu legen, gelingt es, in der amerikanischen Besatzungszone innerhalb eines Jahres 245 GYA-Häuser einzurichten. Im „Report on German Youth" vom Frühjahr 1947 heißt es:

„Die amerikanische Hilfe für die deutsche Jugendarbeit begann mit der Befehlsdirective vom 15. April 1946 ... Militärstellen wurden unter der direkten Aufsicht der Militärbezirke mit der Koordination der Aktivitäten in ihrem geographischen Bereich beauftragt. Zusätzlich hatte das Personal der Militärstellen seine eigenen Programme und Aktivitäten zu verwalten und anzuleiten ... Im März 1947 widmeten sich 250 Offiziere und 600 Soldaten ganztags den GYA. Diese Hilfe beinhaltete: Durchführung oder Anleitung von „community centern", Leitung von Diskussionsgruppen, Bereitstellung von Transportmitteln, Organisation von Festen, Hilfe bei sportlichen Wettkämpfen, Filmvorführungen, Theateraufführungen, Gartenarbeiten u. a. Aktivitäten. In den letzten sechs Monaten wurden gegenüber der Konzentration auf sportliche Aktivitäten im Sommer 1946 mit großem Engagement kulturelle und erziehende Programme angeboten. Während der kalten Wintermonate widmete die Armee ihre unschätzbare Hilfe vielen örtlichen Jugendgruppen, um beheizte Räume für Aktivitäten und amerikanisch-deutsche Diskussionsgruppen zu bekommen" (1947, S. 12).

---

(1) Ich danke G. Schirrmacher, der mir die OMGUS-Archivmaterialien zur Verfügung gestellt hat.

Liste amerikanischer Jugendhäuser für die deutsche Jugend 1949

GYA Einrichtungen in Baden:

Beschlagnahmte Häuser

Heidelberg
Civic Center Sophienstraße
Girls Center Hausserstraße
Boys Center Helmholtzstraße

Tauberbischofsheim
GYA Center Wellenbergstraße

Mannheim
Boys Center Sophienstraße
Girl Center Am oberen Luisenpark
Stadium Club Stadion
Civic Center Rheinau
Civic Center Schwetzingen
Pestalozzi Club Kasfertal
Micki Maus Club Neckarstadt
Civic Center Sandhofen
Youth Hostel Mannheim

Karlsruhe
GYA Annes Weinbrennerstraße
Boys House Ludwig-Marum-Straße
Girls Center Schubertstraße
GYA Center Durlach

Buchen
GYA Center Mühltalstraße

Pforzheim
GYA Center MG-building

GYA Center in Württemberg:

Stuttgart
Youth Center Haußmannstraße
Degerloch Center Jahnstraße
Boys Town Degerloch
387 th Hospital Cannstatt

Kornwestheim
Youth Center Stuttgarter Straße

Ludwigsburg
GYA Center Reinhard Kaserne

Bad Mergentheim
Haus Bergfrieden Center
Haus Steinmeyer Center

Ulm
Youth Center Gaisenbergstraße

Esslingen
Youth Center Bahnhofstraße

Böblingen
Youth Center Am Marktplatz

Schwäbisch Hall
Youth Center Am Marktplatz

Göppingen
Center Schillerstraße

Heilbronn
Center Bismarckstraße

Nicht beschlagnahmte Häuser in Baden

Glückshaven Club Seckenheim
Heddesheim Club Heddesheim
Civic Center Weinheim
Girl Center Altlhussheim
GYA Center Pforzheim

Gartenstadt Club Gartenstadt
Gymnasium Club Mannheim
Civic Center Neckarhausen
Ilvesheim Club Ilvesheim
Girls Center Neckargmünd

In den Ende 1947 eingerichteten 323 GYA-Centern sind bis zu 867 hauptamtlich beauftragte amerikanische Mitarbeiter (Soldaten) beschäftigt;
deutsches Personal gibt es zunächst nur als Hilfskräfte. Dies änderte
sich ab 1948 (mit der Directive vom 2. November), es gibt Häuser unter
amerikanischer und deutscher Leitung (vgl. AGJF (Hrsg.) 1987). Die
Einrichtungen, die nach amerikanischen Angaben von durchschnittlich
600 000 Jugendlichen monatlich besucht werden, sind sehr unterschiedlich. „Es wurden Girls- und Boyscenter, Experimental Center für durch-
reisende und heimatlose deutsche Kinder und Jugendliche eingerichtet.
Mit Boys Towns entstanden eine Art workcamps für gefährdete Jugendliche. Civic Center wiederum arbeiteten nach dem Vorbild amerikanischer Community Service Projects generationsübergreifend und ge-
meindeorientiert" (Projektgruppe 1988, S. 51). Die Anregungen kommen aus der angelsächsischen Tradition der Jugend- und Sozialarbeit,
getragen von den Ideen der Nachbarschaftsheime oder auch der engli-
schen Jugendclubs; sie stehen aber auch in der Tradition der kommunalen Jugendheime in der Weimarer Republik.

Für die meisten Center ist ein *offener Bereich* – in dem man sich auf-
halten und der beliebig genutzt werden konnte – kennzeichnend. Die
Angebote beziehen sich vor allem auf die drei Bereiche: Kurssystem
(u. a. Näh,- Bastel-, Handarbeits-, Sport-, Werkkurse); feste Gruppen/
Clubs (u. a. Diskussionen, Auseinandersetzung mit amerikanischer
Kultur, way of life, Lernen von fair-play, citizenship und demokrati-
schem Verhalten/Lebensformen) sowie offene, gesellige Veranstaltungen (u. a. Tanz, Konzert, Jazz, Theater, Wettbewerbe). Neben den
erzieherischen und kulturellen Aktivitäten (dominiert von Recrea-
tion, Spiel und Sport) und den *Weg-von-der-Straße*-Interessen werden
von Seiten der Jugendlichen (und auch der Alliierten) eine *materialisti-
sche Orientierung* bzw. praktische Haltung in die Einrichtungen eingebracht: 1947 geben 51% der befragten Jugendlichen als wichtigsten
Grund für ihren Besuch die materielle Versorgung, Verteilung von Le-
bensmitteln (Schwarzmarkt) und Kleidung an (Böhnisch 1984, Projektgruppe 1988). Das entspricht durchaus dem amerikanischen Modell vom Zusammenhang von (relativem) *Wohlstand und Demokratie*.
Es werden im realen Kontakt mit amerikanischen Soldaten, ihrer alltäglichen Lebensweise (Müller) und durch die Musik- und Wortsen-
dungen (z. B. Jazz) der Truppen- und Soldatensender in den Centern
auch neue Verkehrs- und Umgangsformen und ein neues Lebensge-
fühl kennengelernt, das sich u. a. in Fröhlichkeit, Ausgelassenheit,
Ungezwungenheit, Erotik ausdrückt.

Zuständig für die GYA-Center ist die Abteilung „Erziehung und religiöse Angelegenheiten" im Amt der US-Militärregierung; in den jeweiligen Militäreinheiten ist ein Jugendoffizier (vielfach mit Erfahrungen in der amerikanischen Jugendarbeit und Deutschkenntnissen) verantwortlich. Probleme liegen in der Fluktuation und der fehlenden Ausbildung der Mitarbeiter. Die Konsolidierungsphase in den Jahren 1947 bis 1949, in der deutsche Mitarbeiter eingestellt – ihr Anteil liegt Ende 1949 bei 80% – und eine enge Kooperation mit deutschen Jugendarbeitsträgern vereinbart werden, bringt in die Arbeit vieler Häuser jedoch keine Kontinuität. „Durch die laufende Umorganisation der Armee, Pflichtdienstleistende und damit verbundene Rückreise in die USA arbeiteten die amerikanischen Hauptamtlichen im Durchschnitt nur 6 Monate in einem GYA-Haus" (Projektgruppe 1988, S. 53).

Offene Jugendarbeit in deutscher Trägerschaft

Ab 1948/49 gehen viele Häuser in deutsche (kommunale) Trägerschaft über; sie werden von deutschem Personal, z. B. von Sportlehrern und Handarbeitslehrerinnen geleitet. Das Interesse an der Übernahme und dem Bau von neuen „Heimen" und „Jugendhäusern" – die es als Einrichtungen der Jugendpflege in der deutschen Tradition schon seit der Jahrhundertwende gibt; in der Literatur tauchen sie in den 20er und 30er Jahren als *Jugendheime* auf – orientiert sich an *sinnvoller Freizeitgestaltung*, Beschäftigung, Unterhaltung, Entspannung, Geselligkeit, Gruppenbildung. Die pädagogische Losung gegenüber Jugendlichen, die nicht in Jugend- und Sportverbänden organisiert sind, dem *großen Heer der unorganisierten Jugend* (Pelle) ist: *weg mit der Jugend von der Straße*. Viele Kommunen tun sich jedoch schwer mit der Übernahme der GYA-Center, den (kurzen) Traditionen und Aufgaben – denen sie auch aufgrund der von den Amerikanern vermittelten und als fremd empfundenen Lebensweise skeptisch bis ablehnend gegenüberstehen; ihre Integration in die kommunale Jugendarbeit gelingt nur selten. Ab 1950 nimmt das Interesse größerer Kommunen an *Häusern der Jugend* als selbstverantwortete Jugendarbeit zu und wird im Zusammenhang mit *sozial gefährdeter Jugend* akzentuiert. In amerikanischen Berichten wird schon frühzeitig die ablehnende bzw. skeptische Haltung von deutscher Seite erwähnt. 1947 heißt es in einem Bericht über die „Youth Activities":

Sinnvolle Freizeit

durch Freizeitkurse:

durch Freizeitveranstaltungen:

Weben u. Handarbeiten	Singen u. Musizieren
Nähen, Basteln	Tischtennis
Gymnastik, Volkstanz	Film
Rhythmische	Laienspiel
Bewegungsspiele	Sonntägliche
Zeichnen und Malen	Abendmusik

für Kinder und Jugendliche im Alter von 10 bis 25 Jahren

Die Teilnahme an den Freizeitveranstaltungen und Freizeitkursen ist kostenlos

Anmeldung: Von Dienstag bis Samstag, in der Zeit von 14 bis 15 Uhr und 19 bis 20 Uhr

BESUCHT DAS

Lese- und Spielzimmer im >Haus der Jugend<

(Gute Jugendbücher und Jugendzeitschriften sowie Spiele aller Art sind vorhanden)

Das Städt. Jugendheim >Haus der Jugend< ist zu erreichen mit der Straßenbahnlinie 3, 6 und 8 bis Haltestelle Franz-Knauff-Straße

STÄDT. JUGENDSEKRETARIAT „Haus der Jugend"

verlängerte Römerstraße 87

Sinnvolle Freizeit

VERANSTALTUNGEN IM STÄDTISCHEN JUGENDHEIM »HAUS DER JUGEND«
VERLÄNGERTE RÖMERSTRASSE

---

vom 16. - 31. Mai 1953.

1. Heimabende der Jugendgruppen.   U h r

Samstag, den 16.5.53	Evangl.Jugend-Jungenwacht	17.30-19.30
	Bund Dtsch.Pfadfinderinnen	15.00-17.00
	Bund kath.Jugend-Neudeutschland	20.00-22.00
Dienstag, den 19.5.53	Evangl.Jugend-Mädchenjungschar	15.00-16.30
	-Sing-u.Spielkreis	19.30-22.00
	-Deutschritter	18.00-22.00
	Falkenjugend -Kindervolkstanz	18.00-19.30
	-Gruppenabend	19.00-21.00
	Bund Dtsch.Pfadfinder-Wikinger	18.00-20.00
		19.00-21.00
	Naturfreundejugend	20.00-22.00
	Diskussionsgruppe	14.00-15.00
Mittwoch, den 20.5.53	Evangl.Jugend-Schülerinnenkreis	17.00-19.00
	-Jungenwacht	17.30-19.30
	-Deutschritter	18.00-22.00
	Kath. Jugend -Neu Deutschland	18.00-22.00
	Falkenjugend -Gruppenabend	19.00-21.00
	-Flugmodellbau	20.00-22.00
	Bund Dtsch.Pfadfinder	18.00-20.00
	Deutsche Jugend des Ostens	20.00-22.00
Donnerstag, den 21.5.53	Evangl.Jugend-Mädchenjungschar	15.00-17.00
	-Jungenwacht	17.45-19.00
	-Jungenwacht	19.00-21.00
	-Deutschritter	18.00-20.00
	-Gemeindejugend	20.00-22.00
	Falkenjugend -Gruppenabend	19.00-21.00
	-Singkreis	20.00-22.00
	Freireligiöse Jugend	18.00-20.00
Freitag, den 22.5.53	Evangl.Jugend-Sing-u.Spielkreis	19.30-22.00
	-Deutschritter	18.00-22.00
	Kath.Jugend -Neudeutschland	18.30-20.00
	Falkenjugend -Jugendvolkstanz	20.00-22.00
	Bund Dtsch.Pfadfinderinnen	15.00-17.00
Samstag, den 23.5.53	Evangl.Jugend-Jungenwacht	17.30-19.30
	Bund Dtsch.Pfadfinderinnen	15.00-17.00
	Bund kath.Jugend-Neu Deutschland	20.00-22.00

Vorstehendes Programm wiederholt sich bis zum 31. Mai 1953.

2. Freizeitkurse.   U h r

Nähen   Dienstag bis Freitag
                         für Kinder von 1o-14 Jahre   14.oo-18.oo
                         für Jugendliche   19.oo-22.oo
Basteln   Dienstag bis Freitag
                         für Kinder von 1o-14 Jahre   14.oo-18.oo
                         Donnerstag
                         für Jugendliche   '9.oo-22.oo
Gymnastik   Dienstag   15.oo-17.o
                         Mittwoch   17.oo-18.oo
                         Donnerstag   16.oo-18.oo
                         für Kinder von 1o-14 Jahre.
                         Dienstag   2o.oo-21.oo
                         für Jugendliche
Rhythmische Bewegung   Mittwoch   16.oo-17.oo
                         für Kinder von 1o-14 Jahre
                         Donnerstag   2o.oo-21.oo
                         für Jugendliche
Tanzgruppe   Mittwoch
                         für Kinder von 1o-14 Jahre   18.oo-19.oo
                         für Jugendliche   19.oo-2o.oo

3. Freizeitveranstaltungen.

Tischtennis   Donnerstag, Freitag, Samstag
                         für Kinder von 1o-12 Jahre   14.oo-16.oo
                         für Kinder von 13-14 Jahre   16.oo-18.oo
                         Donnerstag   19.3o-22.oo
                         für Vereinsangehörige
                         "Tischtennisclub West"
                         "Polizeisportverein"
                         "Freie Turnerschaft"
                         Freitag   19.3o-22.oo
                         für Jugendverbände
                         Samstag   19.3o-22.oo
                         für nichtorganisierte Jugend
Bücherlesen   täglich
                         für Kinder von 1o-14 Jahre   14.oo-18.oo
                         für Jugendliche   19.oo-22.oo
Geselliges Spielen   täglich
                         für Kinder von 1o-14 Jahre   14.oo-18.oo
                         für Jugendliche   19.oo-22.oo

Singen   Donnerstag
                         für Kinder von 1o-12 Jahre   16.oo-17.oo
                         Freitag
                         für Kinder von 13-14 Jahre   16.oo-17.oo

Film   Mittwoch
                         für Kinder von 1o-14 Jahre   15.oo-16.15
                                                           16.3o-17.45
                         für Jugendliche   2o.oo-21.oo

Filmprogramm für Mittwoch, den 2o.5.53

Verwunschenes Land - Indianer in Neu-Mexico
Ferien vom Alltag - Urlaub im Volksschulheim Tulhar.
Ein Fenster in die Welt - Das internationale Jugend-
                          institut Mainau/Bodensee.

Filmprogramm für Mittwoch, den 27.5.53

                         für die Kinder
Japan - (Die beiden Großstädte Yokohama und Tokio)
St. Rosalio - Heimathafen Gloucester
            (Der Bau eines Hochseekutters)
Strom ohne Grenzen
            (Der Rhein als völkerverbindender Strom)
                         für die Jugendlichen
Handel und Industrie in Großbritannien
Japan - (Die beiden Großstädte Yokohama und Tokio)
Strom ohne Grenzen.

4. Grössere Veranstaltungen.

Samstag, den 16.5.53   S i n g s c h u l e
                         M a i e n - S i n g e n   2o Uhr
                              Leitung:Oskar Erhardt

Sonntag, den 17.5.53   G Y A
                         Meistersinger-Wettstreit Nordbaden
                              15.3o Uhr.

Neuanmeldungen täglich: von 14-15 Uhr und von 19-2o Uhr.

                    Städt. Jugendheim "Haus der Jugend"
                         gez. B r e n n
                         Heimleiter.

„Es gab von Teilen der Deutschen Widerstand, an dem Armee-unterstützten Programm teilzunehmen. Die Deutschen haben die Aktivitäten der GYA aus mehreren Gründen kritisiert: Die meisten GYA-Mitarbeiter sind unerfahren in der Jugendarbeit und das Armee-Programm umgeht in einigen Fällen die Existenz der deutschen Jugendorganisationen. Einige Deutsche behaupten weiter, das die Armee-gestützten „Youth centers" die Aufmerksamkeit der „falschen" Jugendlichen auf sich ziehen. Der letzte Kritikpunkt ist schwierig, weil er möglicherweise stimmt. Einige der Belastungen kommen von der Tatsache, daß es einen ständigen Wechsel des GYA-Personals gibt, der es für viele Mitarbeiter unmöglich macht, gründlich zu arbeiten. Viele GYA-Mitarbeiter waren gewillt mit deutschen Jugendführern zu kooperieren, aber sie haben vielfach wenig Rückmeldung und Verständnis für ihr Angebot erhalten. Dies hat das Armeepersonal veranlaßt, ihr eigenes Programm anzubieten; unter der Voraussetzung, das die Jugendlichen der Gemeinde es annehmen" (1947, S. 12).

Das GYA-Programm läuft bis 1955; die Projektgruppe kommt in ihrer Auswertung über die (zahlenmäßige) Entwicklung in dieser Phase der offenen Jugendarbeit zu dem Ergebnis:

„Mit der Kürzung der Haushaltsmittel im Jahr 1953 wurden die GYA-Verantwortlichen gezwungen, die noch bestehenden 228 Häuser in der ABZ drastisch zu reduzieren; 58 Einrichtungen konnten an deutsche Träger übergeben werden, 62 Häuser mußten geschlossen werden. Im Januar 1955 waren noch 19 GYA-Zentren in Betrieb; am 30. 6. 1956 wurde das Programm offiziell für beendet erklärt" (1988, S. 54).

Trotz erheblicher Reduktion und der Übergabe vieler Häuser – dann unter ehrenamtlicher Leitung – an Jugendverbände, hat sich mit der Übernahme der amerikanischen Einrichtungen und der Schaffung von neuen „Heimen" Mitte der 50er Jahre die offene Jugendarbeit als „Angebotstyp" durchgesetzt. Galt das amerikanische Interesse vor allem der politischen Gefährdung, „Umerziehung bzw. Bildung", „Entwicklung demokratischer Ideale" und der Prävention vor „drohender Kriminalität", so wird nun ein modifiziertes Jugendbild die Legitimationsgrundlage für offene Jugendarbeit: es werden vor allem die soziale und kulturelle Gefährdung, die „Gefahren für unsere Jugend" (Schmutz und Schund), Kriminalitätsprophylaxe, die notwendige Erziehung sowie die sinnvolle, kreative und wertvolle Beschäftigung in Werkstätten (weg von der Straße) betont.

Häuser der Offenen Tür gibt es im Jahre 1953 nach der Untersuchung der AGJJ (1955) vor allem in den Großstädten: in Westberlin 22, in Bremen 8, in Hamburg 8, in Nürnberg 4, in Bremerhaven 4, in Köln 3, in Karlsruhe 3, in Frankfurt 2, in München 2, in Duisburg 2, in Regensburg 2 (S. 31); die meisten (77 von 110) sind in kommunaler Trägerschaft.

Ein breites Spektrum von Arbeitskreisen, offenen Angeboten und Neigungsgruppen in Werkstätten (Töpfern, Holz, Metall, Werken, Nähen, Weben, Blockflöten-, Gitarrenkurse, Spiele, Sport, Gymnastik, Lesen, Foto, Laienspiel, Volkstanz, Film, Sprachkurse u. a.), von Veranstaltungen, Wettbewerben und Festen (Karneval, Tanzturniere, Partys, Modenschauen, u. a.) prägen die Angebote und das Programm in den 50er Jahren (vgl. u. a. die Beispiele in der Regionalstudie Stuttgart, Fehrlen 1988). Sie verweisen auf veränderte, selbstgesetzte Aufgaben, bei denen unter dem Label *sinnvolle Freizeitgestaltung, wertvolle Beschäftigung und musische Bildungsarbeit* die offenen Räume, die Form der Offenheit tendenziell (nicht gänzlich) eingeschränkt und weite Kreise früherer Besuchergruppen und *auffällige Jugendliche* ausgeschlossen (z. B. über Mitgliedsausweise und Hausverbote) bleiben; „die Offenheit der Jugendhäuser wurde dabei zunehmend eingeschränkt, im Extrem wurden Besucher nur noch dann im Haus geduldet, wenn sie sich an einer der angebotenen Aktivitäten beteiligten" (Fehrlen/Schubert 1988, S. 98). Nichtstun, Ausspannen und Ausruhen von Jugendlichen werden als *echte Gefahr* für die Häuser der offenen Tür angesehen und als *sinn- und planloses Herumbummeln* denunziert. Dies korrespondiert mit einem Jugendbild, daß sich an einer jugendschützerischen, pädagogisch-normativen Perspektive orientiert und viele Bedürfnisse, Verhaltensweisen und Aktivitäten von Jugendlichen – wie *Eckenstehen,* auf der *Straße rumtreiben,* Besuch von Tanz-Lokalen oder auch den Genuß von Speiseeis – abwertend als minderwertig und gefährdend (auch amerikanisierend) einstuft. Die Beobachtungsprotokolle der Studie der AGJJ veranschaulichen das Dilemma: die pädagogisch-normativen Intentionen und auch Angebote der Mitarbeiter auf der einen Seite und die Wünsche und Bedürfnisse von Kindern und Jugendlichen nach informellen Aktivitäten (toben, treffen, erholen, beschäftigen, tanzen) auf der anderen Seite.

Burkhard Fehrlen beschreibt für Anfang der 50er Jahre beispielhaft für den Jugendhaus e.V. in Stuttgart die Konfliktstruktur im Spannungsfeld *Spielbetrieb contra Werkstatt,* in dem sich - einem jugendschützerischen Primat mit Kontrolle, Beschäftigung, Repression und ggf. Ausgrenzung verpflichtet - ein integrationspädagogisch orientiertes Jugendbild ausdrückt:

„Bereits wenige Monate nach der Eröffnung des Jugendhauses häuften sich Klagen über Zustände im sogenannten Spielbetrieb. Ein Mitglied des Vereins beobachtete im in den Gängen und Spielzimmern Fußballspiele, als Klettergerüste fremdgenutzte Möbelstücke, Spielhöllen, die Belästigung von Mädchen und – das war der Gipfel – *vereinzelt sogar Pfänderspiele.* Er forderte die Einstellung des im Stellenplan vorgesehenen Jugendleiters, um den Betrieb außerhalb der Werkstätten in den Griff zu bekommen" (1988, S. 277).

Mitarbeiter in der offenen Jugendarbeit

Allgemeine Orientierung für die Arbeit in den Häusern der offenen Tür geben die „Frankfurter Richtlinien" der AGJJ aus dem Jahre 1956, sie fordern und begründen: qualifizierte Ausbildung, angemessene Bezahlung, regelmäßige Fortbildung, genügend Freizeit, ausreichenden Urlaub, helfendes Haus- und Wirtschaftspersonal, fürsorglichen Schutz der Mitarbeiter. Zu den Aufgaben und zum Personal heißt es u. a.:

> „1. Das Heim der offenen Tür ist eine Freizeit- und Begegnungsstätte und ergänzt die Erziehung in Familie, Schule, Kirche und Beruf.
> 2. Das Heim der offenen Tür will im jungen Menschen die Kräfte wecken, die zu einer freien, selbständigen und selbstverantwortlichen Persönlichkeit führen.
> 3. Einrichtung und Methode des Heimes der offenen Tür müssen dem einzelnen die Möglichkeit geben, brachliegende Fähigkeiten und Neigungen in sich zu entdecken und zu entwickeln. Damit wirkt das Heim der offenen Tür ausgleichend und fördernd zur Tätigkeit in der Schule und im Beruf.
> ...
> 2. Auch die Erfordernisse der Arbeit in den „Heimen der offenen Tür" machen eine stärkere Berücksichtigung der Jugendpflege in der sozialpädagogischen und pädagogischen Gesamtausbildung notwendig. Kräfte, die ihre Eignung für die Arbeit in den „Heimen der offenen Tür" bewiesen haben, sind innerhalb dieser Arbeit denen mit einer abgeschlossenen sozialpädagogischen oder pädagogischen Ausbildung gleichzusetzen. In jedem „Heim der offenen Tür" sollten sowohl weibliche als auch männliche Mitarbeiter eingesetzt werden."

Nach Fehrlen/Schubert befinden sich die Jugendhausmitarbeiter Mitte der 50er Jahre in einer Zwickmühle:

> „Vor allem für die kommunalen Geldgeber waren jene Vorstellungen von der sozialen Gefährdung der Jugendlichen nach wie vor gültig. Die stereotype Frage eines Jugendamtsleiters an die Mitarbeiter seines Jugendhauses: „Sind sie eigentlich ausgelastet?" – war im Grunde identisch mit der Frage: „Bringen Sie auch genügend Jugendliche weg von der Straße?". Die Jugendarbeiter haben diese Perspektive jedoch längst hinter sich gelassen. Für sie ist das Bild der kulturellen Gefährdung bestimmend geworden, das Jugendhaus zum Mittel, eine ausgleichende Erziehungs- und Bildungsarbeit zu organisieren. Beides miteinander zu vermitteln, Ansprüche der Financiers und Selbstanspruch bleibt schwierig. Das Jugendhaus sollte jedenfalls kein pädagogischer *underdog* mehr sein, keine *Wärmehalle*, keine *Bewahranstalt*. Die Mitarbeiter wollen die Arbeit pädagogisch qualifizieren, ohne den Geldgeber zu verprellen.

Die Jugendhausmitarbeiter retten sich schließlich in ein selbstgesetztes Primat der geregelten Beschäftigung und nützlichen Tätigkeit. Jedes Kind, jeder Junge, jedes Mädchen das kam wurde mehr oder (oft) weniger subtil aufgefordert, an einer der im Haus unter Anleitung angebotenen Aktivitäten teilzunehmen" (1988, S. 98).

Die meisten der eingesetzten Mitarbeiter in den Jugendheimen/ -häusern sind (bis in die 60er Jahre) keine ausgebildeten Erzieher, Jugendleiter, Jugendpfleger oder Fürsorger (entsprechend der Struktur der sozialpädagogischen Ausbildungsstätten).

In den Heimen der Offenen Tür und den späteren Clubs arbeiten Ende der 50er Jahre/Anfang der 60er Jahre neben dem Heimleiter allenfalls noch ein bis zwei hauptamtliche Mitarbeiter. In Kassel arbeiten 1959 z. B. im „Haus der Jugend an der Fuldabrücke" ein Heimleiter, 2 Heimwarte (so die Diktion) und als Leiter von Arbeitskreisen 10–15 nebenamtliche Mitarbeiter; im „Geschwister-Scholl-Haus" ein Heimleiter und sechs nebenamtliche Mitarbeiter in Arbeitskreisen; im „Anne-Frank-Heim" ein Heimleiter und ein Heimwart sowie 6–8 nebenamtliche Mitarbeiter in der Leitung von Arbeitskreisen (Rosenwald 1959, S. 189ff.). In einer Auswertung von sechs Einrichtungen in Baden-Württemberg wird für das Jahr 1953 festgestellt: "In allen Heimen war hauptamtliches Personal tätig, meist unterstützt durch Honorarkräfte" (Projektgruppe 1988, S. 153). Burkhard Fehrlen beschreibt in seiner Regionalstudie über Stuttgart, daß alle GYA-Einrichtungen mit hauptamtlichen Mitarbeitern besetzt sind; spätestens ab 1948 mit deutschen Kräften. Zu den 4 Einrichtungen der Stadt schreibt er: „Bei der Übergabe 1953 gab es in der Gerokstraße 4 Angestellte, in Cannstatt 3 und in Zuffenhausen einen Mitarbeiter... Die Amerikaner beschäftigten durchweg Fachkräfte, vor allem Lehrer... Viele wurden 1952 bzw. 1953 vom Jugendhaus e.V. übernommen..."(1988, S. 218). Insgesamt gibt es über die Arbeit, die „Erfolge" und „Mißerfolge" der Angebote und Aktivitäten in den Häusern der offenen Tür (die es vor allem in Großstädten gab) für die 50er Jahre wenig Material und Erfahrungsberichte. Die „Untersuchung westdeutscher und Westberliner Freizeitstätten" der AGJJ aus dem Jahr 1953/54 (München 1955) unterscheidet verschiedene Heimtypen: die meisten sind Treffpunkte der Jugendlichen mit Unterhaltung, Entspannung und Unverbindlichkeit; einige sehen ihre Aufgabe in einer sozialen und individuellen Therapie; andere akzentuieren ihre Zielsetzung in staatsbürgerlicher Bildungsarbeit. Den Jugendlichen werden als gemeinsame Haltungen zugeschrieben: passiv und rezeptiv. Für die Heimleitungen werden unterschiedliche Einschätzungen vorgenommen; neben denjenigen, die Jugendliche zu *echten Persönlichkeiten* und zur Gemeinschaft erziehen wollen und denjenigen, die in ihrer Arbeit an den praktischen Anliegen und Sorgen ansetzen, wird auf schwierige Situationen verwiesen:

> „Fast allen Heimleitern schwebt natürlich vor, das Leben im Heim über den Treffpunkt hinaus an einer pädagogischen Aufgabe zu orientieren. Dazu fehlen ihnen häufig nicht nur die personellen, finanziellen und organisatorischen Voraussetzungen, sie stoßen auch bei den Jugendlichen auf Widerstand. Das liegt sicher nicht nur an der skizzierten Haltung der jungen Menschen, sondern zuweilen auch an den etwas eigenartigen Vorstellungen, die einige Heimleiter mit ihrer pädagogischen Aufgabe verbinden. Die Freizeit der Jugendlichen soll sich, so wird mancherorts gefordert, in *geordneten Bahnen* vollziehen, die Heimatmosphäre soll *anständig* sein, um nur zwei der beliebtesten Vokabeln zu nennen... Manche Heimleiter beschränken sich darauf, äußere Regeln des Zusammenlebens einhalten zu lassen, während die eigentliche Gestaltung der Heimarbeit weitgehend den Jugendlichen überlassen bleibt. In anderen Heimen haben die Leiter (oder Leiterinnen) eine sehr bestimmte Ansicht davon, was *sich gehört* oder wo die *Unordnung* beginnt; hier wird die Reinheit der Absicht erkauft mit der Aussonderung aller Jugendlichen, die eben *schwierig* sind. Das ist einfach, wirksam und leider eine Methode, die nicht nur vereinzelt angewandt wird. Die Grenzen zwischen der an sich vernünftigen Betreuung Jugendlicher in den Heimen und dem Anliegen, ihre Selbstverantwortlichkeit herauszubilden, werden so leicht aus Überzeugung oder Bequemlichkeit einseitig markiert" („Das Heim der offenen Tür", München 1955, S. 27; auf dem Hintergrund einer Gesamterhebung gehen bei 550 verschickten Fragebögen 110 Heime in die Untersuchung ein, von 54 Heimen werden monographische Studien erstellt. Vgl. ferner die Regionalstudie über Stuttgart, Fehrlen 1988).

In den Jugendhäusern dominieren die geregelten, organisierten (und überwachten) Angebote, die *musische Erziehung* und der Erfahrungswert der *mitmenschlichen Beziehungen.* Angebote und Ziele sind in der Regel abhängig von der *schöpferischen Phantasie und speziellen Begabung* (Rosenwald) des jeweiligen Heimleiters. Allerdings bleibt die Ausstattung mit hauptamtlichen Personal, bei täglichen Öffnungszeiten von 15–22 Uhr (außer am Sonntag), unbefriedigend. Die inhaltliche Arbeit in den Arbeitskreisen wird meist von den nebenamtlichen Mitarbeitern (auf Honorarbasis) getragen, viel organisatorische Arbeit (z. B. Dekorationsarbeiten, Vorbereitungen für Ausstellungen, Ausgestaltung des Programms für Jugendfeste, Ordnerdienste, Mitarbeit in den Heimbüchereien) wird von den Jugendlichen im Heimrat erledigt. Das hauptamtliche Personal ist neben den anfallenden Verwaltungsaufgaben und der allgemeinen pädagogischen Aufsicht kaum in der Lage, kontinuierlich pädagogisch (z. B. in einem Arbeitskreis) mitzuarbeiten. Rosenwald fordert grundsätzlich Häuser mittlerer Größe, auf je 20 000 Einwohner ein Jugendhaus mittlerer Größe „1 Saal, 4–6 Gruppenräume, 3 Werkräume, Nebenräume" (1959, S. 188) mit mindestens einem Heimleiter, einem Heimwart bzw. Hausmeister, 1–2 Putzfrauen, nebenamtlichen Mitarbeitern oder aber einem Werklehrer. Beklagt wird neben den fehlenden Fachleuten, deren geringer Bezahlung und der geringen Attraktivität des Arbeitsfeldes die fehlende – klare und abgesicherte – Konzeption in einem für die deutsche Jugendarbeit neuen Arbeitsgebiet. Die pädagogische Arbeit mit Jugendlichen im *Prozeß des Hineinwachsens in die Gesellschaft* bezieht sich, als *Bewältigung von Freizeit*, auf Angebote wie: Gruppenarbeit, geselliger Treff für die unorganisierte Jugend, Bildung und Beratung für gefährdete Jugendliche. Als zahlenmäßig größerer Teil der Jugend seien diese Jugendlichen „negativen Einflüssen" (Pelle), subjektiven und objektiven „Lebensschwierigkeiten" (Pelle) und Gefährdungen am stärksten und hilflosesten ausgesetzt.

> „Daher besteht die Aufgabe darin, dem Jugendlichen zu helfen, daß er in der Freizeit zunächst seine Kräfte erneuert; sodann, daß er gegenüber der zweckhaften Anspannung der Arbeit die zweckfreie Entspannung im musisch-spielerischen Erleben findet ... schließlich, daß er als Ausgleich zu der Spezialisierung und Automatisierung im Berufsleben und zu den Angeboten und Werten unserer pluralistischen Gesellschaft eine geistige Entfaltung und eine ganzheitliche Bildung erfährt" (Ott 1960, S. 395).

Die Freizeit soll mit neuen Wegen in den „Häusern der offenen Tür" „lebendig, positiv und erzieherisch" (Pelle 1952, S. 181) gestaltet werden; mit dem jugendpflegerischen Selbstverständnis einer vorbeugenden Arbeit bei Treffen und Zusammensein, Spiel und Sport, Basteln, Lesen, Schreiben in gemütlicher Umgebung, im jugendgemäßen „warmen Raum" (Pelle). Die Jugendlichen sollen „der Straße, dem Einzelgängertum, dem Kino, den Kneipen, dem Sichausleben und dem sinnlosen Herumlungern" (Pelle 1952, S. 182) entzogen werden. Echte Kameradschaft, sinnvolle Freizeitbeschäftigung, das Meistern von Lebensschwierigkeiten (z. B. die „Wirren der Pubertät", Pelle) sollen gelernt werden.

> „Damit ist auch die Frage nach der Leitung der OT gestellt. Daß eine Aufsicht vorhanden sein muß, ist selbstverständlich. Die Besucher der OT würden sonst in ihrer Aktivität und ihrem Betätigungsdrang alles auf den Kopf stellen. Doch mit der Einstellung eines Hausmeisters wäre nichts getan. Die echte OT erfordert einen hauptberuflichen Leiter, der jugendpflegerische und jugendfürsorgerische Qualitäten besitzt. Er soll unauffällig und unaufdringlich die Atmosphäre der OT bestimmen und den Jugendlichen aus seiner Persönlichkeit und Lebenserfahrung heraus Kamerad sein" (Pelle 1952, S. 182).

Die Profildiskussion für die Mitarbeiter benennt vor allem ihre *charakterliche Glaubwürdigkeit*, die *sachliche Qualifikation*, die *freiwillig anerkannte Autorität*, den *Helfer* mit Interesse an den *Sorgen* der Jugendlichen, die Ausbildung und Befähigung in den *Arbeitsmethoden und der Didaktik* sowie die *praktische Fertigkeiten* und *organisatorische Begabung*.

Ausbildung

Neben der Ausbildung der ehrenamtlichen Führungskräfte wird ab Mitte der 50er Jahre der Blick auf veränderte Zielsetzungen von Jugendarbeit gerichtet, z. B. *Erziehung im freien Erziehungsraum, sinnvolle Freizeitgestaltung, Entwicklung von Neigungen und Interessen* und *Bildung*. Die Ausbildung der hauptamtlichen Kräfte wird in ihrer Dauer, in Form und Inhalt kontrovers diskutiert und problematisiert; vorgeschlagen wird eine eigenständige Jugendleiter- und Jugendpflegerausbildung (z. B. an Jugendsozialschulen oder einer *Akademie für Jugendarbeit*, Lades 1957) und die integrierte Qualifizierung innerhalb der generalisierten sozialpädagogischen Ausbildung. Bereits Ende der 40er und zu Beginn der 50er Jahre werden Stellungnahmen zu Ausbildungsfragen in der sozialen Arbeit vorgelegt (z. B. das Gutachten des „Deutschen Vereins" 1948 für die hessische Regierung, eine Entschließung der Tagung der Evang. Akademie Tutzing 1949, Papier des Städtetages in Köln 1950). Darin werden die Persönlichkeit und fachliche Qualifikation als entscheidende Merkmale von Berufsprofilen angesehen.

Bei der Neuordnungsdiskussion geht es um das Niveau und die Dauer der Ausbildung, um *Stoffpläne* und den Stellenwert des Faches Jugendhilfe. Scheuner kommt zu der Einschätzung:

> „Es besteht auch heute noch ein Mangel an fachlich vielseitig vorgebildeten und an zeitgemäß vorgebildeten Personal für die Jugendämter, in denen wir heute folgende Gruppen finden: den Verwaltungsbeamten (mit oder ohne soziale Fortbildung), den berufsfremden Angestellten (mit oder ohne praktischer Erfahrung), ausgebildete Fürsorger und Fürsorgerinnen und endlich die Ersatz- und Hilfskräfte ohne Ausbildung" (1951, S. 178).

Verwiesen wird auf ein Berufsbild mit klaren Umrissen, auf die Probleme der Zusammenarbeit in der Jugendhilfe, die neue erzieherische und soziale Qualität von Kenntnissen in der Sozialarbeit, auf den *richtigen Menschen* und die fachlich ausgebildete Kraft, „die gerade diese Arbeit mit Leidenschaft und Hingabe erfüllt. Hier kommt es auf eine sorgfältige Ausbildung, aber auch auf eine Hebung des Berufsstandes der Sozialarbeiter an" (Becker 1959, S. 114). Die Arbeitsgemeinschaft für Jugendpflege und Jugendfürsorge (AGJJ) legt 1958 die Ergebnisse einer Kommission zum Berufsbild des Jugendpflegers vor, als dessen Arbeitsgebiete genannt werden: Förderung der Jugendgruppenarbeit; Freizeithilfen, musische Bildung, Schrifttum, Film; Jugenderholung, Jugendsport, Jugendwandern; politische Bildung; internationale Jugendbegegnung; Jugendgruppenleiterberatung; Jugendschutz; Erziehung zur Familie; Betreuung jugendlicher Flüchtlinge; Berufshilfe, Berufsförderung; Bauten für die Jugend, Jugendheime und Jugendfreizeitstätten, Jugendherbergen, Spiel- und Sportstätten, Jugendbibliotheken, Ausbildungsstätten (S. 17). Die entwickelte Ausbildung eines Berufsfeldes für Jugendpfleger und eines vorhandenen Bedarfs ist Ende der 50er Jahre weitgehend Konsens; gestritten wird über den richtigen Qualifizierungsweg (Siegel 1961).

Eine Erhebung in Westfalen aus dem Jahre 1950 gibt einen Überblick über die Besetzung von 107 Jugendämtern und kommt für das Ausbildungsprofil zu folgendem Ergebnis:

Von den 99 Leitern in Jugendämtern sind 97 männlich und 2 weiblich, die Mehrzahl steht im Alter von 40–50 Jahren, 16 liegen darunter, 48 darüber.
Ausbildung:

Wohlfahrtsschulen	4
I. und II. Verwaltungsprüfung und zusätzliche Ausbildung, d. h. Kurse, Tagungen, langjährige Tätigkeit	45
I. Verwaltungsprüfung	4
II. Verwaltungsprüfung	31
Universität, Verwaltungsakademie	7
langjährige Tätigkeit im Wohlfahrtswesen ohne Ausbildung	8

Die 52 Abteilungsleiter gliedern sich in 39 männliche und 13 weibliche, das Durchschnittsalter liegt auch zwischen 40 und 50 Jahren, 10 bleiben darunter, 23 darüber.
Ausbildung:

Wohlfahrtsschulen (davon 9 weiblich)	10
Wohlfahrtsschule und Verwaltungsprüfung	2
I. und II. Verwaltungsprüfung und zusätzliche soziale Ausbildung	15
I. Verwaltungsprüfung	4
I. und II. Verwaltungsprüfung	12
Universität, Verwaltungsakademie	2
langjährige Tätigkeit	7

Von den 230 Sachbearbeitern sind 128 männlich und 102 weiblich. 129 sind unter 40 Jahren 68 zwischen 40 und 50 Jahren, 33 über 50 Jahre alt.
Ausbildung:

Wohlfahrtsschulen (nur weibl.)	54
Wohlfahrtsschulen und Verwaltungsprüfung	2

Diese Daten haben Bedeutung für die Diskussion von mehreren ungelösten Problemen; sie dienen der Argumentation für eine qualifizierte Ausbildung, die notwendige Regelung über die Stellung der Wohlfahrtspfleger im Rahmen der Kommunalverwaltung, für die Novellierung des RJWG und für die *sorgfältige Auswahl des Personals*. Von den Trägern der sozialen Arbeit wird mehrheitlich eine gemeinsame Ausbildung der Sozialarbeiter (als Grundpersonal der sozialen Dienste; mit einem Grundwissen, das einen Wechsel innerhalb der Sozialarbeit ermöglicht) empfohlen, das eine Schwerpunktbildung und Differenzierung der Lehrpläne in den Vertiefungsfächern *Jugendpflege und Jugendfürsorge* nach dem Grundstudium ermöglicht. Frühzeitige Festlegungen werden – auch aus Mobilitätsgründen der Arbeitskraft – abgelehnt und die übliche Studienzeit soll von vier Semestern nach einer Übergangszeit (von fünf Semestern) auf sechs Semester angehoben werden (Haller 1957, S. 100).

Es gibt in der zweiten Hälfte der vierziger und zu Beginn der fünfziger Jahre zunächst – neben der Ausbildung an den unterschiedlichen Ausbildungsstätten für soziale Berufe – verkürzte Ausbildungen, Fortbildungskurse, Nachschulungen, Anfänger- und Aufbaukurse (über mehrere Monate im Rahmen von Abendveranstaltungen oder als Vier-bis-acht-Wochen-Kurse) sowie Übergangslösungen mit anschließender staatlicher Anerkennung als Wohlfahrtspfleger, Heimleiter oder Erzieher. Die vielen Übergangslösungen werden als mögliche Dauerlösung kritisiert und abgelehnt (vgl. z. B. Scheuner 1951, S. 179). Ende der 40er und Beginn der 50er Jahre wird in vielen Städten und Ländern die Aus- und Fortbildung wieder aufgenommen: z. B. 1951 in Berlin der erste einjährige Aufbaulehrgang für Fürsorger und Fürsorgerinnen; die Eröffnung der Sozialen Schule für Männer und Frauen 1953 in Nürnberg. Die Ausbildungsdauer an den Jugendleiterinnen-Seminaren wird 1949 auf $1^1/_2$ Jahre und 1956 auf 2 Jahre verlängert. 1957 gibt es in der Bundesrepublik 170 sozialpädagogische Ausbildungsstätten (Kindergärtnerinnenseminare, Jugendleiterinnenseminare, Wohlfahrtsschulen), die überwiegend in freier Trägerschaft sind. In der inhaltlichen Gestaltung der Aus- und Fortbildung auf dem Gebiet der

Jugend- und Sozialarbeit haben das internationale Austauschprogramm (visiting experts program) mit den USA und der amerikanische Einfluß deutscher Emigrantinnen wie Hertha Kraus und Gisela Konopka wesentlichen Einfluß; vor allem in der *Methodenlehre*, mit einem Verständnis von guter sozialer Arbeit als *methodischer Arbeit* (social case work, social group work, community organization, aber auch supervision) macht sich ihr Einfluß bemerkbar (Müller 1988b). In der Ausbildung für *Social Work* in den USA dominiert – geleitet von den Merkmalen *wissenschaftliche Grundlage, exklusive Kompetenz und autonome Praxis, ausgeprägte Dienst-Ethik* – in den *professional schools* die Methodenvermittlung in *social casework*, aber auch *social group work* und *community organization* werden gelehrt (vgl. Leube 1977, S. 231ff, Müller 1988b). Die Methodenlehre – solide Fachlichkeit und kasuistisches Arbeiten – wird als ein in den Lehrplan der Schulen aufzunehmendes Fach 1954 bei der Konferenz der Deutschen Wohlfahrtsschulen diskutiert. Damit wird auch an das Doppelmodell sozialpädagogischer Kompetenz angeknüpft: als geisteswissenschaftlich inspirierte Einheit von methodischem Können und persönlich-ethischer Haltung.

Gefördert wird die Aus- und Fortbildung von Fachkräften in der Jugendarbeit zunächst vor allem aus Mitteln des Bundesjugendplanes und der Landesjugendpläne. Schon im 6. und 7. Bundesjugendplan werden 1,6 Mill. DM in die Förderung des sozialpädagogischen Nachwuchses investiert. Im 8. Bundesjugendplan werden 1958 z.

B. zur Intensivierung der Ausbildung haupt- und ehrenamtlicher Mitarbeiter in der Jugendarbeit ein „Internatsprogramm" und ein „Dozentenprogramm" zur Förderung von sozialpädagogischen Ausbildungsstätten und zusätzlichen Dozenten an Ausbildungstätten (Wohlfahrtsschulen, Jugendleiterinnenseminare, Heimerzieherschulen) aufgenommen. Im 9. Bundesjugendplan werden 5 Mill. DM für die Ausbildung von Mitarbeitern bereitgestellt und der 11. Bundesjugendplan weist das Jahr 1960 4,8 Mill. DM für die „Ausbildung und Fortbildung von hauptberuflichen und ehrenamtlichen Mitarbeitern in der Jugendarbeit" aus.

In der Ausbildungsdiskussion und in vorgelegten Reformplänen setzen sich Ende der fünfziger Jahre Forderungen nach einer dreijährigen akademischen (sozialwissenschaftlich fundierten) und bundeseinheitlich geregelten Ausbildung mit der Berufsbezeichnung *Sozialarbeiter* durch (vgl. Becker 1960). Die in der Fachliteratur breit geführte Ausbildungs- und Qualifikationsdiskussion richtet sich gegen *dilletantische Vielwisserei*. Es wird für eine Herabsetzung der Wochenstundenzahl und qualitative Veränderungen, für die Verbindung von

Lehre, Forschung und Praxis in einem dreijährigen Studium plädiert (vgl. u. a. Hasenclever 1952, Magnus 1953, Wollasch 1957, Mennicke 1959, Pfaffenberger 1955, 1956, 1959, 1960, Rauschenbach 1991). Basis der Ausbildung, die Sozialarbeit als Entwicklungs-, Reifungs- und Lebenshilfe versteht, sollen psychologisch-pädagogische und sozialwissenschaftliche Grundlagenwissenschaften sowie die Praxis- und Methodenlehre sein. Argumentativ unterstützt wird die Diskussion um die Neuordnung der sozialen Ausbildung durch eine Untersuchung vom Deutschen Verein, die 1960 veröffentlicht wird; danach hatten rund 22% aller Jugendamtsleiter eine Fachausbildung, rund 5% eine Universitäts- oder Hochschulausbildung, die restlichen 2/3 hatten keine einschlägige fachliche Ausbildung. Ähnlich ist das Bild der Mitarbeiter in Jugendämtern: 22% aller Jugendämter waren ohne eine einzige fachlich ausgebildete Kraft, weitere 63% hatten weniger als 50% Fachpersonal und nur 15% der Ämter hatten 50% oder mehr fachlich ausgebildete Mitarbeiter (Deutscher Verein, Frankfurt/M. 1960).

V. Sechziger Jahre (1960–1969)

Jugend in der modernen Gesellschaft

In den 60er Jahren zentriert sich die wissenschaftliche - d. h. vor allem soziologische – Jugenddiskussion auf die *Situation der Jugend in der modernen Gesellschaft*. Es wird wiederholt der Versuch unternommen, die längeren Lern- und Lehrzeiten, die *verzögerte Eingliederung* (Tenbruck) und die *Statusunsicherheit* (Schelsky) von Jugendlichen als einen fortschreitenden Prozeß der Vergesellschaftung der Erziehung in eine – so die wiederkehrenden Attribute – moderne, hochindustrialisierte, differenzierte, verstädterte, pluralistische und komplexe Gesellschaftsform zu erklären und soziale Probleme in diesen Prozeß einzuordnen (vgl. u. a. Tenbruck 1962, Röhrs 1965, Wurzbacher 1965, Hornstein 1966, Friedeburg 1966, Blücher 1966). Die neuen Nöte der Jugend seien nun nicht mehr primär materieller, sondern *geistig-sittlicher* Natur. Der junge Mensch, der in einer differenzierten Gesellschaft immer mehr und länger lernen müsse, sei – neben Elternhaus und Schule – auf Angebote der Jugendhilfe angewiesen, wenn er den zeitlich größer werdenden Abstand *zwischen geschlechtlicher und sozialer Reife* (Brezinka) bewältigen wolle. Neben dieser allgemeinen Diskussion geht es um Klärungen des Unbehagens, der sozio-kulturellen Veränderungen, der oppositionellen Verhaltens- und Gesellungsformen, der neuen Protestbewegungen von Jugendlichen: in der ersten Hälfte der 60er Jahre vor allem um die Jazz-, Rock'n Roll- und Beatfans, um das *Gammlerwesen* und die *ekstatischen Erlebnisse*. Jugendpsychologisch und -pädagogisch werden diese distanzierenden, oppositionellen Verhaltensweisen vor allem auf der Folie des *Generationenkonfliktes*, den Prozessen von Loslösung und Neuorientierung interpretiert. Gesellschaftlicher Hintergrund sind beschleunigte gesellschaftliche Wandlungsprozesse, in der die erzieherisch unsichere (und auch orientierungslose) Erwachsenengeneration fragwürdig wird und ihre Leit- und Vorbildfunktion verliert. Damit erhalte die Gruppe der Gleichaltrigen, die peer-group – oftmals in scharfem Gegensatz zu den Erwachsenen – notwendigerweise eine stärkere Bedeutung im Prozeß von Rollen- und Statuszuweisung. Der Jugendprotest wird als eine vorübergehende, komplikationslose – gleichsam entwicklungspsychologisch und soziologisch bedingte – und für die Identitätsentwicklung bzw. -bildung bedeutsame Übungsphase verstanden. Diese Interpretationsangebote, die gleichzeitig auch Kritik an den von Erwachsenen organisierten und partikularistischen Angeboten der Jugendarbeit sind, beeinflussen die Diskussion über bzw. in diesem gesellschaftlichen Teilbereich. Die Ausdehnung der Jugendphase, die zunehmende psycho-soziale Karenzzeit zwischen physischer Reife und Erwachsenenstatus haben erste pädagogische und tiefenpsychologische Empfehlungen zur Folge; neben der Begründung für einen verlängerten *Schonraum* oder *Übergangssituationen* werden auch Fragen nach den Strukturen und der Demokratie in der Jugendarbeit, den Bedürfnissen und Interessen von Jugendlichen an Jugendarbeit, den Angebots- und Gesellungsformen gestellt.

Neubestimmung von Jugendarbeit und Professionalität

Der Paradigmenwechsel in der Sozialarbeit und Sozialpädagogik vollzieht sich ab Mitte der 60er Jahre weg von *sozialpädagogischer Bewegung*, der Begründung von Erziehung in geisteswissenschaftlicher Tradition, weg vom angelsächsisch inspirierten *social work* (insb. Gruppenpädagogik) hin zu einem sozialwissenschaftlich begründeten und gesellschaftskritisch getragenen Verständnis von sozialer Arbeit – einer Sozialarbeit und Sozialpädagogik „als sozialwissenschaftlich orientierte Teildisziplin der Erziehungswissenschaft" (Lüders 1989, S. 151), deren Praxis sich in der Wohlstands- und Überflußgesellschaft zunehmend von der materiellen zur *psycho-sozialen* Lebenshilfe verlagern wird. Im Prozeß der Professionalisierung in der Sozialarbeit und Sozialpädagogik rücken Aspekte wie Verwissenschaftlichung (Versuche von Theoriebildung) und Methodisierung in den Mittelpunkt; soziale und sozialpädagogische Arbeit wird politisch als „Ausdruck und Auswirkung gesamtgesellschaftlicher Änderungsprozesse und Reaktion eines Teilbereiches auf solche gesamtgesellschaftlichen Prozeße" verstanden (Pfaffenberger 1967, S. 57).

Auch in der „Teildisziplin" und dem „Teilberufsfeld" Jugendarbeit setzt ein vielschichtiger Prozeß der Neubestimmung ein; weg von der primär integrativ-erzieherischen und sozialpolitischen, hin zu einer mehr bildungspolitischen Ausrichtung. Dem entspricht eine sich sukzessive eigenständig formulierende Jugendpolitik, die sich zu befreien versucht aus der engen An- und Einbindung an Familien- und Sozialpolitik. Anfang der 60er Jahre wird erstmals heftige Kritik an der bisherigen Entwicklung der Jugendarbeit laut. Giesecke konstatiert, daß es der Jugendarbeit „infolge der vielfachen Belastungen der

Aufbaujahre" und „infolge mangelnder Phantasie" ähnlich gegangen sei wie anderen gesellschaftlichen Bereichen: sie sei einem „vordergründigen Praktizismus verfallen" (1963, S. 135). Wesentlicher Grundtatbestand des gesellschaftlichen Wandels, auf den Jugendarbeit sich zu beziehen habe, sei der Funktionsverlust der Familie, verbunden mit der Statusunsicherheit des Jugendlichen. Darüber hinaus habe die Jugendarbeit die Dialektik von Anpassung und Widerstand nicht genügend bedacht. „Gerade das Moment des ‚Widerstands', des bewußten und selbstkritischen Ungehorsams gegenüber Ansprüchen der abstrakten Gesellschaft, ist in unserer Erziehung noch weitgehend unberücksichtigt" (ebda., S. 138). Gründe sieht Giesecke nicht zuletzt in der Tatsache, daß Jugendarbeit organisatorisch längst Bestandteil der Vergesellschaftung geworden ist. Für die Jugendverbände bestehe eine Diskrepanz zwischen der Erhaltung des etablierten Apparates und der ideellen Konzeption. Für die staatliche bzw. kommunal organisierte Jugendarbeit sei die Einbindung in die Verwaltungshierarchie die Folie für „unfreies pädagogisches Agieren". Gegen die „romantische Komponente" der Jugendarbeit wird das Recht der Jugendlichen auf Radikalität und Aufklärung eingefordert. Die Jugendverbände sollen sich von dem Anspruch lösen, allein die Verantwortung für die gesamte außerschulische Jugendarbeit zu übernehmen, und sich besinnen auf das, was sie sind und was sie können. Jugendliche sollen wählen können zwischen verschiedenen Jugendgruppen, zwischen verschiedenen Angeboten von Jugendarbeit. Gegen die Auffassung von Jugendarbeit als einem jugendgemäßen und jugendeigenen „Reich" – „ein verbiestertes sozialromantisches Konglomerat" – fordert Giesecke, daß „die ‚ernsten' Inhalte der Jugendarbeit ... zum Ziel haben (müssen), eine Beziehung zur heute gültigen komplizierten Kultur der Erwachsenen, nicht zu irgendeiner ‚Jugendkultur' oder sonstigen Derivaten herzustellen... Die Welt der Erwachsenen ist das große Abenteuer, das es zu suchen und zu bestehen gilt, nicht das, was als Ersatz dafür ausgegeben wird" (ebda., S. 145).

Die Erklärung des DBJR von St. Martin/Pfalz (1962) und die theoretische Begründung von (progressiver, liberal-emanzipatorischer) Jugendarbeit durch Müller/Kentler/Mollenhauer/Giesecke (1964) können als bedeutsame Anstöße der Neuorientierung gewertet werden. In den vier „Versuchen zu einer Theorie der Jugendarbeit" unter dem Titel „Was ist Jugendarbeit?" (Müller u.a. 1964) wird von unterschiedlichen Einschätzungen der gesellschaftlichen Entwicklung und der Situation von Jugendlichen her eine Aufgabenbeschreibung der Jugendarbeit entwickelt. Hornstein sieht mit diesen Theorieversuchen einen entscheidenden Impuls für das schwierige „Gespräch zwischen Jugendarbeit und Erziehungswissenschaft" und konstatiert: „... daß auf dem Weg der Pädagogik zur Wissenschaft der entscheidende Schritt an dem Punkt gemacht wurde, an dem sich die in der Erziehung verantwortlich Tätigen über ihre Erziehungstätigkeit zu verständigen begannen" (1965, S. 222). Für Müller besteht die besondere Funktion der Jugendarbeit darin, jeden jungen Menschen unabhängig von sozialer Herkunft und Bildungsschicksal „gesellschaftsfähig" zu machen. Kentler sieht die Aufgabe der Jugendarbeit vor allem in „engagierter, kritischer Aufklärung". Die Gesellschaft habe „ein Wissen vom Besseren ... und ein schlechtes Gewissen, da sie das Bessere nicht vollbringt" (1964, S. 38). Der Jugendarbeit fällt die Aufgabe zu, dieses Wissen vom Besseren wachzuhalten, zu aktivieren und wenigstens teilweise zu verwirklichen. Mollenhauer geht von der These vom „fortschreitend repressiven Charakter unserer Kultur" (1964, S. 101) aus. Als Ziel der Jugendarbeit postuliert er das Prinzip „Mündigkeit". In Abgrenzung zu anderen Erziehungsinstitutionen sieht er Jugendarbeit als das Erziehungsfeld, „in dem prinzipiell jedes Bedürfnis seine Befriedigung finden kann, unter der Voraussetzung, daß es sich kultivieren läßt" (ebda., S. 101). Giesecke fordert demgegenüber eine Abkehr von den Traditionen der Jugendarbeit und allen ideologischen Momenten und stellt dagegen die „Theorie als Traditionsersatz" (1964, S. 135f). Anstelle jener von der Gefährdung des jungen Menschen in der Industriegesellschaft ausgehenden Traditionen gehe es nunmehr um die Bewältigung ganz anders gearteter, auf der Folie der Wohlstandsgesellschaft entstehender und in dieser Form noch nicht dagewesener Bedürfnisse und Probleme. Man müsse sich mit einer neuen Theorie von allen reformpädagogischen und fürsorgerischen Traditionen verabschieden.

Mit der beginnenden Akzentuierung der eigenständigen außerschulischen Bildungs- und Erziehungsfunktion der Jugendarbeit in den 60er Jahren, der Formulierung weitreichender pädagogisch-emanzipatorischer Ansprüche, der Verwissenschaftlichung von Jugendarbeit und dem Verständnis als *dritter Säule* im Erziehungs- und Bildungsprozeß werden in den „Vier Versuchen" auch die wachsenden Anforderungen und notwendige Professionalisierung als „hauptamtliche, dem Lehrer gleichzustellende Erziehungsaufgabe" (Mollenhauer), mit eigenem „Auftrag" und als gesellschaftliches Lernfeld (außerschulische politische Bildung, kritische Aufklärung, Mündigkeit, Aktion u. a.) erstmals systematisch theoretisch begründet und zu einer zentralen Forderung. Neben den ehrenamtlichen *Jugendführer* (so die Diktion bis Mitte der 60er Jahre) bzw. Gruppenleiter, tritt der *erwachsene Mitarbeiter*, der *Fachmann*, der hauptamtliche außerschulische Pädagoge als *neuer Berufsstand* (Heimes). „Nur pädagogisch und fachlich qualifizierte und entsprechend hoch bezahlte Erwachsene können die künftigen Aufgaben der Jugendverbandsarbeit bewältigen" (Giesecke 1964, S. 165). Neben der Begründung von hauptamtlichen Mitarbeitern in den verschiedenen Feldern der Jugendarbeit wird auch die Statusfrage als zentrales Element in der Weiterentwicklung der Professionalisierung – und damit als „Existenzfrage dieser Arbeit" – thematisiert.

> „Wer auf Schritt und Tritt die Grenzen der Bedingungen seiner Arbeit spürt, wird sich sehr bald ein neues Feld suchen, das ihm die pädagogische Hochkonjunktur nach Belieben bietet. Auf diese Weise finden dann die unterentwickelten Bedingungen ... den ihnen angemessenen Mitarbeitertypus... Die Jugendleiter, Jugendpfleger und Dozenten sind letztlich die einzigen, die theoretische Einsichten in die Praxis der Jugendarbeit übermitteln können. Es hat also solange wenig Sinn, Theorien der Jugendarbeit zu formulieren, wie nicht zugleich auch Rechenschaft abgelegt wird über die Erfordernisse einer Bildung und Weiterbildung dieser Akteure" (ebda., S. 170f.).

Die Rolle des Pädagogen wird im Rahmen dieser Sicht von Jugendarbeit – die „modellhaftes Übungsfeld" für Jugendliche bei der Integration in die Erwachsenengesellschaft ist – als die eines beauftragten Erziehers der Gesellschaft mit „zentraler Position" in der Jugendgruppe gesehen. „Mit dieser Zentralität seiner Position ist dem Pädagogen Autorität gegeben... Da diese Position des Pädagogen sinnvoll ist, wird sie auch von den Jugendlichen erfahrungsgemäß anerkannt, wenn auch meist nicht bewußt und ausdrücklich" (Rössner 1965, S. 71). Gleichzeitig wird eine „pädagogische Distanz" gefordert, die sich u. a. in der Anredeform („Sie" statt „Du") ausdrücken soll. Wenn die Pädagogen den gesellschaftlichen Auftrag, Jugendhilfe zu leisten erfüllen wollen, kann dies „... nicht in einer distanzlosen Kumpanei geschehen, sondern nur in der pädagogischen Distanz... Die distanzierte Beziehung zum Pädagogen aber, die durchaus von Vertrauen und Partnerschaftlichkeit getragen sein kann und soll, ist ein gesellschaftlicher Prozeß, den der Jugendliche ebenso erfahren muß" (ebda., S. 745).

Die Argumentation ist eingebunden in ein Verständnis von *vergesellschafteter Jugendarbeit* in einem komplexen gesellschaftlichen Strukturwandel, sie zielt auf die notwendige Entlastung der ehrenamtlichen Mitarbeiter, tritt aber auch in Konkurrenz zu ihnen: sie seien überfordert, könnten nicht stärker beansprucht werden und seien allein nicht mehr in der Lage, die anstehenden Aufgaben zu bewältigen. Jugendarbeit wird als *gezielte pädagogische Bemühung* definiert, die – so ihr gesellschaftlicher Auftrag – den Integrationsprozeß in die Gesellschaft im Auge hat. Dabei werden für die Ziel- und Methodenlehre in der sozialen und sozialpädagogischen Praxis für das gewandelte professionspolitische Selbstverständnis weitgehend - und der gesellschaftlich-zivilisatorischen Entwicklung angemessen - konsensfähig: *Hilfe zur Selbsthilfe* oder gar Solidarisierung mit dem Klienten, theorie-fundiertes und methodisches Arbeiten, partnerschaftliche Grundhaltung, Mitwirkung am demokratischen Prozeß, Emanzipation. In der wissenschaftlich- methodisch polarisierten Diskussion deuten sich Ende der 60er Jahre als abgrenzende und zunächst unvermittelt sich gegenüberstehende Professionsverständnisse an: soziale und sozialpädagogische Arbeit ist ihrem Wesen nach eine Sache *mit warmen Herzen, Gemüt und Intuition* oder eine politisch-gesellschaftliche Arbeit mit *Methode, Technik und Intellekt.*

Jugendverbände

Noch im Fürstenecker Gespräch des DBJR im Jahre 1954 wird das eigenständige „Leben unserer Jugendgruppen" betont, das, wie jeder pädagogische Bereich, eines „natürlichen Schutzes gegen Außen" bedarf. Das Verhältnis von „Jugendbewegung" - als eigenständigem „Jugendreich" – und „Jugendarbeit" ist, als Kristallisationspunkt der zukünftigen Entwicklung der Jugendverbandsarbeit, zentrales Thema. Gleichzeitig wird die zentrale Bedeutung der Gruppenführer- und Gruppenleiterausbildung hervorgehoben, mit dem Verständnis, daß „der ehrenamtliche Führer" aus den Gruppen selbst herauswachsen müsse, nicht als der Intelligenteste, sondern als derjenige, der sich charakterlich besonders bewährt habe und „Verantwortung zu übernehmen bereit und fähig sei". In diesem Zusammenhang wird davor gewarnt, „alles zu verbürokratisieren", zu viel zu organisieren und zu „verpädagogisieren"; dies wird – zumindest mittelbar – der öffentlichen Jugendpflege unterstellt.

1962 formuliert der DBJR im Rahmen seines Grundsatzgesprächs in St. Martin/Pfalz, das unter dem Thema „Selbstverständnis und Wirklichkeit der heutigen Jugendverbandsarbeit" steht, ein neues und bis heute leitendes Verständnis von außerschulischer Jugend-(verbands)arbeit, das die Entwicklungen der theoretischen Diskussion um die gesellschaftliche Rolle von Jugendarbeit aufnimmt.

„Die Jugendverbände verstehen sich als Glieder der Gesellschaft. Sie sehen ihr Aufgabenfeld im außerschulischen Bildungs- und Erziehungsbereich. Sie erfüllen bewußt eine ergänzende Erziehungsfunktion neben Elternhaus und Schule und isolieren sich dabei nicht vom gesellschaftlichen Leben. Ein „autonomes Jugendreich" wird nicht angestrebt" (DBJR-Jahrbuch 1979, S. 107).

Parallel zum Prozeß der innerverbandlichen Verständigung verweist der Erste Jugendbericht der Bundesregierung auf die innerverbandliche, praxisanleitende und beratende Bedeutung von hauptamtlichen Mitarbeitern in der Aus- und Fortbildung der ehrenamtlichen Mitarbeiter/Jugendgruppenleiter:

„Dieses Bedürfnis läßt sich im wesentlichen nur durch Fachkräfte erfüllen, die von den Verbänden aus hauptamtlich tätig sind. Die Verbandsleitungen haben diese Entwicklung vorausgesehen, lange Zeit aber mit skeptischer Zurückhaltung reagiert, weil die Mitarbeit hauptamtlicher Kräfte der traditionellen Auffassung von der Eigenständigkeit der Gruppenarbeit zuwiderläuft. Inzwischen sind jedoch die Vorbehalte weitgehend abgebaut, nachdem man sich klargeworden ist, daß hauptamtliche Fachkräfte die ehrenamtlichen Gruppenleiter und -helfer nicht ersetzen, sondern ergänzen sollen" (1965, S. 332).

Im Zweiten Jugendbericht (1968) wird bereits die beginnende Verberuflichung und Verfachlichung in Teilen der Jugendverbandsarbeit deutlich; danach gibt es Ende 1966 etwa 1000 hauptberufliche Mitarbeiter in den Jugendverbänden (Rauschenbach 1991, S. 627).
Programmatische Neuorientierungen und kontroverse Diskussionen um Professionalisierung haben in den 60er Jahren bei den Jugendverbänden noch keine praktischen Folgen. Das bildungspolitische Verständnis von außerschulischer Jugendarbeit und die Akzentuierung der politischen Bildung führt zum Ausbau dieses Programmbereiches im Bundesjugendplan, aber erst Ende der 60er Jahre - mit starken Vorbehalten – zur Einstellung von hauptamtlichen Jugendbildungsreferenten bei einigen Jugendverbänden. Die Personalstruktur in den Jugendverbänden spiegelt deren fachliche, erzieherische Traditionen und deren pädagogische Handlungsmuster wider:

„Nach Angaben des Deutschen Bundesjugendringes, zu dem noch die Deutsche Sportjugend zählte, gab es 1967 rund 250 000 ehrenamtliche Mitarbeiter, ... rund 1600 nebenamtliche Mitarbeiter ... und rund 1000 hauptamtliche Mitarbeiter, Sozialarbeiter, Jugendleiter, Sozialpädagogen oder Jugendbildungsreferenten, die eine Ausbildung für Sozialarbeit oder für pädagogische Berufe durchlaufen haben. Für diese bildet Jugendarbeit den Kern ihrer Berufsrolle" (Bäumler 1983, S. 378).

Bei dem Grundsatzgespräch des DBJR benennen die Jugendverbände das „Problem der Überlastung ihrer (ehrenamtlichen, d. V.) Kräfte" (in: Jahrbuch DBJR, Bonn 1979, S. 109); aber erst bei der Vollversammlung des DBJR im Jahre 1972 – mit dem Thema „Jugendarbeit soll zur Emanzipation des jungen Menschen beitragen" – nimmt der DBJR in einem Grundsatzpapier dezidiert Stellung zur Professionalisierung.

Kommunale Jugendpflege

Die inhaltliche und strukturelle Verortung von Jugendpflege bleibt in den 60er Jahren – mit dem § 5 im *Gesetz für Jugendwohlfahrt* vom 11. August 1961 als Rechtsgrundlage – unverändert. Sie erstreckt sich vor allem auf die Förderung der *gesunden Entwicklung* der Jugend durch *fördernde Maßnahmen;* im § 5 heißt es u. a.:

> „(1) Aufgabe des Jugendamtes ist ferner, die für die Wohlfahrt der Jugend erforderlichen Einrichtungen und Veranstaltungen anzuregen, zu fördern und gegebenenfalls zu schaffen, insbesondere für ...
> 6. Freizeithilfen, politische Bildung und internationale Begegnung,
> 7. Erziehungshilfen während der Berufsvorbereitung, Berufsausbildung und Berufstätigkeit einschließlich der Unterbringung außerhalb des Elternhauses".

Die Länder konkretisieren die Aufgaben der Jugendpflege; im bayerischen Ausführungsgesetz zum JWG vom 23. August 1965 heißt es z.B. in Art. 16:

„In der Jugendpflege durch Förderung einer gesunden Lebensgestaltung und Entwicklung der Jugend durch Jugendgemeinschaften, durch Errichtung von Stätten der Jugendarbeit und durch Maßnahmen für die gesamte Jugend beizutragen. Hierzu gehören insbesondere Maßnahmen der religiösen, politischen und musischen Bildung, der Förderung des Jugendschrifttums und der Jugendfilmarbeit, der Jugenderholung, des Sports, der Jugendgesundheitspflege und der internationalen Begegnung, der Freizeithilfen sowie der Hinführung der Jugend zur Verantwortung in Gesellschaft und Staat" (GVBl., S. 194).

Berufsbild, Aufgaben und Stellung des Jugendpflegers werden in den 60er Jahren wiederholt diskutiert. Gewarnt wird vor reglementierenden Regelungen und Vorschriften, weil Jugendpflege nur im *freien Erziehungsraum* und als *freie Tätigkeit* ihre Aufgaben wahrnehmen kann: *Zutritt* zu Jugendlichen *zu erlangen,* Initiative *zu wecken* und die positiven Ansätze von Jugendlichen außerhalb von Familie, Schule und Berufsausbildung *aufzuspüren* und zu *fördern* (Stettner). Für den hauptamtlichen Jugendpfleger wird der erfolgreiche Abschluß einer sozialpädagogischen Ausbildung an einer Fachschule oder Höheren Fachschule für Sozialarbeit gefordert. Die Diskussion um die Qualifikation gerät ins Zentrum, weil die meisten Landkreise, kreisfreien Städte und auch zunehmend kreisangehörige Gemeinden hauptamtliche Kreis- bzw. Stadtjugendpfleger eingestellt haben bzw. einstellen wollen, es aber Schwierigkeiten in der Stellenbesetzung (Mangelberuf) gibt. Kritisiert wird die unbefriedigende Jugendpflegerausbildung im Rahmen der allgemeinen sozialpädagogischen Ausbildung; Jugendpflege ist kein Fach. Das trägt schon in der zweiten Hälfte der 50er Jahre dazu bei, daß sich Bayern und Berlin zu einer speziellen Jugendpfleger-Ausbildung – durch entsprechende Verwaltungsvorschriften geregelt – entschlossen haben. Die Berliner Ausbildung ist von der sozialpädagogischen Ausbildung völlig unabhängig, erfolgt in Lehrgängen für Berufstätige und Nicht-Berufstätige; sie dauert für Nicht-Berufstätige zwei Jahre, für Berufstätige zweieinhalb Jahre. Die Ausbildung enthält ein Schulpraktikum und schließt mit einer staatlichen Prüfung ab, die den Kandidaten nach einem einjährigen Berufspraktikum urkundlich berechtigt, die Bezeichnung „Staatlich anerkannter Jugendpfleger" zu führen. Die bayerische Ausbildung ist eine Zusatzausbildung, die die erfolgreich abgeschlossene Ausbildung an einer Wohlfahrtsschule oder den Abschluß einer vergleichbaren Ausbildung voraussetzt; die sechsmonatige Zusatzausbildung, die vom Bayerischen Jugendring durchgeführt wird, umfaßt einen zweiwöchigen Einführungslehrgang, ein dreimonatiges Praktikum sowie einen zweimonatigen theoretischen Lehrgang und schließt mit einer staatlichen Prüfung ab.

Für die Ausbildung von Jugendpflegern werden in den 60er Jahren Reformen der Lehrpläne und im Stellenplan (ein Dozent, der Jugendpfleger war) an den Höheren Fachschulen für Sozialarbeit angemeldet. Neben der breiten Grundausbildung – weil Jugendpflege Teil der Sozialpädagogik ist – wird vor allem auf praxisbezogenen Unterricht und Kenntnisse in Methodenlehre (casework, social groupwork, community organization) hingewiesen. Die ideale Ausbildung der Sozialarbeiter – und hier wieder insbesondere der Jugendpfleger – wird in der Eingliederung in eine Akademie bzw. Hochschulausbildung gesehen – so wie „heute vom Volksschullehrer die Hochschulbildung verlangt und akzeptiert wird" (Rosenwald 1966, S. 156).

Das komplexe Berufsfeld der Jugendpflege und das *schwierige Terrain* der Jugendpflegerarbeit, diskutiert als begleitende Erziehung und (staatsbürgerliche) Bildung in Zusammenarbeit mit Elternhaus, Schule und Beruf, beinhaltet in der Praxis u. a.: Veranstaltungen durchführen, Mitarbeiter gewinnen, Ausschüsse überzeugen, Jugendklubs gründen, Seminare leiten, Kreisjugendpläne entwickeln, Werbekampagnen durchführen, Organisationspläne aufstellen, einem Mitarbeiterteam vorstehen, Referate halten, Artikel schreiben, Jugend politisch aktivieren (Rosenwald 1966). Der Jugendpfleger wird in seiner professionellen Rolle zum Koordinatoren, Organisator, Manager; seine Aktivitäten sind vornehmlich subsidiär (Böhnisch/Winter 1990, S. 66). Harrer gibt einen umfassenden Überblick über das Spektrum von jugendpflegerischen Aufgaben und Aktivitäten; er listet als Schwerpunkte auf:

„a) Förderung der Tätigkeit der Kreisjugendringe und der einzelnen Jugendgemeinschaften durch Ausstattung mit Hilfsmitteln und Geldern (Zelten, Film- und Sportgeräten, Bibliotheken, Musikinstrumenten, Heimen, Zuschüssen zum Heimbau u. a.) und der Jugendgruppenleiter (Durchführung und Bezuschussung von Schulungen);
b) Förderung der Freizeitgestaltung durch Hilfe zu Bau, Einrichtung und Betrieb von Freizeitheimen, *Heimen der offenen Tür*, von Unterhaltungsabenden, Ferienprogrammen;
c) Förderung der Jugendkulturpflege durch Heranführung zum guten Film, zum guten Buch, durch Ermöglichung der Durchführung bzw. Schaffung von Theateraufführungen, Konzerten, Jugendbüchereien, Dichterlesungen, Laienspiel, Einrichtung von Laienorchestern, Instrumentalunterricht, Volkstanzgruppen, Kunst- und Werkkreisen;
d) Förderung der Maßnahmen zur Vorbereitung der Jugend auf ihre Aufgaben in der Familie (Eheseminare);
e) Förderung staatsbürgerlicher Erziehung und Bildung zur Vorbereitung der jungen Menschen auf ihre Aufgaben als Mitglieder der Gesellschaft und verantwortliche Staatsbürger durch Vorträge, Ermöglichung von Besichtigungen, Ferienfahrten zu Stätten deutscher Geschichte und zu internationalen Begegnungen, von Besuchen der Einrichtungen unseres demokratischen Lebens (Gemeinderats-, Kreistagssitzungen, Landtags-, Bundestagsbesuche, Diskussionen mit eingeladenen Abgeordneten); internationaler Jugendaustausch;
f) Förderung der Jugenderholung durch Jugendgesundheitspflege im weitesten Sinn, also auch des Jugendwanderns und der Sportpflege durch Zuschüsse zur Schaffung von Sportgerät, Überlassung von Sportplätzen, Turnhallen;
g) Förderung aller Bestrebungen zur Seßhaftmachung und Verwurzelung heimatloser Jugendlicher und Flüchtlinge" (1967, S. 137f.).

Die politische Bildung im Rahmen der kommunalen Jugendpflege (§ 5 JWG) wird vor allem für *drei Sachgebiete* begründet: staatsbürgerliche Bildung und demokratisches Bewußtsein; Teilung Deutschlands, Ost-West-Gegensatz, nationalsozialistische Gewaltherrschaft; internationale Verständigung in Europa und mit den jungen Staaten in Afrika und Asien.

Zu Beginn der 60er Jahre wird in der Jugendpflege vor allem die Gruppenpädagogik als ein „Verfahren" favorisiert, mit dem demokratische Tugenden (Form des Umgangs, Toleranz, Gesprächsführung, Rücksicht, aktive Selbsthilfe und Partnerschaft) gelernt werden können. Der *gute Jugendpfleger* sollte neben seiner Ausbildung praktische Erfahrungen in der Jugendgruppenarbeit haben, über pädagogische Begabung und Kenntnis der Zeitprobleme mit ihren Einflüssen auf die jungen Menschen verfügen; er sollte enge Verbindungen zur Arbeit der Jugendverbände und Behörden haben (vgl. Harrer 1967, S. 138 f.). Der Diskussionsprozeß dreht sich um die – gesuchte, vielfach unsichere und unklare – berufspolitische und administrative Stellung und Einordnung; das Berufsbild pendelt zwischen dem – bezahlten – Status des Sozialarbeiters und einer als herausgehoben und kreativ bewerteten Praxis, der kaum Grenzen gesetzt sind. Giesecke kritisiert den *kleinbürgerlichen Konformismus* auf der Ebene der gemeindlichen Anstellungsträger, wenn er schreibt:

> „Nicht zu vergessen, die unwürdige gesellschaftliche Einschätzung des behördlichen Jugendpflegers, der sich, meist schlecht besoldet, zwischen kommunaler Verwaltungsbeschränkheit und kleinbürgerlichen Vorurteilen der Bevölkerung durchlavieren muß und so notwendigerweise seine Arbeit gerade mit solchen ideologischen Attitüden überhöht, die ihren Sinn gefährden... Es gibt eine Glorifizierung und zugleich schreckliche Simplifizierung des Jungseins in der Jugendarbeit" (1963, S. 139).

Aufgrund der marginalen Stellung der Jugendpflege im Rahmen des JWG und der kommunalen Praxis gegenüber dem sich differenzierenden Fürsorgebereich mit seinen verbindlichen Anforderungen stagniert bis Ende der 60er Jahre / Anfang der 70er Jahre – entgegen dem erheblichen Ausbau von Jugendarbeit in anderen Teilbereichen in vielen Kommunen, Landkreisen und Großstädten – die personelle Entwicklung, z. T. ist sie sogar rückläufig. Auf dem Deutschen Jugendhilfetag 1964 in Berlin wird der Mangel beklagt, daß auf kommunaler Ebene hauptamtliche Jugendpfleger noch weitgehend fehlen. Im Zweiten Jugendbericht der Bundesregierung (1968) wird eine katastrophale Personalsituation mitgeteilt. Der Mangel verstärkt sich vor allem durch die fachlich gesehene Notwendigkeit, bestehende Einrichtungen der Jugendpflege zu nutzen bzw. zu erweitern und weitere zu schaffen (z. B. kleinere Heime oder Räume auf dem Lande, Jugenderholungsheime). Lüers schildert die Entwicklung beispielhaft für Hessen:

> „Während es bereits 1949 in der Begründung zum Jugendpflegegesetz-Entwurf hieß, daß in Hessen alle Kreise fast ausnahmslos Jugendpfleger einge

stellt haben, berichtete der Erziehungsminister 1957, daß zur Zeit mehrere Stellen für Jugendpfleger unbesetzt sind und Landkreise, die früher auch weibliche Jugendpflegerinnen zur Betreuung der weiblichen Jugend eingestellt hatten, keine zusätzliche Fachkraft mehr beschäftigen... Aus dem Bericht von 1967 geht hervor, daß im Vorjahr in drei Landkreisen kein Jugendpfleger beschäftigt wurde... Im Jahre 1971 hat sich das Bild nur unwesentlich geändert: in fünf Landkreisen waren keine Jugendpfleger tätig" (1979, S. 91).

Die Jugendpflege bleibt – im Kontext des vom Gesetzgeber gewollten Subsidiaritätsprinzips – überwiegend eine *Ein-Mann-Struktur* mit dem Aktivitätsspektrum: Manager in Jugendsachen, Seminare und Lehrgänge, Freizeiten und Zeltlager, Auslastung der Kreisjugendheime, Kooperation mit Jugendverbänden/-ringen, spezielle (hobbybezogene) Angebote.

Offene Jugendarbeit

Die quantitativen Entwicklungen in der offenen Jugendarbeit belegen die Ausweitung der Jugendarbeit und ihrer Professionalisierung. In der Zeit von 1963 bis 1976 steigt die Zahl der aus öffentlichen Mitteln geförderten Jugendfreizeitstätten um 59% auf über 4000 an; für den Zeitraum 1963 bis 1968 werden im Bundesgebiet 2625 Jugendfreizeitstätten gezählt, davon sind etwa 45% in öffentlicher Trägerschaft (vgl. Naudascher 1990, S. 212). Die Aufwendungen öffentlicher Mittel für laufende Kosten der *außerschulischen Jugendarbeit* steigen um ca. 27% auf über 310 Mill. DM, alleine der Bundesjugendplan erhöht seine Ansätze für diese Programmschwerpunkte um 16%. Und die Professionalisierungstendenz läßt sich aus der „Zunahme von Planstellen für Mitarbeiter in Kommunen, Verbänden und anderen Trägern der Freizeit-Jugendarbeit ablesen" (Lüers 1979, S. 20). Die Untersuchung von Grauer (1968) zeigt, daß etwa die Hälfte aller Mitarbeiter in Jugendfreizeitheimen eine sozialpädagogische (jugendpflegerische) Ausbildung haben; ein Viertel hat keinerlei Ausbildung, ein Viertel hat eine Ausbildung als Werklehrer bzw. Lehrer oder Jugenddiakon.

In der zweiten Hälfte der 60er Jahre steckt die offene Jugendarbeit konzeptionell und inhaltlich in einer *akuten Krise* (Rosenwald); sie scheint ihre *Anziehungskraft* verloren zu haben. Als Tendenzen werden für die ca. 1200 „Häuser der offenen Tür" in der Bundesrepublik beschrieben: von Jahr zu Jahr weniger Besucher – Besucherrückgang; Werkarbeit als *Kernstück* interessiert Jugendliche kaum noch; (finanzielle) Überforderung von Jugendverbänden als Träger; geringe finanzielle Mittel und fehlendes qualifiziertes Personal; Ausstattung, Einrichtung und Atmosphäre gleichen eher primitiven, abstoßenden Betonbunkern denn kultivierter Geselligkeit, einem geselligen Haus und freundlicher Atmosphäre; Öffnungszeiten nur bis 22 Uhr; Konkurrenz der Freizeit- und Vergnügungsindustrie; veränderte Einstellungen, Verhaltensweisen und Erwartungen von Jugendlichen. Ergebnisse einer Untersuchung des Erziehungswissenschaftlichen Instituts der Universität Hamburg werden 1966 beim zweiten Deutschen Jugendhilfetag referiert: nach 75 repräsentativ ausgewählten Häusern der offenen Tür befinden sich fast alle in industriellen Ballungszentren und Großstädten, unter den Besuchern fehlen die Ober- und Mittelschüler, und es dominiert ein Verständnis von *Freizeitgestaltung in Interessen-, Hobbygruppen und Kursen* (vgl. auch 3. Jugendbericht der Bundesregierung, Bonn 1972, S. 71 f.). Der Leiter eines Hauses der Jugend in Kassel beschreibt beispielhaft die Situation:

> „Ein großer Teil der Jugendlichen braucht unsere Häuser nicht mehr. Gerade die Aktiven und geistig Beweglichen, die in den vergangenen Jahren die Triebfeder für die anderen waren, die nichts mit sich anzufangen wußten, sind leider nicht mehr in unseren Häusern. Sie beschäftigen sich daheim, sie besuchen Abendschulen, lesen und treffen sich auf Partys, die sie nach eigenen Wünschen gestalten können" (Rosenwald 1969, S. 240 f.).

Rosenwald legt 1969 Ergebnisse einer Befragung von 18 Häusern der offenen Tür in hessischen Großstädten vor, danach sind 2 Leiterstellen mit Sozialpädagogen besetzt, die anderen haben vorher einen anderen Beruf ausgeübt (S. 491). Er kommt für die Generation der Heimleiter zu einer pessimistischen Einschätzung, wenn er schreibt:

> „Viele Heimleiter beklagen die Passivität der heutigen Jugend. M. E. wird diese Klage zu Unrecht geführt, ja sie fällt auf die Heimleiter zurück, denn das ist schließlich die jugendpflegerische Kunst, Jugendliche auf freiwilliger Basis zu aktiver Mitarbeit zu gewinnen. Leider meint fast jeder, in Sachen Jugendpflege mitreden zu können. Man sehe sich die Protokolle der zuständigen Ausschüsse einmal daraufhin an oder auch die Bewerbungen gescheiterter Existenzen, die eingehen, wenn die Stelle eines Heimleiters ausgeschrieben oder besetzt wird. Kein Wunder, daß viele Heimleiter allmählich resignieren vor der Gewalt der Umstände, die sie als unabänderlich glauben" (1969, S. 240).

Die pädagogische Kontroverse findet im Spektrum der beiden Positionen statt: Jugendliche mit Programmangeboten (Werkstätten, musische Betätigung) und erzieherischen Zielen zu erreichen oder die offene Jugendarbeit als kommunikativen und gesellign Treff für Gleichaltrige und in einen *Zusammenspiel* von Wünschen der Jugendlichen und Impulsen der Erwachsenen zu verstehen. Darüber hinaus gibt es Ende der 60er Jahre den neuen Ansatz, durch politische Bildung, Diskussion und Aktion den Club („Jugendclub" war – mehr im Rahmen von Modellversuchen – die Diktion für einige Einrichtungen Ende der 60er Jahre) für die beteiligten jungen Leute attraktiv zu machen.

Jugendsozialarbeit

Die Jugendsozialarbeit, die sich an die *heimatlose und berufssuchende Jugend* wendet, verliert in den 60er Jahren – auf dem Hintergrund wirtschaftlicher Prosperität – an jugendhilfepolitischer Bedeutung; in der jugendpolitischen Diskussion spielt sie kaum eine Rolle. Dennoch bleiben die gemeinnützigen konfessionellen und interkonfessionellen Träger bedeutsam in der Erziehungs- und Bildungsarbeit: insbesondere durch die nahezu 1500 Jugendwohnheime, in denen über 120 000 junge Leute zwischen 14 und 25 Jahren leben. Es gibt im Jahre 1960 über 300 offene Betreuungsgruppen (sog. SBZ-Gruppen) für „Zuwanderer aus Mitteldeutschland", es gibt Förderschulen für „spätausgesiedelte Jugendliche" und „Maßnahmen zur Behebung der Berufsunreife". Für die Heimleiter (ausgebildeten Sozialarbeiter) und Heimmitarbeiter wird vor allem deren „pädagogisches Geschick und Charisma" hervorgehoben und deren „besondere Aufgabe, kommerziell, behördlich und pädagogisch tätig zu sein, was oftmals einer völligen Überforderung gleichkomme" (in: Zeitschrift für Jugenderziehung 1961, S. 140 f.) betont. Als *Kernbereiche* der praktisch-erzieherischen Pädagogik mit integrierender Perspektive, einer *Arbeit ohne Attraktion*, werden für die Jugendwohnheime gesehen: Gewissensbildung, Erziehung zu Ehe und Familie, zu staatsbürgerlicher und gesellschaftspolitischer Verantwortung, zur beruflichen Tüchtigkeit; Angebote in musischer Bildung und sportlicher Betätigung. Vor allem die „Jugendflucht aus Mitteldeutschland" (von 1958 bis 1960 rund 150 000 Jugendliche), verbunden mit dem Auftrag an die Jugendsozialarbeit, zur gesellschaftlichen Integration der jungen Menschen beizutragen, läßt die ursprünglichen Motive wieder aufleben: neue Bindung, Heimat und Verwurzelung in *familiärer Treuhänderschaft* zu vermitteln bzw. zu leben.

Mitte der 60er Jahre differenzieren sich in der Jugendsozialarbeit vor allem zwei Berufsfelder aus: Modelle berufsbezogener Bildungsarbeit und der Zusammenschluß von 5–7 Wohnheimen zu einem Bildungsmodell. Für die Mitarbeiter gilt der erzieherisch-helfende „Auftrag zur Integration junger Menschen in die Industriegesellschaft, insbesondere durch Integration in Beruf und Arbeitswelt" (so der Vorsitzende der Bundesarbeitsgemeinschaft Jugendaufbauwerk bei der Mitgliederversammlung im Oktober 1962).

Ausbildung

Bis Ende der 60er/Anfang der 70er Jahre wird – im Kontext der beginnenden Bildungsreformdiskussion, der Bildungsreformpolitik, den gesellschaftlichen Wandlungsprozessen, der Diskussion über Funktion und Relevanz der Sozialarbeit/-pädagogik – in einen mehrjährigen Zeitraum über die Um- und Neustrukturierung der Ausbildung in den sozialen Berufen gestritten (Rauschenbach 1991); dieser Prozeß beginnt bereits in den 50er Jahren. Dabei werden (verwirrend) viele verschiedene Modelle (wie Jugendsozialschulen, Akademien, mehrstufige Ausbildung), Konzepte und Sonderregelungen in der Sozialarbeiter- bzw. Jugendpflegerausbildung angeboten, erprobt und wieder verworfen; die Ausbildungskonzepte sind bis 1965 in *Bewegung*. Wichtige Etappen sind die 1962 erfolgte Umwandlung der Fachschulen für Jugend- und Sozialarbeit in Höhere Fachschulen und 1967 die Umwandlung der Jugendleiterinnen-Seminare zu Höheren Fachschulen für Sozialpädagogik.

Für den engeren Bereich der Jugendarbeit wird ein erheblicher „Mangel an entsprechend ausgebildeten Fachkräften für die wachsende Vielfalt der Aufgaben der Jugendverbände und der Jugendpflege mit ihrem ständig steigenden Bedarf an Mitarbeitern in den Einrichtungen der Jugendbildungspflege, den Heimen der Offenen Tür, der Jugenderholungspflege und anderen Arbeitsbereichen" (Hasenclever 1978, S. 261) festgestellt. Dem aus der Praxis abgeleiteten und theoretisch geforderten Bedarf an (sozial)pädagogischen Fachkräften für die gesellschaftlich begründeten (neuen) Aufgaben der Jugendarbeit stehen bis Mitte der 60er Jahre keine qualitativ und quantitativ adäquaten (sozial)pädagogischen und Frauen wie Männer offenstehenden Ausbildungswege gegenüber. „Auf der männlichen Seite gibt es kein der Kindergärtnerinnen- und Jugendleiterinnenausbildung entsprechendes Äquivalent, sondern es gibt nur die Sozialarbeiter- und Heimerzieherausbildung, die Jugendpflegerausbildung in Berlin oder die Jugendleiterausbildung in (katholischen, d. V.) Haus Altenberg" (ebenda). Berlin und Bayern bieten mit staatlichen Rege-

lungen ab der zweiten Hälfte der 50er Jahre eine eigenständige Jugendpflegerausbildung an; Berlin als eigenständige Vollausbildung im *Haus
am Rupenhorn* und Bayern über eine Sonderregelung unter Mitwirkung
des Bayerischen Jugendrings (vgl. Naudascher 1990, S.277 ff., Rauschenbach 1991, S. 620 ff.). Darüber hinaus wird in Berlin ein Plan zur
Verflechtung der Jugendpflegerausbildung und der Lehrerausbildung
vorgelegt. „Es muß sich negativ auf die Erziehung in einer sozial mobi-
len Gesellschaft auswirken, wenn die Erzieher in pädagogischen Ghet-
tos leben: abgeschirmt gegeneinander und gegenüber anderen anthropologisch fundierten Berufen, von Leistung nichts mehr, vom Dienstalter wenig erhoffend" (Schulz 1965, S. 570). 1962 erprobt das Land Hamburg – und im Anschluß daran Schleswig-Holstein – eine mittlere Ausbildung eines „Erziehers in der Jugendhilfe" (Thorun 1965). Die Arbeiterwohlfahrt legt 1964 den Vorschlag für eine dreijährige Ausbildung
zum „Sozialerzieher" an einer Höheren Fachschule mit anschließendem
einjährigen Berufspraktikum bei Aufhebung bzw. als Zusammenfassung der bisherigen Ausbildungsgänge vor (Die AWO zur Neuordnung
der sozialpädagogischen Ausbildungsgänge, in: Mitteilungen der
AGJJ, Nr. 40/1964); auch ein wissenschaftliches sozialpädagogisches
Universitätsstudium wird vorgeschlagen (Scherpner 1950). In Stellungnahmen zur Ausbildungsreform wird die Schwerpunktverlagerung
von sozialtechnischen Qualifikationen auf die pädagogische Kompe-
tenzbildung gefordert. „Es geht ... um die Ausbildung von Menschen,
die im ganzen breiten Bereich der außerschulischen Bildungs- und Erziehungsbemühungen als Fachleute für Menschenbildung und des Umgangs mit Menschen tätig sein sollen" (Westphal 1959). In der Diskussion um die verschiedenen Reformvorschläge spielt auch die Frage eine
Rolle, inwieweit die Anstellungsträger die tariflichen Konsequenzen einer derart verlängerten und gehobenen Ausbildung nachvollziehen
oder auf schlechter bzw. nicht pädagogisch ausgebildete Kräfte „aus-
weichen". Gefordert wird ein Ende der Verschulung der sozialpädagogischen Ausbildung; es geht „um eine Sprengung des engen Schulcha-
rakters durch akademie- oder hochschulmäßige Formen der Ausbildung" (Pfaffenberger 1966, S. 138).

Schließlich mündet (nach mehreren Zwischenschritten) die Ausbildung zum hauptamtlichen Mitarbeiter in der Jugendarbeit – als
Teilgebiet der Sozialarbeit und nicht als Spezialausbildung – über die
zweijährige Ausbildung an Fachschulen (als Wohlfahrtspfleger, Fürsorger, Volkspfleger) in die dreijährige Ausbildung (plus ein Jahr Berufspraktikum) an den Höheren Fachschulen für Sozialarbeit mit der

Einführung der Berufsbezeichnung „Sozialarbeiter". Die Notwendigkeit der Neuordnung wird mit dem Bedarf der Träger, den veränderten Anforderungen in der Praxis nach problem- und entwicklungsangemessen (wissenschaftlich) ausgebildeten Fachkräften (Experten) begründet; Professionalisierung und Handlungskompetenz sind die Begriffe, die den sozialpädagogischen Fachdiskurs wesentlich bestimmen. In der Ausbildungsordnung für Sozialarbeiter von NRW heißt es z. B.:

> „Die Träger der öffentlichen und freien Sozialarbeit benötigen in steigendem Maße ausgebildete Fachkräfte zur Durchführung ihrer vielseitigen und wechselnden Aufgaben. Die Ausbildung hat den Zweck, persönlich und charakterlich geeignete Personen fachlich zu befähigen, berufsmäßig Sozialarbeit im öffentlichen Dienst, in freien gemeinnützigen Organisationen oder in privaten Einrichtungen zu leisten" (Pfaffenberger 1964, S. 193).

Die Diskussion um die Reform der Ausbildung professioneller Mitarbeiter für die Jugendarbeit findet nicht nur als Strukturdiskussion statt; es ist eine Debatte um Inhalte, Ziele und Selbstverständnis von professioneller Jugendarbeit, um die Begründung und Entwicklung „professioneller Methoden" in der Arbeit mit Jugendlichen. Eine wesentliche Rolle spielt dabei der Ansatz der „Gruppenpädagogik". „So geht es also der Gruppenpädagogik um den rechten Umgang mit den anderen Menschen in den verschiedenen Gruppen der Gesellschaft, und sie versucht, dem jungen Menschen damit in einem wesentlichen Bereich eine Lebenshilfe zu geben" (Weber 1962, S. 316). Die begründete Methode ermögliche die Bildung eines „Dreiecksverhältnisses" zwischen Jugendarbeiter, Jugendlichen und Thematik. „Das bloße Beschäftigungsangebot zum Zweck der sinnvollen Freizeitgestaltung, zur Ausübung eines Hobbys oder zur Herstellung von Weihnachtsgeschenken eröffnet dem Jugendlichen nicht den Horizont, von dem her Licht in die Wirrnis seiner Welt fällt" (Weber 1962, S. 318).

Die Erlasse der Bundesländer – beginnend mit dem ersten Erlaß von Nordrhein-Westfalen im Jahre 1959 – bringen in der ersten Hälfte der 60er Jahre eine neue Prüfungs- und Ausbildungsordnung für Sozialarbeiter, deren wesentliche Merkmale sind:
1. Die offizielle Einführung der Berufsbezeichnung „Sozialarbeiter" (statt der bisher meist üblichen „Wohlfahrtspfleger", „Volkspfleger", „Fürsorger") und der Bezeichnung des Schultyps als „(Höhere) Fachschule für Sozialarbeit".
2. Verlängerung der Ausbildungszeit an den Höheren Fachschulen für Sozialarbeit (von bisher 2) auf 3 Jahre (4 Jahre einschließlich des Berufspraktikums,

Liste der Höheren Fachschulen für Sozialarbeit in der Bundesrepublik und Berlin (West) (Stand: 1.4.1964)

Bezeichnung der Schule Schulträger	Ort, Anschrift, Tel.	Gründung / staatl. Anerkennung	Leitung	Studierende Geschl.	Konf.	Wohnheim	Schulgeld (jährlich)
Baden-Württemberg							
Soziale Frauenschule des Deutschen Caritasverbandes	78 Freiburg (Br.), Belfortstr. 20, Tel. 36840	1919/1921	Dir. Dr. Cäcilia Böhle	w.	kath.	+	200,–
Evang. Seminar für Wohlfahrts- und Gemeindedienst	78 Freiburg (Br.), Goethestr. 2, Tel. 44226	1918/1921	Dir. Pfarrer Hans Hermann	m./w.	ev.	+	240,–
Seminar f. Wohlfahrtspfleger am Deutschen Caritasverband e.V.	78 Freiburg (Br.), Karlstr. 34, Tel. 35532	1927/1930 K	Dir. Hans Wollasch	m.	kath.	+	200,–
Soziale Frauenschule des Deutschen Caritasverbandes	69 Heidelberg, Kornmarkt 5, Tel. 20681	1911/1921	Dir. Dr. berta Konrad	w.	kath.	+	360,–
Evang. Wohlfahrtsschule der Württ. Ev. Landeskirche	714 Ludwigsburg, Königin-Allee 2, Tel. 5040	1916/1916	Dri. Gisela Schaible	m./w.	ev.	+	300,–
Soziale Frauenschule des Schwäbischen Frauenvereins e. V.	7 Stuttgart-W, Silberburgstr. 23, Tel. 67048/47, 51057	1917/1918	Dr. Dr. Margarete Junk	w.	sim.	+	360,–
Bayern							
Soziale und Caritative Frauenschule	8 München 13, Schraudolphstr. 1, Tel. 591340	1909/1906	Dr. Dr. Martha Krause	w.	kath.	+	300,–
Höhere Fachschule f. Jugend u. Sozialarbeit der Stadt München	8 München 27, Bogenhauser Kirchplatz 3, Tel. 480201, 481871	1919/1926 K	Dir. Dr. Irmgard Berghaus	m./w.	sim.	–	400,–
Kath. Seminar für Sozialberufe	8 München-Pasing, Weingartnerstr. 3, Tel. 887472	1959/1962	Dir. Hermann Zeit	m.	kath.	+	300,–
Katechetisches u. Soziales Seminar der Ev.-Luth. Diakonissenanstalt	8806 Neuendettelsau, Heilsbronner Str. 55 Tel. 8364	1927/1927	Dir. Dr. Marie-Luise Hegel	w.	ev.	+	480,–
Soziale Schule der Stadt Nürnberg	85 Nürnberg, Lortzingstr. 10 Tel. 2441	1927/1927	Dir. Dr. Heinrich Schiller	m./w.	sim.	–	300,–
Berlin							
Evang. Schule für Sozialarbeit Bertha-von-der-Schulenburg-Seminar (Innere Mission)	1 Berlin 33 Auguste-Viktoria-Str. 75./78,	1909/1920	Dir. Ingeborg Blauert	m./w.	ev.	+	240,–
Seminar für Soziale Arbeit (Alice-Salomon-Schule) Pestalozzi-Fröbel-Haus	1 Berlin W 30, Barbarossastr. 65 Tel. 26031/33	1908/1919	Dir. Helga Danzig	m.w.	sim.	+	240,–

Schule	Adresse	Jahr	Leitung				Gebühr
Sozialpädagogisches Institut der Arbeiterwohlfahrt – Fachschule für Soziale Arbeit	1 Berlin SW 61, Hallesches Ufer 32/38, Tel. 18 23 54/18 02 11	1951/1956	Dir. Dr. Eleonore Lipschitz	m./w.	sim.	–	240,–
Kath. Schule für Sozialarbeit des Katholischen Deutschen Frauenbundes	1 Berlin-Charlottenburg, Wundtstr. 40–44,	1917/1919	Dir. Dr. Marianne Pünder	m./w.	kath.	+	250,–
Bremen							
Fachschule für Sozialberufe Abt. Wohlfahrtsschule der Stadt Bremen	28 Bremen, Am Wall 179/180, Tel. 36 145 07	1918/?	Dir. Dr. Renate Westerman	m./w.	sim.	–	– (f. Nicht-bremer 240,–)
Hamburg							
Sozialpädagogisches Institut d. Freien u. Hansestadt Hamburg (Gertrud-Bäumer-Schule)	2 Hamburg 13, Grindelhof 30, Tel. 44 195 435	1917/1921	Dir. Wolfgang Bäuerle	m./w.	sim.	–	–
Wohlfahrtsschule der Diakonenanstalt des Rauhen Hauses	2 Hamburg 34, Tel. 65 14 161/65	1928/1928	Dir. Pastor Roland Link	m.	ey.	+	–
Hessen							
Seminar für Soziale Berufsarbeit und evang. Gemeindepflege des Hess. Diakonie-Vereins	61 Darmstadt Moosbergstr. 2, Tel. 7 16 43	1927/1927	Dir. Dr. Dr. Waltraud Krützfeld-Eckhard	m./w.	ev.	+	–
Seminar für Soziale Berufsarbeit	6 Frankfurt a. M., S 10, Schaumainkai 29, Tel. 6 23 27	1913/1919	Dir. Dr. Hedwig Moeser	m./w.	sim.	+	–
Evang. Seminar für Soziale Berufsarbeit (Innere Mission)	35 Kassel, Hermannstr. 6	1946/1946	Dir. Dr. Ulf Weissenfels Tel. 12128	m./w.	ev.	+	–
Niedersachsen							
Niedersächsische Landeswohlfahrtsschule	33 Braunschweig, Grünewaldstr. 12, Tel. 3 33 11	1918/1920	Dir. Dr. Maria Holste	m./w.	sim.	+	–
Soziale Frauenschule der Inneren Mission	3 Hannover, Hohenzollernstr. 40	1952/1955	Dir. Dr. Elisabeth Treute	w.	ev.	+	180,–
Wohlfahrtspflegeschule des Stephanstifts – Wichernschule –	3 Hannover-Kleefeld, Heimchenstr. 10	1927/1927 K	Dir. Pastor P. G. Jahn	m./w.	ev.	+	250,–

Bezeichnung der Schule Schulträger	Ort, Anschrift, Tel.	Gründung / staatl. Anerkennung	Leitung	Studierende Geschl.	Konf.	Wohn-heim	Schul-geld (jährlich)
Nordrhein-Westfalen							
Soziale Frauenschule des Kath. Deutschen Frauenbundes	51 Aachen, Haus Siegelhöhe, Raerener Str. 25, Tel. 30935	1910/1919	Dir. Augusta Schröder	w.	kath.	+	–
Evang.-Sozialpädagogisches Seminar im Johanneswerk e. V.	48 Bielefeld, Beckhausstr. 81, Postfach 4540, Tel. 6334/46	1959/1960	Dir. Dr. Theodor Falt	m./w.	ev.	+	–+
Landeshauptmann-Salzmann-schule Wohlfahrtsschule des Landschaftsverbandes Westfalen-Lippe (Höhere Fachschule für Sozialarbeit)	48 Bielefeld, Sprenger-Str. 15, Tel. 6029	1941/1943	Dir. Gisela Clod	W.	sim.	*	–
Evang. Sozialschule der Westfäl. Frauenhilfe e. V.	463 Bochum, Immanuel-Kant-Str. 20, Tel. 33080	1927/1928	Dir. Dr. Sigrid Willemsen	m./w.	ev.	+	–
Paritätisches Sozialseminar – Höhere Fachschule für Sozialarbeit des Deutschen Paritätischen Wohlfahrtsverbandes, Landesverband Nordrhein-Westfalen	493 Detmold, Schorenstr. 14, Tel. 3960	1964/*	Dir. Wilfried Hartwieg	m./w.	sim.	–	–
Westfälische Wohlfahrtsschule des Kath. Fürsorgevereins für Mädchen, Frauen u. Kinder	46 Dortmund, Arndtstr. 5, tel. 524169	1917/1927	Dir. Dr. Gertrud	w.	kath.	+	–
Sozialpädagogisches Seminar zur Ausbildung von Sozialarbeitern	46 Dortmund, Hohe Str. 141, Tel. 23102	1948/1951	Dir. Dr. Erwin Krämer	m.	sim.	+	–
Höhere Fachschule für Sozialarbeit im Marie-Juchacz-Haus (Arbeiterwohlfahrt Hauptausschuß e. V.)	4 Düsseldorf, Eller-Schloß-Allee 14, Tel. 736014/15	1948/1948 K	Dir. Dr. Hans Pfaffenberger	m./w.	sim.	+	–
Höhere Fachschule für Sozialarbeit der Arbeitsgemeinschaft Sozialpädagogik und Gesellschaftsbildung e. V.	4 Düsseldorf, Gerresheimer Str. 101	1962/*	Dir. Dr. Therese Bock	w.	kath.	–	–

Schule / Träger	Ort / Anschrift						
Rheinische Höhere Fachschule für Sozialarbeit (Landschaftsverband Rheinl.)	4 Düsseldorf, Oststr. 47, Tel. 35 66 68	1917/1918	LVDir. Luise Meyers	w.	sim.	–	–
Seminar für Wohlfahrtspflege (Caritas-Trägerwerk im Bistum Essen e.V.)	43 Essen, Burgplatz 3, Tel. 22 25 88	1958/1960	Dir. Walter Schewe	m.	kath.	–	–
Höhere Fachschule f. Sozialarbeit des Deutschen Roten Kreuzes	58 Hagen (Westf.), Im Alten Holz, Tel. 5 30 81/82	1959/1962	Dir. Dr. Hans Peter Mehl	m./w.	sim.	+	–
Soziale Frauenschule der Schönstätter Marienschwestern	54 Koblenz-Metternich, Trierer Str. 396–400, Tel. 85 82	1954/1957	Dir. Dr. Karin Huppertz	w.	kath.	+	–
Seminar für Wohlfahrts- und Jugendpfleger des Diözesan-Caritasverbandes Köln	5 Köln, Leonhard-Tietz-Str. 8	1949/1950	Dir. Dr. Bernhard Korte	m.	kath.	+	–
Wohlfahrtsschule der Stadt Köln	5 Köln-Sülz, Kyrillburger Str. 3, Tel. 41 30 91	1914/1916	Dir. Dr. Maria Held	w.	sim.	+	–
Westfälische Wohlfahrtsschule d. Bischöflichen Generalvikariats	44 Münster (Westf.), Piusallee 89/93, Tel. 4 36 12	1917/1920	Dir. Dr. Maria Hoerkens	w.	kath.	+	–
Höhere Fachschule für Sozialarbeit des Meinwerk-Institutes	479 Paderborn, Hermann-Kirchhoff-Str. 11–15, Tel. 5671	*	Dir. Dr. Elisabeth Gemmeke	w.	kath.	+	–
Höhere Fachschule für Sozialarbeit der Evang. Gesellschaft für diakonische Ausbildungsstätten mbH	5038 Rodenkirchen-Michaelshoven, Andreas-Haus, Tel. 4561	1964/*	Dir. Dr. Hugo Schaubert	m.	ev.	+	–
Evang. Soziale Frauenschule (Höhere Fachschule für Sozialarbeit)	56 Wuppertal-Elberfeld, Luccastr. 1–3, Tel. 45 00 10	1910/1920	Dir. Dr. Margarete Hoppe	m./w.	ev.	+	–
Rheinland-Pfalz							
Seminar für Sozialberufe der Pfälzischen Landeskirche	672 Speyer/Rh., Kleine Pfaffengasse 11, Tel. 28 38	1948/1950	Dir. Dr. Gertraud Schulz	m./w.	ev.	–	–
Schleswig-Holstein							
Landeswohlfahrtsschule	23 Kiel, Breiter Weg 10, Tel. 4 28 21	1919/1921	Dir. Dr. Gertrud Beuhausen	m./w.	sim.	+	200,–
Saarland							
Katholische Höhere Fachschule für Sozialarbeit in Saarbrücken, Träger: Bistum Trier	66 Saarbrücken, Rheinstr., Tel. 44 357	1964/*	Dir. Dr. Hedwig	m./w.	kath.	–	–

Erläuterung der Zeichen: * Vorläufige Genehmigung bzw. noch nicht staatlich anerkannt bzw. noch nicht Mitglied der Konferenz der Deutschen Schulen für Sozialarbeit. – Erläuterung des Zeichens k „Kernschule", d.h. vom Bundesjugendplan bes. geförderte Schule mit Schwerpunkt Jugendarbeit.

3. Wegfall des obligatorischen Vorpraktikuns,
4. Wegfall der sog. Dreiteilung (in drei Hauptfächer: Jugendfürsorge, Gesundheitsfürsorge, Wirtschafts- und Berufsfürsorge),
5. Einführung von Vertiefungsgebieten bzw. Wahlfächern im dritten Ausbildungsjahr,
6. Betonung des Ausbildungscharakters des Berufspraktikums, besonders durch Einführung eines Colloquiums zum Abschluß des Berufspraktikums vor Erteilung der staatlichen Anerkennung.

Der 2. Jugendbericht der Bundesregierung (1968) hat die „Aus- und Fortbildung der Mitarbeiter in der Jugendhilfe" zum Hauptgegenstand. Es wird festgestellt, daß die Mitarbeiter in der Jugendarbeit eine starke Heterogenität hinsichtlich ihrer Aufgaben, ihrer Funktion, ihrer Bildungsvoraussetzungen, ihres Berufsweges und der Dauer ihrer Beschäftigung aufweisen. Die Fluktuation der Mitarbeiter wird auch im Vergleich zu anderen Berufen als „äußerst hoch" angesehen – jährlich wechselt etwa ein Viertel (vgl. 2. Jugendbericht, S. 68).

Insbesondere für den Bereich der politischen Bildungsarbeit wird schließlich das Fehlen theoretischer und politikwissenschaftlicher Kenntnisse sowie praktischer pädagogischer Erfahrungen beklagt. Neben einer stärkeren Qualifizierung in diesen Bereichen wird eine Verbesserung der Arbeitsbedingungen der Mitarbeiter gefordert (vgl. Graf 1968). In der durch den Jugendbericht verstärkten Diskussion um die Reform der Ausbildung spielt unter anderem das festgestellte „Auseinanderklaffen von Praxis und Ausbildung" eine Rolle. Eine stärkere Verknüpfung von Ausbildung und Praxis (z. B. durch eine Aufwertung des Berufspraktikums) wird empfohlen. Darüber hinaus artikuliert sich in der Diskussion zunehmend auch die Position, in der die Zweigliederung in soziale und sozialpädagogische Berufsrichtungen grundsätzlich in Frage gestellt wird.

Auch der 3. Deutsche Jugendhilfetag 1968 in Stuttgart hat „Die Mitarbeiter in der Jugendhilfe" zum Thema. Neben der Diskussion und dem Einklagen eines „gemeinsamen professionellen Bewußtseins" (C. W. Müller) spielt hier die Auseinandersetzung um die Reform der Ausbildung und der Forderung nach Fortbildung eine zentrale Rolle. Erstmals wird dezidiert die Forderung nach einer eigenständigen sozialpädagogischen Hochschulausbildung entwickelt (vgl. deutsche jugend 6/1968, S. 248ff). Die Zeitereignisse – „die jugendliche Rebellion" – prägen die Diskussion; es wird eine Politisierung der Mitarbeiter gefordert und eine Neudefinition der Aufgaben insbesondere der *jugendpflegerischen Seite:* sie soll eindeutig als Sprecher der jungen Menschen auftreten. Mit dem 3. Deutschen Jugendhilfetag ist öffentlich geworden, daß sich zunehmend „die MitarbeiterInnen" der Jugendhilfe in der Diskussion um ihre Ausbildung, Berufsrolle, Praxis und Selbstverständnis selbst „zu Wort melden". Die Diskussion wird nicht mehr den Anstellungsträgern, Verbänden, Politikern usw. überlassen – erstmals findet Ende der 60er Jahre eine (berufs-)politische Selbstartikulation in größerem Umfang statt.

Auch wissenschaftlich bleibt die nichtakademische, fachschulische Ausbildung in der Kritik. Gerade weil es um eine systematische Ausbildung, um Theorie- und Methodenentwicklung, die Verbindung von Lehre und Forschung gehe, wird eine akademische Ausbildung an den Hochschulen gefordert (vgl. u. a. Pfaffenberger 1967, S. 59). In einigen Bundesländern werden die Höheren Fachschulen in Akademien umgewandelt; dies wird durch eine Rahmenvereinbarung der Kultusminister vom Januar 1968 bundesweit vollzogen, bleibt jedoch meist nur ein Austausch des Etiketts. Der aus der gesamten Diskussion um die Ausbildungsreform letztlich resultierenden Forderung nach einer Fachhochschule (gegliedert in entsprechende Fachbereiche) wird durch ein Abkommen der Ministerpräsidenten der Länder vom Oktober 1968 der Weg geebnet. Darin wird einerseits die Einführung eines neuen Schultyps „Fachoberschule" mit einem entsprechenden Bildungsabschluß vereinbart. Zum zweiten wird die Einrichtung einheitlicher Fachhochschulen oder die Integration in Gesamthochschulen beschlossen, die „eigenständige Einrichtungen des Bildungswesens im Hochschulbereich" seien und „durch eine auf wissenschaftlicher Grundlage beruhende Bildung zur selbständigen Tätigkeit im Beruf" nach drei Studienjahren befähigen sollen.

Im Rahmen der Bildungsreformdiskussion und Neugliederung der Hochschulen Ende der 60er bzw. Anfang der 70er Jahre werden die Höheren Fachschulen für Sozialarbeit bzw. Sozialpädagogik im Jahre 1971 als Fachbereiche in die entstehenden Fachhochschulen bzw. in die Gesamthochschulen integriert. Sie bilden als Fachbereiche (Sozialarbeit, -pädagogik, -wesen) im Rahmen des sechssemestrigen (plus dem Anerkennungsjahr = mehrstufiges, additives Modell) oder achtsemestrigen (einschließlich Anerkennungsjahr = integriertes Modell) Fachhochschulstudiums Diplom-Sozialarbeiter/-pädagogen aus; im Rahmen des acht- bis zehnsemestrigen Universitäts-/Gesamthochschulstudiums wird der Studiengang „Diplom-Pädagogik" (u. a. mit dem Schwerpunkt Jugendarbeit/außerschulische Jugend- und Erwachsenenbildung) im Jahre 1969 Jahre eingerichtet (vgl. Kreutz/ Landwehr 1977, Lüders 1989, Rauschenbach 1991). Damit wird die berufsfeldbezogene Ausbildung zum wissenschaftlich ausgebildeten Ju-

gendarbeiter bzw. zur *Jugendarbeiterin* im Zeitraum 1969/1971 im tertiä-
ren Bildungsbereich konstituiert und der professionelle akademische
Status der Absolventen bzw. die Zugangsberechtigung (über Hoch-
schul- bzw. Fachhochschulreife) zum Studium verändert.

Mit der erfolgten umfassenden Modernisierung des Ausbildungs-
wesens in der sozialen Arbeit in den 60er und 70er Jahren (auf dem
Hintergrund der antiautoritären Bewegung, von Bildungsreform und
Modernisierung, Verwissenschaftlichung; neuen und als Kompromiß
ausgehandelten Vergesellschaftungsanforderungen mittels Professionalisierung) wurde der Studienschwerpunkt „außerschulische Ju-
gendarbeit/-bildung" ein fester Bestandteil des Curriculums an den
Fachbereichen der Fachhochschulen und in der sozialpädagogischen
universitären Ausbildung.

Der Jugendarbeit wird Ende der 60er Jahre prognostiziert, daß sie
in den nächsten Jahren mit einem gesellschaftskritischen, unbeque-
men und Berufspraxis verändernden Nachwuchs rechnen müsse. Mit
dem theoriegeleiteten Interesse an den gesellschaftlichen Bedingungen und Verflechtungen der eigenen (Jugendarbeits-)Praxis geht ein
kritisches Hinterfragen der Intentionen der gesellschaftlichen Strukturen und Institutionen, die im Bereich der Jugendarbeit tätig sind,
einher. Faltermaier kommentiert diese Entwicklung 1969:

> „Bis zu einem gewissen Grad ist diese Entwicklung eine selbstverständliche
> Konsequenz der zunehmenden Professionalisierung in der Jugendarbeit und
> Sozialarbeit. Je mehr Aufgaben von hauptamtlichen, speziell dafür ausgebil-
> deten Fachkräften wahrgenommen werden, um so größer werden der
> Wunsch und das Anrecht dieser Mitarbeiter, von ihrem Wissen her den Inhalt
> der Arbeit mitzubestimmen. In der ersten Phase der Professionalisierung blie-
> ben die damit verbundenen Probleme noch weithin verdeckt. Der Zugang
> zum Beruf war meist auf die gleichen Motive gegründet wie die ehrenamtli-
> che Tätigkeit. Besonders innerhalb der Verbände schien es eine selbstver-
> ständliche Prämisse zu sein, da sich alle Mitarbeiter mit der sozial-ethischen
> Zielsetzung identifizierten und ihren Beruf als einen Dienst an der guten
> Sache verstanden. Die eigene Ausbildung hatte primär nur den Zweck, diese
> Zielsetzung zu festigen und das Handwerkszeug für die Praxis zu liefern. Je
> stärker sich aber die Ausbildung einem wissenschaftlichen Niveau annähert,
> um so kritischer wird die Einstellung gegenüber der vorgefundenen Praxis,
> ihrer Begründung und ihrer Zielrichtung. So ist es auch verständlich, daß man
> sich bei den „Trägern" teilweise gegen eine Verwissenschaftlichung der Aus-
> bildung zur Wehr setzt. Die dagegen aufgeführten Gründe – die so ausgebil-
> deten Mitarbeiter seien sich zu gut, die mühsame Kleinarbeit zu verrichten,
> und ihre Besoldungsansprüche überstiegen die Möglichkeiten der Träger –
> sind gewiß nicht nur Vorwände. Dahinter verbirgt sich aber wohl auch die

Sorge, daß von einem solchen Nachwuchs her die eigenen Führungspositionen und Entscheidungsbefugnisse in Frage gestellt werden. Diese Sorge ist durchaus berechtigt, denn die Professionalisierung führt bis zu einem gewissen Grad zwangsläufig zu einer Verlagerung von Kompetenzen, die Konflikte mit sich bringt" (S. 98).

VI. Siebziger und achtziger Jahre

Neubegründungen von Jugendarbeit

Parallel zu den Veränderungen im Ausbildungswesen im Rahmen des Fachhochschul- und Universitätsstudiums, den jugendtheoretischen Neuorientierungen, die sich in Begriffen wie Emanzipation und Betroffenenorientierung ausdrücken, verändert sich Ende der sechziger / Anfang der siebziger Jahre das Selbst- und Funktionsverständnis von Jugendarbeit bei vielen Trägern, verflüssigen sich *die Reste* der hierarchisch-autoritären Strukturen und Traditionen; neue politische Bildungsangebote, experimentelle Arbeitsformen und Methoden geraten vielfach ins Zentrum der Jugendarbeit. Diese Entwicklungen und die Verunsicherungen von etablierten, *traditionellen* Trägern und Strukturen der Jugendarbeit werden angeregt und stimuliert durch die Bildungsreformdebatte und Veränderungen im Bildungswesen (u. a. Gesamt- und Ganztagsschule; Ausbau und Reform der sozialpädagogischen Ausbildung in den Hochschulen); durch die Neuformulierung des außerschulischen Bildungsauftrages von Jugendarbeit und -bildung – neben Elternhaus, Schule und Berufsbildung – als vierter eigenständiger Sozialisationsbereich; durch die sozialstrukturell (klassenanalytisch) orientierten und auf Protestverhalten bezogenen Jugend(kultur)debatten und jugendtheoretischen Diskussionen sowie vor allem durch die Kritik und die Herausforderungen der Studenten-, Schüler- und Lehrlingsbewegung. Die etablierte (vergesellschaftete) Jugendarbeit wird erheblich verunsichert und in ihren Zielen, Inhalten und Arbeitsformen infrage gestellt: Jugendverbände demokratisieren sich in einem konflikthaften Prozeß und erlangen mehr Eigenständigkeit; sie verändern ihr Selbstverständnis hin zu interessenorienten und gesellschaftskritischen Positionen, außerschulische (politische) Jugendbildung im Rahmen von Seminaren gerät ins Zentrum ihres Selbstverständnisses. Initiativgruppen, Jugendclubs und Jugendzentrumsbewegung fordern Selbstbestimmung und Selbstverwaltung; sie richten ihre Aktivitäten gegen Bevormundung, Fremdsteuerung und autoritäre Manipulation in der Freizeit. Offene Jugendarbeit wird zum Schwerpunkt kommunaler Jugendpflege.

Es entwickelt sich in der Jugendarbeit als generelles Selbstverständnis, daß die *traditionelle* Jugendarbeit von einem neuen *progressiven, emanzipatorischen* und sozialwissenschaftlich gestützten Verständnis der *Jugendarbeit als politisches Lernfeld* und *gesellschaftsverändernde Praxis* abgelöst werden soll. Der DBJR reagiert mit einer Erklärung zu seinem „Selbstverständnis" bei seiner 35. Vollversammlung am 15. November 1968:

> „In immer kürzeren Abständen vollziehen sich in der Jugendarbeit, ebenso wie in vielen anderen Bereichen unserer Gesellschaft, erhebliche Veränderungen. Die Jugendverbände bejahen entschieden die Notwendigkeit von permanenten Veränderungen und sehen darin eine entscheidende Voraussetzung zur Sicherung unserer demokratischen Gesellschaft ... Die Jugendverbände beziehen selbst gesellschaftliche Positionen. Dabei solidarisieren sie sich mit den Kräften in unserem Lande, die mit adäquaten Mitteln für Demokratisierung und Mitbestimmung in allen Bereichen eintreten" (1979, S. 190).

Jugendliche werden nicht mehr als zu erziehende, sozialisierende Personen durch Jugendpflege und die in ihr Beschäftigten angesehen, sondern Jugendarbeit wird als Sozialisationsinstanz begründet, „wo Pädagogen bestimmte emanzipatorische Fähigkeiten für die Jugendlichen und mit ihnen gemeinsam freisetzen sollen" (Lessing 1976, S. 304). Dabei meint Emanzipation nach Giesecke „die Realisierung desjenigen Maßes an Selbstbestimmung, das im Kontinuum einer Lebensgeschichte zu einem bestimmten Zeitpunkt möglich ist" (1969, S. 257).

Die Theorieentwicklung in der Jugendarbeit wird in den siebziger Jahren als klassenanalytisch ausgewiesene und als (dialektische Einheit von politischem Kampf- und Lernprozeß) *antikapitalistische Jugendarbeit* (Liebel/Lessing 1974), als auf Selbstbestimmung zielende *emanzipatorische Jugendarbeit* (Giesecke 1971), als bedürfnisentwikkelnde und -entfaltende *bedürfnisorientierte Jugendarbeit* (Damm 1975, 1980, 1981) ausgewiesen. In den achtziger Jahren sind, auf dem Hintergrund des brüchig gewordenen, bildungsoptimistisch vermittelten und sozialstaatlich abgesicherten *Lebensentwurfes Jugend* sowie neuer Jugendprobleme (insb. Arbeitslosigkeit und Berufsnot) die *Alltags- und Lebensbewältigung* (Böhnisch/Schefold 1985) und in der Perspektive von Aneignung sozialräumliche Jugendarbeit (Böhnisch/ Münchmeier 1987, 1990) die dominierenden Theorieangebote. Diesen Begründungen folgen entsprechende Professionalisierungs- und Professionalitätskonzepte; dabei intendieren und folgern alle Theorieansätze eine weiter auszubauende und zu differenzierende Verberuflichung der Jugendarbeit für die öffentlichen (kommunale Jugendpflege/Offene Jugendarbeit) und die freien Träger (Jugendverbandsarbeit, Projekte, Initiativen).

Professionalisierung: Gründe und Ausmaß

Bäumler fordert 1973 eine veränderte Mitarbeiterstruktur für die Jugendverbände und nennt für eine Professionalisierung drei Bedingungen:

> „Es müssen Handlungsfelder beschrieben werden können, die interessante und entwicklungsfähige Berufsrollen fordern; es müssen entsprechende Studiengänge an den Fachhochschulen und Universitäten eingerichtet werden; es müssen die Träger bzw. die Gesellschaft bereit sein, ein Vielfaches an finanziellen Mitteln gegenüber bisher in die Jugendarbeit zu investieren" (S. 128).

Den Jugendverbänden geht es um eine langfristige gesetzliche Absicherung ihrer Arbeit und damit verbunden um Zuschüsse zur Förderung der Personalkosten. Der BDJR formuliert in einem Grundsatzpapier 1972, daß

> „die außerschulische Jugendarbeit in erster Linie auf die Mitwirkung ehrenamtlicher Mitarbeiter angewiesen ist. Es ist jedoch festzustellen, daß außerschulische Jugendarbeit insbesondere in Institutionen auf hauptamtliche Mitarbeiter nicht verzichten kann... Die Förderung der Jugendarbeit hat sich grundsätzlich an den für außerschulische Jugendarbeit grundlegenden Kriterien der Flexibilität und Selbstverantwortung zu orientieren.. Bei der Förderung handelt es sich konkret um folgende Bereiche: Veranstaltungen der Jugendarbeit, Personalkosten... In Einrichtungen und Verbänden der Jugendarbeit im Rahmen des Ermessensspielraumes des Jugendwohlfahrtsausschusses sollte ein Personalkostenzuschuß bis zu 85% der Gesamtaufwendungen für die hauptamtlichen Mitarbeiter ... gewährt werden (1979, S. 230ff).

Auch in der Reformdiskussion zu einem neuen Jugendhilferecht fordert der DBJR 1974 u. a., daß „die Träger der Jugendarbeit zur Durchführung ihrer Aufgaben, zur Aus- und Fortbildung ihrer Mitarbeiter, zur Weiterentwicklung ihrer Grundlagen und zur Vertretung ihrer Interessen Veranstaltungen durchführen, Einrichtungen errichten und unterhalten und Personal einstellen können" (1979, S. 246).

Die Forderungen nach Professionalisierung und Professionalität sind interessenbezogen und vielfältig: sie pendeln zwischen Versorgungs- und Integrationsinteressen; notwendiger Modernisierung im Rahmen eines Dienstleistungsverständnisses; anregendem und erfahrungsorientiertem Bildungs-, Lern- und Beratungsangebot; fachlicher Legitimation als *Träger von Bildung;* Hoffnungen auf Loyalitätssicherung für partikularistische Interessen (insb. Nachwuchs für Erwachsenenorganisationen) und der Unterstützung von politischem Lernen und Interessenvertretung, von Selbstorganisations- und Emanzipationsprozessen. Diesen Prozessen und Begründungen folgt ein Professionalisierungsdruck in der kommunalen Jugendpflege (offene Jugendarbeit) und bei den Jugendverbänden.

Der professionelle Ausbau wird in den siebziger Jahren mit der Einstellung von staatlich finanzierten bzw. subventionierten (über gesetzliche Regelungen: Bundesjugendplan und Ländergesetze, kommunale Richtlinien, Projektförderung) Jugendbildungsreferenten bei Jugendverbänden und kommunalen Jugendbildungswerken, der verstärkten Einstellung von pädagogischen Mitarbeitern in Bildungsstätten, von kommunalen Jugendpflegern, Mitarbeitern in der offenen Jugendarbeit und in Beratungsstellen realisiert. „Ganz zentral ging es in allen diesen Gesetzen (Jugendbildungsgesetzen, d. V.) um Ansprüche auf hauptamtliche Pädagogen in den Verbänden, die Voraussetzung für eine qualifizierte Bildungsarbeit seien" (Krafeld 1991, S. 97). Mit dem Inkrafttreten der Jugendbildungsgesetze (1974/75 in Hessen, Niedersachsen, Bremen, Baden-Würtemberg und Rheinland-Pfalz) entwickelt sich vor allem bei den Jugendverbänden eine sprunghafte Professionalisierung: In NRW gibt es 1967 bereits 41 hauptamtliche Jugendbildungsreferenten, 1976 sind es 114; in Hessen gibt es 1968 die erste Stelle, 1985 sind bei den Jugendverbänden 46 und bei den kommunalen Bildungswerken 36 Jugendbildungsreferenten angestellt; 1991 sind es insgesamt 122.

Im Kontext der Modernisierungspolitik im Bildungs- und Sozialbereich entstehen in den siebziger Jahren bei öffentlichen und freien Trägern neue Arbeitsfelder (z. B. Bildungsurlaub) und eine Reihe von Modellen und innovatorischen Praxisprojekten (z. B. Modelljugendclubs); letztere sollten der Erprobung selbst- und mitbestimmter, alternativer Handlungsformen von Jugendlichen dienen bzw. sie professionell unterstützen. Dabei ist intendiert, die von den Sozialwissenschaften artikulierten Funktionsmängel der traditionellen Sozial- und Jugendarbeit zu vermeiden und die emanzipatorisch-politischen Ansprüche – professionell reguliert – aufzunehmen. Personalausstattung und Ausbildungsstand werden aber vor allem in den Einrichtungen der *Regelpraxis* – Jugendpflege, offene Jugendarbeit, Jugendverbände – verbessert und ausdifferenziert. In der professionellen Praxis werden zielgruppen-, projekt-, themen-und problemorientierte Ansätze von Jugendarbeit entwickelt; vor allem aber wird die Mädchenarbeit begründet und ansatzweise in vielen Arbeitsfeldern und bei unterschiedlichen Trägern – z. T. bei erheblichen Widerständen – durchgesetzt. Die Geschlechterfrage (Jungen – Mädchenarbeit), die in den fünfziger und sechziger Jahren nur eine marginale Rolle gespielt hat (zur Professionalisierung durch Mitarbeiterinnen gibt es in

der Literatur keine Hinweise), wird ein Zentrum der theoretischen
Diskussion, von Forderungen und praktischer Arbeit. Dies führt zu
Angeboten für Mädchen in koedukativen Einrichtungen, der Durchsetzung von ersten Mädchentreffs und vor allem der verstärkten Einstellung von Mitarbeiterinnen.

Der Fünfte Jugendbericht der Bundesregierung liefert 1980 einen
Gesamtüberblick über die Jugendhilfe und deren Zielgruppe. Als Auftrag der kommunalen Jugendpflege wird für die Attraktivität von Jugendhäusern und die kommunale Jugendbildung gefordert, „die Eigenständigkeit der kommunalen Jugendbildung zu verstärken, sie
nach pädagogischen Konzepten auszudifferenzieren und organisato-
risch-technisch in die kommunale Infrastruktur zu integrieren" (1980,
S. 196). In den 80er Jahren gibt es einen Paradigmenwechsel und eine
weitere Ausdifferenzierung von Arbeitsfeldern unter den Leitmotiven
„Inpflichtnahme/sozialpolitische Versorgung", „alltags-, lebenswelt-
liche Orientierung" und „Lebensbewältigung und Sozialintegration".
Mit dem Strukturwandel und den gesellschaftlichen Modernisie-
rungsprozessen mit seinen individualisierenden und ausgrenzenden
Folgen wird in den achtziger Jahren die Sozialintegration von Jugendlichen schwieriger, und konventionelle Lebensentwürfe werden tendenziell brüchig. Jugendarbeit erfährt einen Bedeutungs- und Funktionsverlust und gleichzeitig eine Neuorientierung/Ausdifferenzie-
rung (Hafeneger 1990a). Soziale Probleme und deren Folgen (wie Armut, Arbeitslosigkeit und Berufsnot, Drogenkonsum und -abhängig-
keit, Gewalt), sozial benachteiligte Gruppen (vor allem ausländische
Kinder und Jugendliche, Kinder und Jugendliche in sozialen Brennpunkten) bestimmen die jugendpolitische Diskussion und Förde-
rungspolitik; sie *halten Einzug* in die Jugendarbeit und dienen als Begründungen für Professionalität. Mit den Veränderungen in den Lebensbedingungen und den gesellschaftlichen Krisenerscheinungen
entstehen vor allem in Metropolen neben der verbandlichen und
kommunalen (offenen) Jugendarbeit neue Aufgaben und Arbeitsfelder in der Jugendhilfe: z. B. Beratungs-, Werkstatt- und Ausbildungsprojekte für arbeitslose Jugendliche, street-work-Projekte, Schul-
sozialarbeit, Jugendarbeit mit Fußball-Fans.

Die Jugendhilfe und -arbeit professionalisiert sich quantitativ und
verfachlicht sich in den siebziger und achtziger Jahren qualitativ in einem vorher nicht gekannten Ausmaß (Lüers 1979, Rauschenbach u. a.
1988, Naudascher 1990, Rauschenbach 1991a). 1971 gibt es in der Bundesrepublik Deutschland 567 hauptamtliche Jugendpfleger, „1982

wies die Statistik insgesamt 638 öffentliche Träger der behördlichen Jugendpflege aus; ... 3002 Personen sind in der behördlichen Jugendpflege tätig" (Naudascher 1990, S. 157); davon sind 1732 Vollzeitbeschäftigte, 294 Teilzeitbeschäftigte und 976 nebenberuflich beschäftigt. 1980 gibt es im Bundesgebiet insgesamt 4017 Jugendfreizeitstätten (Heime der Offenen Tür/Häuser der Jugend). Die in der Jugendpflege tätigen Personen differenzieren sich zu Beginn der 80er Jahre folgendermaßen:

Beschäftigte in der Jugendpflege nach Beruf und Ausbildungsabschluß 1982

Ausbildung	Jugendarbeit Jugendpflege	Kinder- und Jugenderholung	Internationale Jugendarbeit	Jugend-bildungsarbeit	Jugend-sozialarbeit	Allgemeine Jugendarbeit	Insgesamt
1 Dipl.-Soz.-Pädagoge Dipl.-Soz.-Arbeiter (Fachhochschule) Wiss. Hochschule	1012	146	32	512	600	1662	3 964
2 Dipl.-Päd.	135	11	4	147	57	177	531
3 Erzieher	736	463	6	210	246	915	2 576
4 Medizinisch/ pflegerisch therap. Ausbildung	110	359	1	85	23	85	683
5 Lehrer	216	54	6	508	72	204	1 060
6 Sozialwissenschaftler	39	5	7	47	16	29	143
7 Psychologe	18	8	*	23	20	20	89
8 Jurist	1	2	*	5	1	4	13
9 Sonstige Hochschulabschluß	179	14	16	236	24	271	740
10 Verwaltungsberufe	293	297	15	106	40	245	996
11 Handwerkliche Ausbildung	324	257	9	323	91	389	1 393
12 Sonstige	462	451	20	209	66	513	1 721
13 Noch in Ausbildung	556	326	10	244	192	984	2 312
14 Ohne Abschluß	302	349	23	47	32	308	1 061
Insgesamt	4383	2742	149	2702	1480	5806	17 262

Beschäftigte in der Jugendpflege nach Alter und Geschlecht 1982

Arbeits-bereich	Unter 20–30 männl.	weibl.	30–40 männl.	weibl.	40–50 männl.	weibl.	50–60 männl.	weibl.	60 männl.	weibl.	Insges.
Jugendarbeit Jugendpflege	1067	1093	861	462	307	278	145	113	31	26	4 383
Kinder- und Jugend-erholung	396	1026	158	304	123	314	100	242	21	58	2 742
Internat. Jugendarbeit	24	24	34	19	16	19	10	3	*	*	149
Jugendbil-dungsarbeit	504	571	684	263	273	159	100	72	36	40	2 702
Jugendsozial-arbeit	296	439	264	200	93	89	45	37	9	8	1 480
Allgemeine Jugendarbeit	1563	1621	1141	504	383	261	166	110	32	25	5 806
Insgesamt	3850	4774	3142	1752	1195	1120	566	577	129	157	17 262

Professionalität, Fachlichkeit von Berufsvollzügen und Versuche, ein Berufsbild zu konturieren, sind Aspekte der Modernisierungsprozesse in der Jugendarbeit, wodurch vor allem für Berufsanfänger ein Einstiegsberuf und Durchgangsstadium in die soziale Arbeit entsteht. Nach den Personaldaten des Statistischen Bundesamtes von 1988 zur Jugendhilfe und nach Mitteilungen freier Träger sind zum Stichtag 31. Dezember 1986 insgesamt über 23 000 Personen in der offenen und verbandlichen Jugendarbeit beschäftigt; dabei überwiegen die freien Träger als Arbeitgeber, sind Männer und Frauen etwa in gleichem Umfang tätig, die diplomierten Sozialpädagog(inn)en sind mit etwa 25% die quantitativ wichtigste Berufsgruppe:

> „Dieser Statistik zufolge waren zuletzt 13 914 Personen im Bereich der *Jugend-zentren, Jugendfreizeitheime, Häuser der offenen Tür*, 1572 in Jugendheimen, 1579 auf pädagogisch betreuten Spielplätzen u. ä. sowie 4188 Personen in Jugendta-gungsstätten und -bildungsstätten tätig. Hinzu kommen noch 1253 Personen, die bei Jugendverbänden oder Jugendringen in Geschäfts- oder Stabsstellen sitzen sowie rund 650 ebenfalls dort angestellte, jedoch mit spezielleren Aufgaben betraute Personen" (Rauschenbach 1991b, S. 625).

In zwei Professionalisierungsschüben und mit neuen (als Kompromisse ausgehandelten und formulierten) Anforderungen an die ver-beruflichte Vergesellschaftung von Jugend(arbeit) verändert sich Jugendarbeit und wird gleichzeitig zu einer – kooperativ eingebundenen und von staatlichen Zuschüssen abhängigen – sozialstaatlichen und bildungspolitischen Institution. Der Paradigmenwechsel von Professionalisierung und Professionalität erfolgt von *Emanzipation, Partzipipation, Demokratisierung* in den siebziger Jahren zu *Sozialpoliti-scher Inpflichtnahme/Dienstleistung, Lebensbewältigung* in den achtziger Jahren; Ende der achtziger Jahre gibt es Versuche, Jugendarbeit neu zu verorten, ein weiterer Paradigmenwechsel wird mit Kategorien wie *Aneignung, sozialökologische Orientierung, sozialräumliche Verortung* be-gründet.

Verortung des Berufsbildes

Es gibt neben den pädagogisch-politischen Begründungen zur quanti-tativen Ausstattung mit professionellen Mitarbeitern eine pädago-gische und jugendpolitische (Selbst)Reflexion ihrer Kompetenzen und Zuständigkeiten, ihrer professionellen Rolle, ihrem Selbstver-ständnis und Berufsbild, der Verortung im Spannungsfeld von *Ehren-*

und Hauptamtlichkeit und dem komplexen Alltag. In den siebziger und achtziger Jahren werden vor allem sechs Diskurse geführt:

1. Die Aushandlung prinzipieller Zuständigkeiten (Autonomie der Träger) und das pädagogische Profil (Aufgaben) bestimmen die Diskussion vor allem in der ersten *Einstellungsphase* in den siebziger Jahren; dabei geht es um die Begründungen für Professionalität und um die Gestaltung von Förderung, Gesetzen und das Verhältnis zwischen Staat und freien Trägern. Der DBJR erwartet – bei einer auf Selbstbestimmung zielenden Jugendarbeit – vom Mitarbeiter die Rolle des *informierenden Beraters*, „der sich selbst einer Zielkontrolle der Jugendlichen unterwirft. Sowohl die dafür erforderlichen Kenntnisse als auch die damit verbundenen Verhaltensweisen müssen ständig erlernt und reflektiert werden. Das Personal darf nicht in staatlichem Auftrag für staatliche politische Ziele bei den Verbänden, sondern nur im Auftrag und unter Zielkontrolle der Mitglieder und ihrer Verbände tätig werden. Die Einstellungsvoraussetzungen bestimmen die Träger" (1979, S. 268f).

2. Erfahrungsstimuliert und auf den professionellen Alltag zielt die Reflexion der Inhalts-, Erfahrungs- und Beziehungsebene von *Pädagogen – Jugendlichen;* die Begründungen der Mitarbeiter für ihre Tätigkeit und ihre Motive werden angefragt. Belardi beschreibt (unbewußte) Motivstrukturen des Pädagogen, z. B. als *bedürftige Jugendliche* oder als *Dozenten antikapitalistischer Theorien.* Er setzt auf gruppendynamische Selbsterfahrung und ihre Methoden und skizziert als professionelles Profil: „Der Pädagoge selbst sollte in diesem Prozeß (der Arbeitsgruppe, d. V.) also nicht nur ständig darauf achten, daß die Jugendgruppe sich in der Mitte zwischen den beiden Extremsituationen *reiner Selbsterfahrung* und *aufgesetzter politischer Schulung* bewegt, sondern er muß sich auch mit seinen Erfahrungen, Problemen und Interessen persönlich einbringen, ohne dabei in unrealistische Anbiederei zu verfallen" (1975, S. 511).

3. Aus der Perspektive von Selbstorganisation ermöglichenden Jugendzentren akzentuiert Lessing deren *antipädagogische* und *antiprofessionelle* Alternative zur traditionellen Jugendpflege; er stellt die professionellen Pädagogen vor eine Entscheidungssituation, entweder dem Anstellungsträger oder den Jugendlichen verantwortlich zu sein: „sich positiv auf die Forderungen der Jugendlichen zu beziehen oder sich ihnen entgegenzustellen" (1976, S. 304).

4. Der komplexe, widersprüchliche und diffuse Alltag in der (offenen) Jugendarbeit, Kontroll- und Reglementierungserfahrungen durch die Anstellungsträger sowie fehlende Übergangsmöglichkei-

ten in andere Arbeits-/Berufsfelder *(Jugendarbeit als professionelle Sackgasse)* führen zu einer Debatte über problematische Verarbeitungs- und Fluchttendenzen. Diese drücken sich u. a. aus in: gewerkschaftlicher Orientierung, Sozialmanagement, Hausmeisterpädagogik, Pädagogisierung, Kumpanei, Verleugnung und Verdrängung, Resignation (Hafeneger/Sander 1979).

5. Sauter reflektiert vor allem das Verhältnis von Ehren- und Hauptamtlichkeit in den Jugendverbänden; er akzentuiert einerseits die Rolle von hauptberuflichen Mitarbeitern in ihrer unverzichtbaren beratenden Funktion und der Qualifizierung von ehrenamtlichen Mitarbeitern. Aber er sieht vor allem auch die Folgeprobleme, die sich in ihrem Status – in der Abhängigkeit vom Träger – manifestieren. Er plädiert für eine Rückbesinnung auf die Bedeutung der ehrenamtlichen Mitarbeiter, weil sich u. a. die Erwartungen in die Professionalisierung nicht erfüllt hätten. „Zusammenfassend läßt sich feststellen, daß die mit dem Stichwort Professionalisierung verbundenen Überlegungen letztlich dem ehrenamtlichen Mitarbeiter einen untergeordneten Platz in der *Hierarchie* der Mitarbeiter zuschreiben und sich von hauptberuflichen Mitarbeiter die sowohl unverzichtbare wie entscheidende Durchsetzung neuer qualitativer Ansprüche erhoffen" (1986, S. 85).

6. Die Begrenztheit pädagogischer Bemühungen, das Scheitern an der widerspenstigen Realität, strukturelle (einschränkende) Arbeits- und Handlungsbedingungen und hohe (zeitliche, psychische) Belastungen einerseits und die kumulativen, strukturell bedingten Problemlagen von Jugendlichen mit den daraus folgenden Erfahrungen und die belastenden (überfordernden) Anforderungen im Berufsalltag andererseits erzeugen einen hohen, kaum einlösbaren, Erwartungsdruck. Auf diesem Erfahrungshintergrund beginnt die Diskussion über angemessene, abgrenzbare, ausgewiesene und lebbare Professionsprofile. „Bisher entwickelt fast niemand geeignete Stellenprofile und Tätigkeitsbeschreibungen für solche Mitarbeiter (gemeint sind Ältere). Die meisten entstehen aus der Betroffenheit einzelner Mitarbeiter (innen), jedoch kaum durch die Anstellungsträger, zu deren Fürsorgepflicht gegenüber Arbeitnehmer(innen) solches prinzipiell gehört" (Frasch 1991, S. 640).

Etablierung und Differenzierung

Themen- und Methodenvielfalt, Handlungsspielräume und Experimentierfreudigkeit kennzeichnen zunächst die Bildungsangebote (Se-

minare, Freizeiten, Bildungsurlaub, Mitarbeiterfortbildung) und Aktivitäten (Interessenvertretung, Öffentlichkeit, Aktionen) der Jugendbildungsreferenten bei Jugendverbänden. Im Spannungsfeld von *Institution und Bewegung* werden diese Veränderungen, kritischen Ansätze und Öffnungen bei einigen Jugendverbänden – mit rückgehen-
der Reformbereitschaft – aber sukzessive eingeschränkt bzw. zurück-
genommen; andere Verbände verändern ihr Selbstverständnis und
Profil, öffnen und orientieren sich an den neuen sozialen Bewegun-
gen. Auch neue *Konjunkturen* wie die sozialpolitische Inpflichtnahme
der Jugendarbeit ab Ende der 70er/Anfang der 80er Jahre schaffen
neue, ergänzende Förderungs- und bieten öffentlichen und freien Trägern weitere Expansionsmöglichkeiten (z. B. Beratungsstellen und
Werkstattprojekte für arbeitslose bzw. von Arbeitslosigkeit bedrohten
Jugendliche, Jugendläden und street-work-Projekte, Schulsozialar-
beit, Projektorientierung) und den weiteren Ausbau von *Jugendarbeit
als Beruf.*

Professionalisierung ist wesentlicher Teil des Modernisierungs-
und Institutionalisierungsprozesses von Jugendarbeit – in seinen
mehr spekulativen denn empirisch-wissenschaftlich abgesicherten
Wirkungseinschätzungen pendelnd zwischen chronischer Unter- und
Überschätzung. Verfachlichung und Profilierung durch Professionalität werden weitgehend Konsens und wesentlicher Bestandteil der
Legitimation von Jugendarbeit und der Jugendförderung; dies geht
gleichzeitig einher mit Verrechtlichungs- und Formalisierungsten-
denzen von außerschulischer Jugendbildung. Damit entstehen bei
Anstellungsträgern neue strukturelle und pädagogische Probleme
und Widersprüche wie Spezialisierung, Bürokratisierung und Klien-
telisierung; trotz dieser Probleme sowie Kürzungen, Einsparungen
und Wiederholungshaushalten in den achtziger Jahren werden die
hauptamtlichen Mitarbeiter aber unverzichtbarer personaler Träger
von vielfältigen Lernangeboten für Jugendliche. Jugendarbeit entwik-
kelt sich zu einem bedeutsamen Bildungs-, Beratungs- und Lernange-
bot in der sozialstaatlichen Infrastrukturpolitik mit Funktions- und
Aufgabendifferenzierungen. Die von Förderungs- und Trägerseite
vorgegebenen aber auch von den Mitarbeitern mitdefinierten professionellen Aufgabenfelder differenzieren sich Ende der 80er/Anfang
der 90er Jahre in: politische, kulturelle, historische, multi-/interkultu-
relle, soziale, arbeitsweltbezogene Bildung; Mädchen- – Jungenarbeit;
Alltagsberatung, Hilfe und Lebensbewältigung; interkulturelle und
internationale Jugend(begegnungs)arbeit; Organisation, Management und Öffentlichkeit; Kontakt- und Bezugsperson im Alltagsbe-

trieb; zielgruppen-, problem-, themen- und projektbezogene Angebote; Vermittlung von Qualifikationen und Fertigkeiten; Durchführung von Großveranstaltungen; Ressourcenbeschaffung, Durchsetzung und Absicherung von Rahmenbedingungen.

Der größte Teil der beschäftigten Mitarbeiter in der Jugendarbeit/ -bildung hat ein Fachhochschulstudium (Sozialarbeit/-pädagogik) oder Universitätsstudium (Diplom-Pädagogik) absolviert. Das Berufsprofil in der *Jugendarbeit* korrespondiert mit der Ausbildung im Hauptstudium: *Jugendarbeit, Jugend- und Erwachsenenbildung, Jugendhilfe.*

Professionsprofile im Wandel

In der Jugendarbeit gibt es Ende der achtziger/zu Beginn der neunziger Jahre ein großes Interesse, das professionelle Selbstverständnis und Berufsbild, die berufliche Identität als hauptamtliche Mitarbeiter, die Verortung von *Jugendarbeit als Beruf*, das Selbstkonzept und auch die (Selbst)Legitimation neu bzw. erneut zu klären (vgl. u. a. Giesecke 1987, Hornstein/Lüders 1989, Tenorth 1989, Damm 1991). Bei dieser professionstheoretischen (als Versuch wissenschaftlicher und wirklichkeitsbezogener) und berufspraktischen Diskussion geht es um die Klärung fundierter, abgrenzbarer Professionskompetenzen im Kontext einer gleichzeitig hohen Berufsfeldflexibilität; dieser Klärungsprozeß ist eingebettet in den zeitphasenbezogenen Begründungsversuch von *Jugendarbeit heute* mit den leitenden Fragen: Ist sie noch ein (bedeutsames) Lern- und Erfahrungsfeld für Kinder und Jugendliche? Sind die Einrichtungen und Angebote der Jugendarbeit noch attraktiv?

In diesem Diskussionsprozeß differenzieren sich einige unterscheidbare Begründungen – im Individualisierungs-, Pluralisierungsprozeß der Lage von Jugendlichen, von spezifischen Arbeitsfeldern und Zielgruppen in der Jugendarbeit – für professionelle Jugendarbeit aus: Eindeutigkeiten, ideologische Borniertheiten und problematische Engführungen von professionellen Profilen und Konzepten lösen sich auf, die Verortung wird unübersichtlich, unklar und suchend-offen und zugleich experimentell. Diese Diskussion muß im Zusammenhang der (jugend)soziologischen Diskussion über die veränderten Bedingungen des Aufwachsens, den „Wandel von Kindheit und Jugend" (Individualisierung, Subjektivierung, Pluralisierung, Erosion von sozialen Orientierungen und lebenspraktischen Bezügen), den hochambivalenten und risikoreichen kulturellen und symbolischen Modernisierungsschüben im Alltag, der jugendpädagogischen Krisendiskussion über Sinn und Stellenwert von Jugendarbeit („Wozu Jugendarbeit"? – Böhnisch/Münchmeier 1987) und dem Älterwerden von bisherigen Theorieangeboten wie auch von Mitarbeitern (Hafeneger 1990b) gesehen werden. Dabei gibt es einerseits viele Irritationseffekte, eine Kumulation vielfältiger Uneindeutigkeiten, gefährdende und (selbst)destruktive Arbeitsbedingungen und -zusammenhänge (die in der *Binnensicht* u. a. mit Streß, burn-out, Dauererschöpfung, Gereiztheit und Schulddruck verbunden sind), andererseits gibt es auf dem Hintergrund der Erkenntnisse und der Diskussion in der sozialwissenschaftlichen und jugendpädagogischen Forschung, den Alltagserfahrungen in der Praxis von Jugendarbeit einen neuen Verständigungs- und Vergewisserungsbedarf als befreiende, produktive Herausforderung. Dabei deuten sich heterogene Profilangebote an, die hier mehr verallgemeinert und idealtypisch (statt arbeitsfeld-, einrichtungs- geschlechter- und zielgruppenbezogen differenziert) in ihren positiv-produktiven Akzenten skizziert werden sollen. Die leitende Frage ist: Welche spezifischen Legitimationsmuster – die *alternativ oder additiv* zu Eltern, Lehrern und anderen „Autoritäten" sind – begründen heute die hauptamtlichen Mitarbeiter in der Jugendarbeit? Die neun – hier analytisch und typenperspektivisch getrennten, real so nicht vorkommenden – Angebote und Selbstdeutungsversuche zeigen, daß es Abschied zu nehmen gilt von eindeutigverengten, strategisch und zielformulierten, lediglich normativ begründeten und damit auch belastenden und vereinnahmenden Professionalitätskonzepten, aber auch von *pädagogischen Biologismen,* die meinen, alle Menschen seien gut bzw. hätten einen *guten Kern,* der nur freigelegt werden müsse. Die hier vorgetragenen Angebote und *(guten Gründe)* für Professionskonzepte stehen neben problematischen Begründungen, Regressionsgefahren, vielfältigen Fluchttendenzen und ideologisch-problematischen Konzeptualisierungen in der Legitimation und Verarbeitung professioneller Realität wie: Ritualisierung und Routinisierung, regressivem Festhalten an *alten Theorien* und unterschiedlichen projektiven oder dramatisierenden Jugendbildern, professionellen Selbststilisierungen, *Nähe-Konzepten,* Vorwurfshaltungen, Rigorosität, Machtkampf, Schuldzuweisungen, getrennten und damit anstrengenden zwei Wirklichkeiten als offizielle Lernrituale der Mitarbeiter einerseits und heimlichem Lernplan der Jugendlichen andererseits, Entfachlichung, pragmatisches Sich-Ein-und-Abfinden.

1. Vernetzung/Ressourcen/Infrastruktur

Diese Verortung setzt auf die absichernde, ressourcensichernde bzw. -schaffende Funktion von Mitarbeitern. Angeboten werden Begriffe wie *Drehpunktperson* (Damm 1988, 1991), *sozialinfrastruktureller Fachmann* (Böhnisch/Münchmeier 1987), *Raumwärter* (Böhnisch/Münchmeier 1990), *Umsetzen von Ideen in Strukturen* (Müller 1989), *Erfahrungsproduktion* (Thole 1991), *permanente Steigerung des Alltäglichen* (Tenorth 1989). Gemeint sind damit einerseits Begrenzungstendenzen, andererseits die Akzentuierung von Aufgaben und Funktionen, die weniger auf die pädagogischen Beziehungen und den Lernalltag in der Jugendarbeit als auf ein strukturell-politisches Profil, die Schaffung von hilfreichen (Unterstützungs-)Netzwerken setzen und damit auf die Notwendigkeiten, als Moderator die Bedingungen und Möglichkeiten (Zeit, Räume, Ressourcen und Gelegenheiten) für Jugendarbeit bzw. Jugendliche zu schaffen, die subjektiv nützliches, anregendes, kulturelles, inhaltlich-gegenstandsbezogenes und *expansives* Lernen und (Eigen)Leben ermöglichen sollen. Damit wird auf die kommunikativen, infrastrukturellen und jugendpolitischen Kompetenzen in einem sozial-räumlichen Konzept von Jugendarbeit (Bedürfnis- und Ressourcenerhebung, Vernetzung im Stadtteil, mit anderen Einrichtungen; Begründungen für Versorgung, Öffentlichkeit schaffen) hingewiesen; Müller spricht auch von einem Verständnis als *Jugendbeauftragten* (1989). Die leitende Frage für die Favorisierung dieses Professionalitätsprofiles ist: Wer weiß mehr über Kinder und Jugendliche in einer Gemeinde/einem Stadtteil als die Mitarbeiter in der Jugendarbeit – aber was machen sie kommunal- und verbandspolitisch aus ihren Erfahrungen und Kenntnissen? Diese Erfahrungen und Kenntnisse kritisch in die Erwachsenengesellschaft zurückzuspiegeln, in die kommunalpolitischen und verbandlichen Entscheidungen einzubringen, ihnen – in skandalisierender, vermittelter, advokatorischer Absicht – Gehör zu verschaffen sowie die angemessenen Infrastrukturen durchsetzen zu helfen, ist die zentrale Aufgabe. Diese Profilierung heißt für die Praxis der Jugendarbeit: Nicht mehr den überfordernden Anspruch zu haben, alles alleine zu machen, sondern kompetente und interessante Leute in die Jugendarbeit einzubeziehen; diese in strukturierender und ressourcenschaffender Funktion zu gewinnen, zu beraten, zu qualifizieren.

2. Beziehung/Prozeß und Begegnung

Nicht Aufklärung, Erziehung, Belehrung, gut gemeinte Curricula oder gar Besserwisserei und Überredung erreichen Jugendliche, sondern ein sie begleitender Prozeß des Zuhörens, des Auf-sie-Eingehens, sie Ernstnehmens – aber auch des Streitens, der Distanz und der Auseinandersetzung. Die leitende Frage für die Begründung dieses Professionalitätsprofils ist: Kommt es nicht vor allem auf die zunächst vorsichtige, sich kennenlernende Beziehung und dann den Prozeß von solidarischer Begleitung und Begegnung an? Erfahrungen über einen längeren Zeitraum in der Jugendarbeit, in einem beziehungsintensiven Lern- und Entwicklungsfeld kann für Jugendliche bedeutsame Auswirkungen für ihre Identitätsentwicklung, ihre Kommunikations- und Streitfähigkeit, ihre politischen Einstellungen und Verhaltensweisen haben. Dabei wären die Erwachsenen wichtiger Rückhalt und Jugendarbeit soziale Orte bei der Ablösung vom Elternhaus und im Prozeß kultureller Orientierung; Mitarbeiter wären Erwachsene, die einem den Rücken stärken in der Auseinandersetzung mit der (Erwachsenen)Gesellschaft und der Gewinnung von kultureller Sicherheit. Es geht um eine stärkere Reflexion des *Pädagogischen* und des *pädagogischen Bezugs,* ohne einer bevormundenden Beziehungsstruktur, einer *Pädagogisierung des Alltags* zu erliegen; es geht auch um die Reflexion der *stummen Botschaften,* die von der Einrichtung, den Räumlichkeiten, den Situationen ausgehen. Die Zusammenarbeit und das Zusammenleben sind selbst ein konkreter Bestandteil von demokratischer Lebenspraxis von Jugendlichen; das, worum es eigentlich geht (wie Demokratie, Solidarität, Streitkultur, Gelegenheiten zum Handeln), findet nicht irgendwo draußen oder irgendwann in ferner Zukunft statt, sondern passiert tatsächlich in der Jugendarbeit selbst. Nur wenn dieses Lernverhältnis nicht aufdringlich und besserwisserisch (mit „Überpolitisierung" verbunden) ist, erreicht es Jugendliche und öffnet sie für Mitarbeit; dabei geht es sowohl um die Beziehungsstruktur *Mitarbeiter – Jugendliche* wie um die Beziehungserfahrungen insgesamt (z. B. als sich selbst tragende Strukturen und Zusammenhänge), die von den Mitarbeitern zu fördern und zu sichern wären.

3. Interessanter Erwachsener und Zusammenleben

Es gilt die *alte* pädagogische Erkenntnis neu zu diskutieren, daß für Jugendliche weniger die konkreten Inhalte, sondern die personal-

pädagogische Beziehung von Interesse ist. Damit ist die Lerndimen-
sion bzw. -hoffnung verbunden, daß Jugendliche mit den Mitarbeitern als Erwachsenen, die kritische Zeitgenossen, Lernhelfer und
Lebensbegleiter sind, ein gewisse Zeit zusammenleben; daß sie an deren Leben, deren Auseinandersetzung mit der Wirklichkeit, deren
Fragen, Denkweisen und Können (nicht als professionelle Besserwis-
ser) teilhaben können; daß die Erwachsenen angreifbar und kritisier-
bar zur Verfügung stehen im Prozeß der eigenen Sinn- und Orientie-
rungssuche und Auseinandersetzung mit Realität. Dies kann auch
eine mögliche begrenzte Option eines *Lebensmodells* und biographische Orientierung (ohne Intimisierung, Idealisierung und Verwi-
schung der Unterschiede und Grenzen, ohne überzogenen pädagogischen Optimismus) für Jugendliche beinhalten. Die leitende Frage
für dieses Professionalitätsprofil ist: Wo erleben Jugendliche sie an-
und ernstnehmende und interessante Erwachsene? Jugendarbeit ist
immer auch und vor allem Generationenbegegnung und -konfronta-
tion. Die Mitarbeiter widmen sich dann nicht (nur) pädagogisch-pro-
fessionell den Jugendlichen, sondern (engagiert, auch begeistert und
manchmal sogar leidenschaftlich) der Sache und den Personen, soweit
und in der Weise, wie sie ihnen selbst wichtig sind. Sie machen neugie-
rig, zeigen Wege, eröffnen Bedeutungs- und Aneignungs- und damit
Freiheitsspielräume, versuchen etwas Neues, etwas Drittes entstehen
zu lassen, indem sie helfen, die „Gegenstände ein Stück weit zu sub-
jektivieren und die Subjektivität ein Stück weit zu vergegenständli-
chen" (Ziehe 1991, S. 71). Die Jugendlichen erfahren den Mitarbeiter
dann als jemanden der selbst tut, wovon sonst nur die Rede ist; was er
selber denkt, welche Probleme er hat, wofür er sich engagiert, zeigt
modellhaft seine Wege von Lernen, Aneignung, Arbeit und Art von Ge-
genstandsverhältnissen. Die pädagogische Grundstruktur des *Bei-Ste-
hens* und *-Haltens* im Sinne von Winnicotts Konzept der „hinreichend
guten" Erzieher (1974) bedeutet gleichzeitg erkennen zu geben, das
und wie auch Erwachsene von den Folgen der *Risikogesellschaft* betrof-
fen sind. Diese (nicht aufdringliche, distanzwahrende und nicht Sym-
pathie erpressende) Beziehungsstruktur kann für viele Jugendliche
eine bestimmende und entscheidende Lern- und Entwicklungserfah-
rung in der Jugendarbeit sein; das gilt für konkrete Orientierungen
und Entscheidungen (Schule, Ausbildung, Bundeswehr/Zivildienst
u. a.) wie für die biographische Entwicklung (Selbstbewußtsein,
Selbstsicherheit, Ambivalenzfähigkeit und Zulassen von unterschiedlichen Deutungsperspektiven, Rollenidentität, Sinn- und Motivfin-
dung u. a.), für moralisches und politisches Bewußtsein und Handeln.

4. Produkt-/Schwerpunkt-/Projektorientierung

Aneignung, Produktivität, Expressivität, Kreativität und Leben in
nichtschulisch organisierten Formen und Räumen – dies sind die Gelegenheiten für Eigenleben und produktive Teilhabe in der Jugendarbeit. Die derzeit vorfindbaren Lernangebote und sozialen Inszenierungen umfassen Gelegenheiten, sich unkontrolliert und originär einbringen können; historisch orientierte Untersuchungsprojekte; Me-
dien- und Kulturarbeit (Theater, Film, Video, Zeitung u. a.); Werkstattarbeit; ökologische, sportliche und erlebnispädagogische Angebote und Projekte. Die leitende Frage für dieses Professionalitätsprofil
ist: Erwarten und wollen Jugendliche in der Jugendarbeit nicht primär
anregende, spannende, Spaß machende und kompetenzerweiternde
Erfahrungen und Angebote? Um dies realisieren zu können, benöti-
gen die Mitarbeiter spezifische (handwerkliche, künstlerische, sportliche etc.) Qualifikationen und Fähigkeiten, die sie auch selbst begei-
stern und faszinieren. Die Angebote, Inszenierungen und Lernformen
in der Jugendarbeit beziehen sich gerade auf das, was Jugendliche in
ihrem Alltag nicht *von alleine* lernen und erfahren. Jugendliche müssen den Mitarbeiter als jemanden erfahren, der selbst für das engagiert
ist und von dem begeistert und fasziniert ist, was er sonst nur andient
bzw. anbietet; dann geht es wirklich um inhaltliche Fragen, indem der
Jugendliche wissen möchte, warum der Mitarbeiter das meint, warum
es ihm wichtig ist, warum er davon ergriffen ist, wie er das macht, was
er da tut. Die Erfahrung zu machen, daß Anstrengung *Spaß macht*, dabei die Realität reflexiv und ästhetisch *bearbeitet wird*, wäre gelingende
(bedeutsame) pädagogische Praxis. Hier gibt es punktuelle, spontane,
intensive Lern- und Einsichtsprozesse, gelingende Situationen, bedeutende Momente und positive Verdichtungen, die als *Sternstunden*
jedem Mitarbeiter vertraut sind. Intention eines solchen *expansiven
Lernens* ist in der Praxis eine gemeinsam erstellte Arbeit, eine Projekt-,
Produkt-, Aktionsidee, die in die kommunale oder verbandliche
Öffentlichkeit vermittelt und präsentiert wird.

5. Selbstorganisation und Selbstbestimmung

In der Tradition von Selbstorganisation und Autonomie sieht sich Ju-
gendarbeit als Beitrag in einem unterstützenden und begleitenden
Prozeß, der Jugendliche befähigen soll, ihre Interessen selbst in die
Hand zu nehmen. Diese Traditionsbildung, die die Autonomie der

Lebenspraxis und Selbsttätigkeit respektiert, ist – zumindest theoretisch und konzeptionell – weitgehend in Vergessenheit geraten. Sie ist von dem Interesse geleitet, die Jugendlichen nicht durch Stellvertreterpolitik und *stellvertretende Deutungen* zu erziehen, zu bilden, zu versorgen, zu befrieden und ihnen helfen zu wollen, sondern setzt auf ihr Potential und ihre Selbsttätigkeit, ihre Angelegenheiten selbst zu regeln bzw. ihre Interessen selbst durchzusetzen. Das derzeit in der sozialen Arbeit diskutierte Prinzip *Empowerment* steht in dieser Tradition; es zielt auf die (Wieder-)Herstellung von Kontrollerfahrungen über das eigene Leben. Es geht um die „Stärkung und Erweiterung der Selbstverfügungskräfte des Subjekts, es geht um die (Wieder-)Herstellung von Selbstbestimmung über die Umstände des eigenen Alltags" (Herriger 1991, S. 222). Die leitende Frage ist: Haben nicht die Jugendlichen aufgrund ihrer Lebensituation und Erfahrungen selbst das Potential zur Auseinandersetzung und Durchsetzung von Interessen? In diesem Prozeß der Klärung, Formulierung und Durchsetzung haben Mitarbeiter einen wichtigen beratenden und stabilisierenden Auftrag. Jugendarbeit als Ort der Klärung, Bereicherung von Verfügungs- und Erlebnismöglichkeiten setzt dabei nicht nur auf defensives Bewältigungslernen, sondern, als *Mikrokosmos gesellschaftlicher und politischer Kultur*, auf die Befähigung zu und Einübung von Veränderung. Mitarbeiter müssen ihren *Kompetenzvorsprung* (eher in der Sache und durch spezifische Qualifikationen – weniger in sozialem Wissen und Erfahrung) über Vermittlungsempathie produktiv einbringen. In der professionellen Selbstdefinition geht es um eine behutsame aber eindeutig parteiliche Ein- bzw. Zuordnung in die Emanzipationsprozesse von Jugendlichen, bezogen auf ein *gemeinsames Drittes*, einen Gegenstand „der mit objektiver Bedeutung und mit subjektiver Bedeutsamkeit belehnt werden kann" (Ziehe 1991, S. 71).

6. Intergenerative Zusammenarbeit

Jugendarbeit ist immer noch weitgehend einer Ghettosituation verhaftet, immer noch nicht genügend mit Aktivitäten verknüpft, die auch von anderen sozialen Gruppen getragen werden (können). Dabei kann es z. B. um kommunalpolitische Auseinandersetzungen, die Abwehr konkreter Planungen (Straßen, industrielle Ansiedlungen u. a.), die Öffentlichkeit über ökologische Mißstände und Probleme, die Auseinandersetzung mit der lokalen bzw. verbandlichen Geschichte, um kulturelle Projekte und Aktivitäten gehen. Die leitende

Frage ist: Sind nicht viele Probleme und Interessen von Jugendlichen auch die von Erwachsenen? Das würde bedeuten, sie auch intergenerativ zu bearbeiten und zu lösen. Für die Mitarbeiter sind Vernetzung, Kommunikation und Strukturierung von intergenerativen Lernprozessen in der Kommune / dem Stadtteil / dem Verband die zentralen Merkmale ihrer Arbeit; prozeß- und produktorientiert fördern sie nichthierarchische, kooperative Begegnungen und Lernprozesse zwischen den Generationen.

7. Geschlechterfrage – Mädchen-/Jungenarbeit

Jugendarbeit war in der Geschichte der Jugendarbeit bis Mitte der 70er Jahre vor allem Jungenarbeit; erst seit etwa 15 Jahren spielt die Geschlechterfrage eine zunehmend bedeutende Rolle. Das gilt für eigene Einrichtungen (z. B. Mädchentreffs), eigene Angebote (z. B. Bildungsurlaub) und für die koedukative Jugendarbeit.

Vor allem Mitarbeiterinnen (und bisher eher vereinzelt auch Mitarbeiter mit einem Verständnis von Jungenarbeit und zu problematisierender Männlichkeit) stellen die Geschlechterfrage in den Mittelpunkt ihrer Arbeit; das gilt für jungendominierte koedukative Arbeitsfelder (offene Jugendarbeit, Jugendverbandsarbeit, Bildungsarbeit) wie auch für die Mädchenarbeit (vgl. Brenner/Grubauer 1991). Die leitende Frage ist: Brauchen Mädchen aufgrund von Dominanz-, Konkurrenz- und Herrschaftsverhältnissen in den Geschlechterbeziehungen eigene Lern-, Entwicklungs- und Erfahrungsräume? In einer parteilichen Mädchenarbeit wird die Thematisierung des Geschlechterverhältnisses, die *Geschlechterfrage als Machtfrage*, mit ihren geschlechtsrollentypischen Zuschreibungen, Erwartungen und Erfahrungen zum zentralen Lerninteresse. Im alltäglichen Umgang, in den Beziehungsstrukturen und Formen der Auseinandersetzung mit Männlichkeit in unserer Kultur geht es um Einfluß, Leistung, Härte, Dominanz, Kontrolle, um Hierarchisierung und Macht. In einer geschlechterbewußten pädagogischen Arbeit geht es den Mitarbeiterinnen um die Erweiterung von Handlungsspielräumen von Mädchen, das Aufbrechen von Erstarrung, Einschränkung und Hierarchisierung, um die Entwicklung und Erfahrung von Selbstwert und Selbstbewußtsein von Mädchen und jungen Frauen. In der Jungenarbeit und der Auseinandersetzung mit Männlichkeit geht es um die *Erschütterung* traditioneller Muster und verengter Männlichkeit (Macht, Dominanz, Härte, Ehrgeiz, Besitz etc.) sowie um neue Orientierungen und Erfahrungen im Wandel der Geschlechterrollen (vgl. Hollstein 1991).

8. Ziel- und problemgruppenbezogene Angebote

Für abgrenzbare soziale Probleme und für sozial benachteiligte Gruppen muß es spezifische Angebote im Rahmen von Lernen, Hilfe, Beratung und Aktivitäten geben. Das gilt für arbeitslose, arme Jugendliche; für ausländische Jugendliche; für Jugendliche in sozialen Brennpunkten oder auch für expressive Jugendkulturen. Die leitende Frage ist: Welche Formen und Angebote gibt es für soziale Gruppen, um ihnen sowohl Chancen von gesellschaftlicher Integration wie auch von kulturellem Eigenleben zu ermöglichen? Die jeweilige Ausdifferenzierung begründet sich konkret und reicht von selbstorganisierten Musikgruppen in sozialen Brennpunkten, jugendkulturellen Treffs über Werkstattarbeit, Ausbildungsprojekte bis hin zu eigenen Lebensformen (Wohngemeinschaften, Cafebetrieb). Im Kontext und Prozeß von Beratung, Begleitung, konkreten Hilfen und gemeinwesenorientierten Ansätzen (Beschäftigung, Ausbildung, Wohnen) begründet sich für hauptamtliche Mitarbeiter ihr professionelles Profil.

9. Dienstleistung/Management/corporate identity

Die Einrichtungen und Träger von Jugendarbeit sind in der Freizeit, *auf dem Markt* ein Angebot für Jugendliche; in dem konkurrenten Feld von Markt, Medien, Konsum und Kommerz muß Jugendarbeit interessant, attraktiv und erkennbar sein, wenn sie sich *verkaufen* und bei Jugendlichen ankommen will. Die leitende Frage ist: Muß Jugendarbeit eine für Träger, Mitarbeiter und Jugendliche erkennbare *Kultur und Philosophie*, Sinndeutung, eine *corporate identity* haben; kann es in der Jugendarbeit ein eigenständiges sozial- und bildungspolitisch begründetes Kinder- und Jugendmarketing geben, das sich gerade auch vom Kommerz unterscheidet?

Neben einem inhaltlichen Aspekt zielt der Blick auf eine *Firmenphilosophie*, die das „Außenbild der Einrichtung" kultiviert – für die offene Jugendarbeit z. B. „das bauliche Erscheinungsbild. Pflege, Ausbau, Veränderung und Gestaltung von Wänden, Räumen, Fluren etc. sind Ausdruck konzeptionellen Wollens und haben, wie das Feld der Werbung täglich zeigt, einen signifikanten Effekt" (Redder 1991,

S. 265). Bei diesem Image-Verständnis bekommen neben den weitgehend konsensfähigen sozialpädagogischen (wie ganzheitlichen, nicht quantifizierbaren, sozial-kommunikativen) auch betriebswirtschaftliche Kategorien wie *Bedarf und Nachfrage, Leistung und Effizienz, Planung, Verwaltung/Leitung und Management;* Qualifikation, Zuständigkeit und Kontrolle; Absprache und Verantwortlichkeit; aber auch entlastende *prozedurale Regeln* eine wichtige (additive bzw. integrierte) Bedeutung im Selbstverständnis und in der Strukturierung des Arbeitsfeldes. Jugendarbeit darf nicht familialisiert, intimisiert werden, sondern hat sich als *Vergesellschaftung* Regeln und eine symbolische Realität zu geben – ohne deren Wert und Funktionen zu überschätzen. Dies wirkt gleichzeitig entlastend und setzt soziale Energie frei. Bei einem solchen Verständnis von Jugendarbeit sind Mitarbeiter die personalen Träger und soziale Manager, Vermittler und Repräsentanten einer sozialen *Kultur und Philosophie,* der Sinndeutung von Jugendarbeit; sie sind dabei in ein kooperatives, arbeitsteiliges und/oder hierarchisches Organisations- bzw. Trägermodell – mit vertraglichen Vereinbarungen/Sicherheit, Fürsorgepflicht des Arbeitgebers und Personalplanung (Fortbildung, Auf- bzw. Ausstieg) – eingebunden.

Ausblick

Alle diese Profilangebote haben plausible, positiv-produktive Begründungen, sie können *Motor* (und Voraussetzung) des Wandels der verberuflichten Jugendarbeit sein. Sie sind in der Erosion von traditionellen Berufsrollen ambivalent und können (trägerorientiert, berufsständisch und professionsbiographisch stimuliert) zu Borniertheiten und Engführungen, zu problematischen Legitimationsmustern werden und zum Scheitern führen, wenn sie aus der Perspektive des Subjektes *Jugend* unangemessen und (beispielsweise als Absicht der professionellen Instanz; als Fremdkontrolle mit der pädagogischen Absicht von *lernen zu*) ideologisiert werden. Die Subjektivität der Jugendlichen als *eigentliches Subjekt* außerschulischer, selbstkontrollierter Lernprozeße, deren Lebensverhältnisse und Lerngründe sind der Bezugspunkt für den anstehenden Begründungsdiskurs über die Arrangements und die Lernorganisation in der Jugendarbeit sowie der Legitimation von Mitarbeitern. Wenn sie als Professionskonzepte und -praxis, als *alltagsorientierte, narrative und mäeutische Jugendarbeit* die Möglichkeitshorizonte zur Verfügung stellen und Kontingenzspielräume erweitern will, statt in einem konkurrenten Zusammenhang und sich ausgrenzendem Gegenüber, sondern in einem produktiven Spannungsverhältnis – das nicht identisch ist mit *nur* Fachlichkeit, beruflichem Wissen einerseits und einem mystifizierten Anspruch an *Persönlichkeit* und avantgardistischen Selbstgefühlen andererseits – zu stehen, deutet sich ein produktiver Dialog und spannender Suchprozeß zu Professionalitätsprofilen an. Gerade ihre empirische Erprobung und Ausweisung sollte dann zeigen, ob und wie sich – jeweils durch die Situation der Jugendlichen begründet – die Profile *bewähren*, aus welchen Gründen sie scheitern (müssen) und überfordern (müssen). Leitende Konzeptfigur für den Alltag von Jugendarbeit sollte dabei sein: Belehrung, Konturlosigkeit und Langeweile zu verhindern. Dabei werden sich einzelne Profile nicht abgrenzend und idealtypisch, sondern immer – in Aushandlung und Absprache und unter den jeweiligen Bedingungen – *verzahnt, überscheidend und gemischt* realisieren bzw. nicht realisieren lassen. Der Abschied von Eindeutigkeiten – so es sie jemals gab – könnte im Spannungsfeld von Profilen, als *Segmentierung/Arbeitsteilung* einerseits und *Totalität/Integration* andererseits, Platz machen für experimentelle und hoffentlich wenig konkurrente Verortungen und Begründungen, vor allem aber für die Praxis in der Jugendarbeit, die im *Selbstbezug* und möglichst ohne Realitätsdruck Raum läßt für Probedenken und Probehandeln, für *permanente Steigerung des Alltäglichen*. Die Arbeit an Profilen und Profilmischungen – immer mit der Gefahr des Scheiterns – müssen die Mitarbeiter selbst, aus eigener Kraft realisieren; politische und kulturelle *Gratislegitimationen* zur Bedeutung und Notwendigkeit von Jugendarbeit und Professionalität gibt es nicht mehr bzw. sie lösen sich tendenziell auf. In diesem Prozeß kann gleichzeitig ein erheblicher Reformbedarf in der Jugendarbeit prognostiziert werden, z. B. ob Komm- oder Geh-Struktur; in der Verlagerung von Kompetenzen und Autonomie von der Verwaltung in die Angebote und Einrichtungen; Korrekturen in der *Verbehördung und Verrechtlichung*, in den Qualifikationen von Mitarbeitern; für Fortbildung, Beratung und Supervision; in der Schaffung von Bedingungen für die Realisierung von Profilen; Möglichkeiten des Aufstiegs und Umstiegs von Mitarbeitern. Daß dies im Kontext politisch-administrativer Interessen mit Widerständen und Konflikten verbunden und letztlich als ein Entwicklungsproblem demokratischer Verhältnisse zu verstehen ist, verweist auf die widrigen Bedingungen pädagogischen Handelns, auf die gesellschaftliche und politische Kontrollinteressen an Jugendarbeit(ern). Tenorth lenkt den Blick weg von professionsinternen Reflexionen, es geht ihm nicht primär um die Kompetenz des Pädagogen und den Ethos des Berufes (und den damit verbundenen, möglicherweise nicht einhaltbaren, überhöhten Versprechungen), „sondern die gesellschaftlich definierte Aufgabe, die Funktion der Erziehung" (1989, S. 811); die Reflexion der gegebenen, einengenden und begrenzt beeinflußbaren Strukturbedingungen von pädagogischer Arbeit sind für ihn Ausgangs- und Bezugspunkt für die Erörterung von Berufsproblemen. In den Strategien der Erprobung und Durchsetzung von professionellen Profilen – als personen-dienstleistungsbezogene Profession – ist entscheidend, ob Träger ihren Mitarbeitern einen sicheren bzw. abgesicherten Hintergrund für ihre Arbeit geben; daß sie nicht nur bzw. immer wieder (konflikthaft und reglementierend) Grenzen erfahren, sondern entwicklungsfördernd unterstützt werden.

Literaturverzeichnis

Um die Bibliographie nicht zu überfrachten, sind nicht alle im Text zitierten Quellen (Beiträge in Zeitschriften, Berichte, Rundbriefe, Gesetzestexte, Erlasse, Ausführungsbestimmungen, Stellungnahmen, Gutachten etc.) auch im Literaturverzeichnis aufgeführt.

Zeitschriften und andere Periodika

deutsche jugend. Zeitschrift für die Jugendarbeit. Weinheim 1953 ff.

Die Hitler-Jugend im Kriege, 28. Bericht, September 1943

Pädagogisches Zentralblatt (herausgegeben vom Zentralinstitut für Erziehung und Unterricht in Berlin). Langensalza 1931

Führerblätter der Hitler-Jugend (herausgegeben von der RJF der NSDAP/Amt für weltanschauliche Schulung). Berlin 1935 ff.

„Der Zwiespruch". Unabhängige Zeitung der Jugendbewegung, Nachrichten- und Anzeigenblatt ihres wirtschaftlichen Lebens. Berlin 1915 ff.

Das Junge Deutschland (herausgegeben vom Reichsausschuß der deutschen Jugendverbände). Berlin 1925 ff.

Ratgeber für Jugendvereinigungen (herausgegeben von der Zentralstelle für Volkswohlfahrt). Berlin 1911 ff.

Zentralblatt für Jugendrecht und Jugendwohlfahrt, Frankfurt a. M./Berlin 1927 ff.

Die Pädagogische Provinz. Monatsschrift für Erziehung und Unterricht. Frankfurt a. M. 1947 ff.

Pädagogische Rundschau. Monatsschrift für Erziehung und Unterricht. Köln 1949 ff.

Der Führer. Monatsschrift für Führer und Helfer der Arbeiterjugendbewegung (Herausgegeben vom Hauptvorstand des Verbandes der Sozialistischen Arbeiterjugendbewegung). Berlin 1922

Rundbrief der „Gilde Soziale Arbeit" (herausgegeben von den wechselnden Geschäftsstellen der Gilde) 1929 ff.

Wille und Macht. Führerorgan der nationalsozialistischen Jugend (Herausgeber: Baldur von Schirach). Berlin 1938 ff.

Die Sammlung (Herausgeber: Otto Friedrich Bollnow/Wilhelm Flitner/Herman Nohl/Erich Weniger). Göttingen 1949 ff.

Bildung und Erziehung. Monatsschrift für Pädagogik. Frankfurt/M. 1952 ff.

Recht der Jugend. Zeitschrift für Jugenderziehung, Jugendpflege und Jugend-schutz, für Jugendfürsorge und Jugendstrafrecht. Neuwied 1958 ff.

Zeitschrift für Psychologie und Physiologie der Sinnesorgane. Organ der Deut-schen Gesellschaft für Psychologie. Leipzig 1934

Aufsätze und Monographien

AGJF (Hrsg), 1987: Jugendarbeit in Baden-Württemberg in der Nachkriegszeit. Protokoll einer Tagung. Leinfelden
Albers, Hermine, 1949: Die soziale Lage der Jugend und die Aufgaben und Pro-bleme der öffentlichen Jugendpflege, in: Jahrbuch der Jugendarbeit (1949). München
Althaus, Hermann, 1937: Nationalsozialistische Volkswohlfahrt. Wesen, Aufga-ben und Aufbau. (Schriften der Hochschule für Politik II). Berlin
Arbeitsgemeinschaft für Jugendpflege und Jugendfürsorge in Verbindung mit dem Deutschen Jugendarchiv München e. V. (Hrsg.), 1955: Das Heim der of-fenen Tür. Eine Untersuchung westdeutscher und Westberliner Freizeitstät-ten. München
–, 1958: Tätigkeitsbild des behördlichen Jugendpflegers, in: Mitteilungen der AGJJ (Nr. 25)

Barabas, Friedrich/ Blanke, Thomas/ Sachße, Christoph/ Stascheit, Ulrich, 1975: Jahrbuch der Sozialarbeit 1976. Projekte, Konflikte, Recht. Reinbek
Barabas, Friedrich/ Blanke, Thomas/ Sachße, Christoph/ Stascheit, Ulrich (Hg.), 1977: Jahrbuch der Sozialarbeit 1978. Analysen, Berichte, Materialien. Reinbek
Baron, Rüdeger (Hg.), 1983: Sozialarbeit und soziale Reform. Zur Geschichte eines Berufs zwischen Frauenbewegung und öffentlicher Verwaltung. Weinheim/ Basel
Bauer, Wolfgang, 1991: Jugendhaus. Geschichte, Standort und Alltag Offener Ju-gendarbeit. Weinheim
Baum, Marie/Bäumer, Gertrud, 1917: Soziale Frauenschule und sozialpädago-gisches Institut in Hamburg. Hamburg
Bäumer, Gertrud, 1929: Das Jugendwohlfahrtswesen und Die sozialpädagogische Erzieherschaft und ihre Ausbildung, in: Nohl, Herman/Pallat, Ludwig (Hg.), Handbuch der Pädagogik. Fünfter Band: Sozialpädagogik. Langensalza
Bäumler, Christoph, 1975: Professionalisierung der Jugendarbeit? Aspekte einer soziologischen Analyse der Jugendverbände, in: deutsche jugend, 21. Jg. (Heft 3)
Bayerischer Jugendring, o. J.: Zwanzig Jahre Bayerischer Jugendring. Ideen, Ge-schichte und Dokumentation. Ein Beitrag zur Geschichte der Jugendarbeit nach 1945. München

Becker, Walter, 1952: Auf dem Weg zu neuen Jugendämtern, in: Bildung und Erziehung, 5. Jg. (Heft 4)
–, 1958: Zur soziologischen und psychologischen Situation der Jugend, in: Zentralblatt für Jugendrecht und Jugendwohlfahrt, 45. Jg. (Heft 11)
–, 1959: Zur Frage der Finanzierung der Jugendhilfe, in: Recht der Jugend, 7. Jg. (Heft 8)
–, 1960: Um die Neuordnung der sozialen Ausbildung, in: Recht der Jugend, 8. Jg. (Heft 18)
Belardi, Nando, 1975: Die vernachlässigte Beziehungs- und Erfahrungsebene in der Jugendbildungsarbeit, in: deutsche jugend, 23 Jg. (Heft 11)
Berger, Oskar, 1931: Jugendabteilungen und Jugendleben in der Deutschen Turnerschaft, in: Siemering, Hertha (Hrsg.) 1931
Bernfeld, Siegfried, 1915: Über den Begriff der Jugend (Diss.). Wien
–, 1923: Über eine typische Form der männlichen Pubertät, in: Imago (Band 9)
Blücher, Viggo Graf, 1966: Die Generation der Unbefangenen. Düsseldorf/Köln
Böhnisch, Lothar, 1984: Historische Skizzen zur Offenen Jugendarbeit, in: deutsche jugend, 32. Jg. (Heft 10 u. 11)
Böhnisch, Lothar/Schefold, Werner, 1985: Lebensbewältigung. Soziale und pädagogische Verständigungen an den Grenzen der Wohlfahrtsgesellschaft. Weinheim und München
Böhnisch, Lothar/Gängler, Hans/Rauschenbach, Thomas (Hrsg.), 1991: Handbuch Jugendverbände, Weinheim und München
Böhnisch, Lothar/Münchmeier, Richard, 1987: Wozu Jugendarbeit? Orientierungen für Ausbildung, Fortbildung und Praxis. Weinheim und München
Dies., 1990: Pädagogik des Jugendraums. Zur Begründung und Praxis einer sozialräumlichen Jugendpädagogik., Weinheim und München
Böhnisch, Lothar/Winter, Reinhard, 1990: Pädagogische Landnahme. Einführung in die Jugendarbeit des ländlichen Raums. Weinheim und München
Bondy, Curt/Eyferth, Klaus, 1952: Bindungslose Jugend. Eine sozialpädagogische Studie über Arbeits- und Heimatlosigkeit (herausgegeben von der „Gilde Soziale Arbeit"). München/Düsseldorf
von Bothmer, Hendrik 1949: Das Jugendhilfswerk als Mittel der Volkserziehung, in: Die Sammlung, 4. Jg. (Heft 2)
Brass, Fritz, 1957: Hilfe für die SBZ-Jugendlichen – eine Aufgabe der Jugendsozialarbeit, in: Zentralblatt für Jugendrecht und Jugendwohlfahrt, Jg. 44 (Heft 10)
Brenner, Gerd/Grubauer, Franz (Hrsg.), 1991: Typisch Mädchen? Typisch Junge? Persönlichkeitsentwicklung und Wandel der Geschlechterrollen. Weinheim und München
Brenner, Peter, 1957: Das Berufsbild – Voraussetzungen für eine Jugendpflegerausbildung, in: deutsche jugend, 5. Jg. (Heft 5)
Brezinka, Wolfgang, 1961: Der erziehungsbedürftige Mensch und die Institutionen, in: Weltweite Erziehung (Festschrift für Friedrich Schneider). Freiburg
Brockmann, Alwin, 1927: Die Bedeutung der Jugendpflege und das Jugendpfleger-Seminar Gehlsdorf, in: „Der Zwiespruch", 9. Jg. (Nummer 46/47)
Buchhierl, Gustav, 1930: Arbeiten des großstädtischen Jugendamtes, in: Das Junge Deutschland (Sonderheft Soziale Arbeit), 24. Jg. (Heft 2)

Classen, Walther, 1913: Ausbildungskurse für Leiter und Helfer in Jugendheimen und Jugendvereinen, in: Duensing, Frieda (1913)

Clauss, Ludwig Ferdinand, 1933: Rasse und Seele. Ein Einführung in den Sinn der leiblichen Gestalt. München
Cleven, B. E., 1931: Die Mitwirkung des Jugendamtes in der Jugendführung, in: Pädagogisches Zentralblatt, 11. Jg. (Heft 1)
Collm, Stefan, 1991: Der Bundesjugendplan, in: Böhnisch, Lothar/Gängler, Hans/ Rauschenbach, Thomas (Hrsg.)

Damm, Diethelm, 1975: Politische Jugendarbeit. Grundlagen, Methoden, Projekte. München
–, 1980: Die Praxis bedürfnisorientierter Jugendarbeit. München
–, 1981: Wenn der Alltag zur Sprache kommt. Die Lebenswelt der Jugendlichen als Inhalt der Jugendarbeit. München
–, 1988: Thesen zu Chancen und Problemen offener Jugendarbeit, in: deutsche jugend, 36. Jg. (Heft 10)
–, 1991: Konsequenzen sozialer Wandlungsprozesse für die Perspektiven Offener Jugendarbeit, in: deutsche jugend, 39. Jg. (Heft 12)
Dannemann, Arnold, 1953: Unbekannte Jugend, in: deutsche jugend, 1. Jg. (Heft 1)
Dehn, Günther, 1919: Großstadtjugend. Berlin
–, 1929: Jugendpflege, in: Nohl, Herman/Pallat, Ludwig (Hg.)
Deutscher Bundesjugendring, 1979: DBJR-Jahrbuch 1949–1979. Bonn
Deutscher Bundesjugendring 1954: Zwischen Restauration und neuer Jugendbewegung? Das Fürstenecker Gespräch, in: Faltermaier, Martin (Hg.) 1983
Deutscher Bundesjugendring, 1962: Selbstverständnis und Wirklichkeit der heutigen Jugendverbandsarbeit (Erklärung des DBJR von St. Martin/Pfalz), in: Faltermaier, Martin (Hg.) 1983
Deutscher Verein für öffentliche und private Fürsorge (Hrsg.), 1960: Organisation und Tätigkeit der Jugendämter in der Bundesrepublik und Westberlin. Frankfurt/M.
Die Arbeiterwohlfahrt zur Neuordnung der sozialpädagogischen Ausbildungsgänge, 1964; in: Mitteilungen der AGJJ (Nr. 40)
Drews, Rainer, 1991: Zur Krise katholischer Jugendverbandsarbeit. Frankfurt/M.
Dudek, Peter, 1988a: Erziehung durch Arbeit. Arbeitslagerbewegung und freiwilliger Arbeitsdienst 1920 – 1935. Opladen
–, 1988b: Leitbild: Kamerad und Helfer. Sozialpädagogische Bewegung in der Weimarer Republik am Beispiel der „Gilde Soziale Arbeit". Frankfurt/M.
–, 1990: Jugend als Objekt der Wissenschaft. Geschichte der Jugendforschung in Deutschland und Österreich. Opladen
Duensing, Frieda (Schriftleitung), 1913: Handbuch der Jugendpflege. Langensalza

Ehrhardt, Justus, 1930: Amtliche Jugendpflege und ihre Grenzen, in: Das Junge Deutschland, 24 Jg. (Heft 2)
–, 1931: Die Jugendbewegung in der sozialen Arbeit, in: Siemering, Hertha (Hrsg.)
Faltermaier, Martin, 1969: in: deutsche jugend, 17. Jg. (Heft 3)
– (Hrsg.), 1983: Nachdenken über Jugendarbeit. Zwischen den fünfziger und achtziger Jahren. München
Fehrlen, Burkhard/Schubert, Ulrich, 1988: „Die Entstehung der offenen Jugendarbeit in Baden-Württemberg in der Nachkriegszeit, in: Projektgruppe (Hrsg.). Leinfelden

Fehrlen, Burkhard, 1988: „Häuser der Jugend" oder: was heißt hier offene Jugendarbeit?, ders., Regionalstudie Stuttgart, in: Projektgruppe (Hrsg.), „Was wir wollen, ist eine Lösung für die gesamte deutsche Jugend". Die Entstehung der offenen Jugendarbeit in Baden-Württemberg: 1945 bis 1955. Leinfelden
Fehrlen, Burkhard/Schubert, Ulrich, 1991: Die Entwicklung der offenen Jugendarbeit in Baden-Württemberg: 1945 bis 1955, in: neue praxis, 21. Jg. (Heft 2)
Fiedler, Gudrun, 1989: Jugend im Krieg. Bürgerliche Jugendbewegung, Erster Weltkrieg und sozialer Wandel 1914-1923. Köln
Fischer, Immanuel, 1928: Die heutige Lage der Jugendämter, in: Zentralblatt für Jugendrecht und Jugendwohlfahrt, 19. Jg. (Nummer 12)
Fischer, Aloys, 1967: Erziehung als Beruf. Heidelberg
Flössel, Ernst, 1895: Was fehlt unserer Arbeiterjugend? Ein Beitrag zur Lösung der sozialen Frage unter besonderer Berücksichtigung der Zuchtlosigkeit unter der Jugend. Leipzig
Fluk, Elke, 1972: Jugendamt und Jugendhilfe im Spiegel der Fachliteratur – Analyse und Kritik der Diskussion 1950–1970 (Forschungsbericht). München
Foerster, Friedrich Wilhelm, 1959: Die Hauptaufgaben der Erziehung. Freiburg
–, 1904: Jugendlehre. Ein Buch für Eltern, Leher und Geistliche. Berlin
–, 1905: Lebenskunde. Ein Buch für Knaben und Mädchen. Berlin
–, 1917: Erziehung und Selbsterziehung. Hauptgesichtspunkte für Eltern und Lehrer, Seelsorger und Jugendpfleger. Zürich
Frankfurter Richtlinien für die Einrichtung und die Arbeit der „Heime der offenen Tür", 1956: In: Mitteilungen der AGJJ (Heft 8)
Frasch, Gerhild, 1991: Fortbildung von Hauptamtlichen, in: Böhnisch, Lothar/Gängler, Hans/Rauschenbach, Thomas (Hrsg.)

Gierl, 1912: Der Offizier im Dienst der Jugendpflege, in: Ratgeber für Vereinigungen (herausgegeben von der Zentralstelle für Volkswohlfahrt), 6. Jg. (Heft 2)
Giesecke, Hermann, 1963: Die Misere der geplanten Jugendlichkeit, in: deutsche jugend, 11. Jg. (Heft 2)
–, 1969: Emanzipation – ein neues pädagogisches Schlagwort?, in: deutsche jugend, 17. Jg. (Heft 12)
–, 1971: Die Jugendarbeit. München
–, 1981: Vom Wandervogel bis zur Hitlerjugend. Jugendarbeit zwischen Politik und Pädagogik. München
–, 1987: Pädagogik als Beruf. Grundformen pädagogischen Handelns. Weinheim und München
Graf, Pedro, 1968: Mitarbeiterfortbildung in der politischen Bildungsarbeit, in: deutsche jugend, 16. Jg. (Heft 6)
Grauer, Gustaf, 1968: Mitarbeiter in Jugendfreizeitheimen, in: Flitner, Andreas, 1968: Die Mitarbeiter in der Jugendhilfe. München
Grupe, Ommo, 1962: Die problematische Situation des Jugendführers, in: deutsche jugend, Jg. 10 (Heft 4)

Hafeneger, Benno/Sander, Ekkehard, 1979: Verarbeitungsstrategien von Mitarbeitern im Berufsalltag der Offenen Jugendarbeit, in: Brockmann, Anna Dorothea, et. al., jahrbuch der sozialarbeit 3 (1979). Reinbek
Hafeneger, Benno, 1988a: „Alle Arbeit für Deutschland". Arbeit, Jugendarbeit und Erziehung in der Weimarer Republik, unter dem Nationalsozialismus und in der Nachkriegszeit. Köln

–, 1988b: Führen und Leiten. Lesebuch zu Leitmotiven in der Geschichte von Jugendarbeit und Pädagogik. Frankfurt
–, 1990a: Jugendverbandsarbeit von der Nachkriegszeit bis in die achtziger Jahre, in: Damm, Diethelm/Eigenbrodt, Jörg/Hafeneger, Benno, Jugendverbände in der Bundesrepublik Deutschland (1990). Neuwied
–, 1990b: „Da wirst Du nicht alt!". Älterwerden in der Jugendarbeit. Frankfurt
Haller, Leo, 1957: Die Ausbildung von Wohlfahrts- und Jugendpflegern, das Problem der gemeinsamen Seminarausbildung, in: Zentralblatt für Jugendrecht und Jugendwohlfahrt, 44. Jg. (Heft 4)
Handbuch der Jugendarbeit, 1955: Herausgegeben vom Deutschen Bundesjugendring, der Bundesarbeitsgemeinschaft Jugendaufbauwerk und dem Bundesministerium des Innern (Gruppe Jugend). Bearbeitet von Konrad Friesicke, Rosemarie Leese und Ferdinand Ranft. München
Harrer, Friedrich, 1967: Jugendwohlfahrtskunde. Ein Grundriß für die sozialpädagogische Ausbildung und Praxis. Neuwied
Hasenclever, Christa, 1952: Zur Neugestaltung der Sozialarbeiterausbildung, in: Schriften der Arbeiterwohlfahrt Nr. 3
–, 1957: Zur Frage der Dozenten an den sozialen Schulen, in: deutsche jugend, 5. Jg. (Heft 7)
–, 1965: Zur Neuordnung der sozialpädagogischen Ausbildungswege, in: deutsche jugend, 13. Jg. (Heft 6)
–, 1978: Jugendhilfe und Jugendgesetzgebung seit 1900. Göttingen
Hauert, Adolf, 1950: Lehrer und Kreisjugendpfleger, in: Die Pädagogische Provinz, 4. Jg. (Heft 1)
Hederer, Josef, 1959: Die Jugendgemeinschaften und ihre Führer. München
Heimes, Wilfried, 1964: Das Heim der Offenen Tür, in: deutsche jugend, 12. Jg. (Heft 2)
Herriger, Norbert, 1991: Empowerment – Annäherungen an ein neues Fortschrittskonzept, in: neue praxis, 21. Jg. (Heft 3)
Herrmann, Gertrud, 1956: Die sozialpädagogische Bewegung der zwanziger Jahre. Weinheim/Berlin
Hertz, 1927: Sorgen des Jugendamtes, in: Zentralblatt für Jugendrecht und Jugendwohlfahrt, 19. Jg. (Nummer 8)
Herzfeld, Gottfried, 1947: Die Gestaltung des Jugendlebens als erzieherische Aufgabe, in: Die Pädagogische Provinz, 1. Jg. (Heft 1)
Hirtsiefer, Heinrich (Hg.), 1930: Jugendpflege in Preußen. Eberswalde
Hilgenfeldt, Ernst, 1937: Idee der nationalsozialistischen Wohlfahrtspflege. NSV-Schriftenreihe (Nr. 2). München/Berlin
–, 1937: Aufgaben der nationalsozialistischen Wohlfahrtspflege. NSV-Schriftenreihe (Nr. 3). München/Berlin
Hoffmann, Paul, 1930: Das ländliche Jugendamt, in: Das Junge Deutschland (Sonderheft „Soziale Arbeit"), 24. Jg. (Heft 2)
Hollstein, Walter, 1991: Männlichkeit als sozialpädagogisches Problem, in: neue praxis, 21. Jg. (Heft 3)
Hornstein, Walter, 1965: Die Schwierigkeit, eine Theorie der Jugendarbeit zu entwerfen, in: deutsche jugend, 13. Jg. (Heft 5)
–, 1966: Zur Rolle der Jugend in der modernen Gesellschaft, in: deutsche jugend, 14. Jg. (Heft 7)
Hornstein, Walter/Lüders, Christian, 1989: Professionalisierungstheorie und pädagogische Theorie, in: Zeitschrift für Pädagogik, 35. Jg. (Heft 6)

Hübner, Herrmann, 1936: Grundsätzliches zur Zusammenarbeit zwischen Jugendamt und NSV-Jugendhilfe, in: Zentralblatt für Jugendrecht und Jugendwohlfahrt, 27. Jg. (Nummer 12)
Hunzinger 1915: Weibliche Jugendpflege, in: Der Zwiespruch, 2. Jg. (Heft 3)

Jäger, Martin, 1912: Die Heranbildung jugendlicher Mitarbeiter für die Jugendarbeit, in: Ratgeber für Jugendvereinigungen (herausgegeben von der Zentralstelle für Volkswohlfahrt), 6. Jg. (Nummer 1 und 3)
–, 1913: Die Ausbildung von Jugendpflegern im Anschluß an den Wartburg Verein in Frankfurt a. M., in: Duensing, Frieda (Schriftleitung)
Jahrbuch der Jugendarbeit 1949 (im Auftrag der „Arbeitsgemeinschaft Jugendrecht und Jugendpflege", herausgegeben von Dr. J. Müller-Zurlinden). München
Jahrbücher des Archivs der deutschen Jugendbewegung, 1981 bis 1987. Witzenhausen
Jordan, Erwin/Münder, Johannes (Hrsg.), 1987: 65 Jahre Reichsjugendwohlfahrtsgesetz – ein Gesetz auf dem Weg in den Ruhestand. Münster
Jugendbericht, erster. Bericht der Bundesregierung über die Lage der Jugend und über die Bestrebungen auf dem Gebiet der Jugendhilfe. Bonn 1965 BTDr. IV/3515
Jugendbericht, zweiter. Aus- und Fortbildung der Mitarbeiter in der Jugendhilfe. Bonn 1968. BTDr. V/2453
Jugendbericht, dritter. Aufgaben und Wirksamkeit der Jugendämter in der BRD. Bonn 1972. BTDr. VI/3170
Jugendbericht, fünfter. Bericht über Bestrebungen und Leistungen der Jugendhilfe. Bonn 1980. BTDr. 8/3684 und 8/3685

Kall, Gudula, 1932: Der Kampf um die Aufrechterhaltung der Jugendwohlfahrtspflege, in: Zentralblatt für Jugendrecht, 23. Jg. (Heft Januar/Februar)
Kaufmann, Günther, 1943: Das kommende Deutschland. Die Erziehung der Jugend im Reich Adolf Hitlers. Berlin
Kerschensteiner, Georg, 1901: Wie ist die männliche Jugend von der Entlassung aus der Volksschule bis zum Eintritt in den Heeresdienst am zweckmäßigsten für die bürgerliche Gesellschaft zu erziehen (gekrönte Preisschrift), in: Jahrbücher der Königlichen Akademie gemeinnütziger Wissenschaften (Heft 27). Erfurt
–, 1933: Theorie der Bildungsorganisation, Berlin und Leipzig
Klönne, Arno, 1956: Hitlerjugend. Die Jugend und ihre Organisationen im Dritten Reich. Hannover und Frankfurt/M.
–, 1982: Jugend im Dritten Reich. Die Hitler-Jugend und ihre Gegner. Düsseldorf
–, 1989: 40 Jahre Jugendverbände: Durchgängig linientreu?, in: sozial extra. Das Monatsmagazin für Soziale Arbeit und Sozialpolitik, Heft 10/1989. Wiesbaden
–, 1989: Jugendverbände und gesellschaftliche Entwicklung, in: Deutscher Bundesjugendring (Hrsg.), Kein Alter zum Ausruhen. 40 Jahre DBJR (1989). Düsseldorf
Klönne, Irmgard, 1990. „Ich spring' in diesem Ringe". Mädchen und Frauen in der deutschen Jugendbewegung. Pfaffenweiler
Kluth, Heinz, 1953: Das „Ohne-Uns" der Jugend, in: deutsche jugend, 1. Jg. (Heft 5)
–, 1955: Arbeiterjugend gestern und heute. Heidelberg

Koebner, Thomas/Janz, Rolf-Peter/Trommler, Frank (Hg.), 1985: Mit uns zieht die neue Zeit. Der Mythos Jugend, Frankfurt/M.
Krafeld, Franz-Josef, 1984: Geschichte der Jugendarbeit. Von den Anfängen bis zur Gegenwart. Weinheim/Basel
–, 1991: Von der Politisierung zur Pädagogisierung. Jugendverbände in den siebziger Jahren, in: Böhnisch, Lothar/Gängler, Hans/Rauschenbach, Thomas (Hrsg.), Handbuch Jugendverbände. Weinheim und München
Krause, Friedrich, 1954: Jugendgruppen und Jugendpflege, in: deutsche jugend, 2. Jg. (Heft 8)
Kreutz, Henrik/Landwehr, Rainer (Hrsg.), 1977: Studienführer für Sozialarbeit und Sozialpädagogik. Neuwied
Krieck, Ernst, 1932: Nationalpolitische Erziehung, Leipzig

Lades, Heinrich, 1949: Jugendarbeit in Deutschland 1949. Voraussetzungen, Formen und Ideenkräfte, in: Jahrbuch der Jugendarbeit (1949). Köln
–, 1957: Die Ausbildung von hauptamtlichen Mitarbeitern in der Jugendarbeit, in: deutsche jugend, 5. Jg. (Heft 4)
Landwehr, Rolf/Baron, Rüdeger (Hrsg.), 1983: Geschichte der Sozialarbeit. Hauptlinien der Entwicklung im 19. und 20. Jahrhundert. Weinheim/Basel
Lembke, Friedrich, 1913: Handbuch der Jugendpflege auf dem Lande. Berlin
Lenhatz, Rolf, 1949: Das Selbsthilfewerk der Jugend. Grundlagen, Erfahrungen und Aufgaben, in: Jahrbuch der Jugendarbeit (1949). Köln
Lessing, Hellmut/Liebel, Manfred, 1974: Jugend in der Klassengesellschaft. Marxistische Jugendforschung und antikapitalistische Jugendarbeit. München
Lessing, Hellmut, 1976: Für „Offene Jugendarbeit", in: deutsche jugend, 24. Jg. (Heft 7)
–, 1976: Jugendpflege oder Selbsttätigkeit. Eine historische Untersuchung zum Verhältnis von Reformismus und Jugendarbeit. Köln
Leube, Konrad, 1977: Ausbildung für social work in den USA, in: Kreutz, Hendrik/Landwehr, Rainer (Hrsg.)
Liebel, Manfred/Lessing, Helmut, 1975: Jugend in der Klassengesellschaft. Marxistische Jugendforschung und antikapitalistische Jugendarbeit. München
Lüders, Christian, 1989: Der wissenschaftlich ausgebildete Praktiker. Entstehung und Auswirkung des Theorie-Praxis-Konzeptes des Diplomstudienganges Sozialpädagogik. Weinheim
Lüers, Ulf, 1979: Jugendarbeit im Zugriff von Verwaltung und Politik. Handlungsspielräume in der außerschulischen Jugendbildung am Beispiel der hessischen Jugendbürokratie. Frankfurt

Magnus, Ernst, 1953: Zur Ausbildung der deutschen Sozialarbeiter, Frankfurt/M.
Mayer-Kulenkampff, Lina, 1953: Zur augenblicklichen Lage der sozialen Ausbildung, in: Rundbrief der „Gilde Soziale Arbeit", 7. Jg. (Nummer 1)
Mennicke, Carl, 1927: Die staatliche Anerkennung männlicher Jugendpfleger, in: Zentralblatt für Jugendrecht und Jugendwohlfahrt, 19. Jg. (Nummer 3)
Mennicke, Carl, 1959: Die sozialpädagogische Aufgabe der heutigen Gesellschaft, in: Die Sammlung, 14 Jg. (Heft 1)
Mollenhauer, Klaus, 1987: Die Ursprünge der Sozialpädagogik in der industriellen Gesellschaft (Reprint). Weinheim
Mosolf, Anna, 1931: Schule und Jugendamt, in: Pädagogisches Zentralblatt, 11. Jg. (Heft 1)

Müller, Burkhard, 1989: Auf'm Land ist mehr los. Jugendpflege in Kleinstädten und ländlichen Gemeinden. Weinheim und München

Müller, Wolfgang C., 1988a: Wie Helfen zum Beruf wurde. Eine Methodengeschichte der Sozialarbeit 1883–1945 (Band 1). Weinheim und Basel

–, 1988b: Wie Helfen zum Beruf wurde. Eine Methodengeschichte der Sozialarbeit 1945–1985 (Band 2). Weinheim und Basel 1988

–, 1991: Jugendverbände und Jugendpflege, in: Böhnisch, Lothar/Gängler, Hans/ Rauschenbach, Thomas (Hrsg.), Handbuch Jugendverbände. Weinheim und München

Müller, C. Wolfgang/Kentler, Helmut/Mollenhauer, Klaus/Giesecke, Hermann, 1964: Was ist Jugendarbeit? Vier Versuche zu einer Theorie. München

Müller-Stackebrandt, Jutta, 1991: Jugendförderungspolitik, in: Böhnisch, Lothar/ Gängler, Hans/Rauschenbach, Thomas (Hrsg.), Handbuch Jugendverbände. Weinheim und München

Münchmeier, Richard, 1981: Zugänge zur Geschichte der Sozialarbeit. München

Münder, Johannes, 1987: 65 Jahre – und kein bißchen weiter?, in: Jordan, Erwin/ Münder, Johannes: 65 Jahre Reichsjugendwohlfahrtsgesetz – ein Gesetz auf dem Weg in den Ruhestand. Münster

Nachbauer, Kurt, 1959: Über den pädagogischen Gehalt der Jugendwohlfahrtspflege. Eine Untersuchung über die Entwicklung der Jugendwohlfahrtspflege im Bundesgebiet seit dem Jahr 1945. Freiburg

Naudascher, Brigitte, 1990: Freizeit in öffentlicher Hand. Behördliche Jugendpflege in Deutschland von 1900 -1980. Düsseldorf

Netzer, Hans, 1954: Die heutige Jugend und die ältere Generation, in: Bildung und Erziehung, 7. Jg. (Heft 6)

Nohl, Herman, 1927: Jugendwohlfahrt. Sozialpädagogische Beiträge. Leipzig

–, 1928: Die pädagogische Idee in der öffentlichen Jugendpflege, in: Zentralblatt für Jugendrecht und Jugendwohlfahrt, 20. Jg. (Nummer 1)

–, 1949: Pädagogik aus dreißig Jahren. Frankfurt

Oelkers, Jürgen, 1989: Reformpädagogik. Eine kritische Dogmengeschichte. Weinheim umd München

OMGUS-Nationalarchiv, Washington DC, Rg. 260, 5/294–1,16

Ott, Hanns, 1960: Stätten für die Freizeit und Bildung der Jugend, in: deutsche jugend, 8. Jg. (Heft 9)

Otto, Hans-Uwe/Sünker, Heinz, 1986: Soziale Arbeit und Faschismus. Volkspflege und Pädagogik im Nationalsozialismus. Bielefeld

Palm, Heinrich 1956: Wo steht die ländliche Jugendhilfe?, in: Zentralblatt für Jugendrecht und Jugendwohlfahrt, 43. Jg. (Heft 2)

Panter, Ulrich, 1965: Staat und Jugend, Weinheim

Pelle, Leo, 1952: Die Offene Tür, in: Zentralblatt für Jugendrecht und Jugendwohlfahrt, 39. Jg. (Heft 5)

Peukert, Detlef J.K., 1986: Grenzen der Sozialdisziplinierung. Aufstieg und Krise der deutschen Jugendfürsorge 1878 bis 1932. Köln

Pfaffenberger, Hans, 1955: Jahrbuch der Arbeiterwohlfahrt. Bonn

Ders., 1956: Entwicklungslinien der Sozialarbeit und der sozialen Ausbildung, in: Neues Beginnen, Jg. (Heft 9 und 10)

–, 1959: Aktuelle Probleme der Sozialen Ausbildung, in: Sozialpädagogik, Jg. (Heft 2)

–, 1964: Die Sozialarbeiterausbildung nach der Neuordnung und ihre Ausbil-
     dungsstätten, in: Recht der Jugend, 12. Jg. (Heft 13)
–, 1966: Sozialpädagogische und soziale Arbeit – Zur Evolution eines Arbeits-
     feldes und zur Reform der Ausbildung, in: deutsche jugend, 14. Jg. (Heft 3)
–, 1967: Zum Theorie- und Methodenproblem in der sozialen und sozialpädago-
     gischen Arbeit, in: Recht der Jugend, 15. Jg. (Heft 3)
–, 1960: Probleme der sozialen Berufsausbildung, in: Recht der Jugendend, 8. Jg.
     (2. Septemberherheft)
Philipps, Horst, 1931: Der Reichsverband der evangelischen Jungmännerbünde
     Deutschlands und verwandter Bestrebungen, in: Siemering, Hertha (Hrsg.),
     1931: Die Deutschen Jugendverbände. Ihre Ziele, ihre Organisationen sowie
     ihre neuere Entwicklung und Tätigkeit. Berlin
Projektgruppe (Hrsg.), 1988: „Was wir wollen, ist eine Lösung für die gesamte
     deutsche Jugend". Die Entstehung der offenen Jugendarbeit in Baden-Würt-
     temberg: 1945 bis 1955. Leinfelden

Radkau, Joachim, 1985: Die singende und die tote Jugend. Der Umgang mit Ju-
     gendmythen im italienischen und deutschen Faschismus, in: Koebner, Tho-
     mas/Janz, Rolf-Peter/Trommler, Frank ((Hg.), „Mit uns zieht die neue Zeit".
     Der Mythos Jugend. Frankfurt/M.
Rauschenbach, Thomas, 1991a: Soziale Berufe wieder im Aufwind? Sozialpädago-
     gische Arbeitsplätze in den 90er Jahren. Eine Bilanz für die Zukunft, in: sozial-
     magazin, 16. Jg. (Heft 12)
Ders., 1991b: Jugendarbeit in Ausbildung und Beruf, in: Böhnisch, Lothar/Gäng-
     ler, Hans/ders. (Hrsg.), Handbuch Jugendverbände. Weinheim und München
Rauschenbach, Thomas/Bendele, Uwe/Trede, Wolfgang, 1988: Mitarbeiter in der
     Jugendhilfe. Struktur und Wandel des Personals in sozialen Diensten, in: Ar-
     chiv für Wissenschaft und Praxis der sozialen Arbeit (3)
Redder, Ulrich, 1991: Planvolles Handeln in der Offenen Jugendarbeit, in: deut-
     sche jugend, 39. Jg. (Heft 6)
Reichel, Peter, 1991: „Der schöne Schein des Dritten Reiches". Faszination und Ge-
     walt des Faschismus. München
Remplein, Heinz, 1943: Stand und Ausrichtung der Psychologie in Deutschland,
     in: Die Scholle, 19. Jg. (Heft 4)
Report on German Youth. Second year of the occupation, 1947: Youth Activities
Reyer, Jürgen, 1991: Alte Eugenik und Wohlfahrtspflege. Freiburg
Richter, Kurt, 1932: Jugendführer(innen) und Jugendpfleger(innen) und ihre
     Aus- und Fortbildung (= Handbuch der Jugendpflege, Heft 7). Eberswalde-
     Berlin
Röhrs, Helmut, 1965: Die Jugendfrage – eine erzieherische Aufgabe. Frankfurt/M.
Rösch, Friedrich 1936: Zusammenarbeit zwischen Jugendamt und NSV, in: Zen-
     tralblatt für Jugendrecht und Jugendwohlfahrt, 27. Jg. (Nummer 13)
Rosenwald, Walter, 1958: Ein Jugendbildungswerk als Modelleinrichtung in der
     behördlichen Jugendpflege, in: Recht der Jugend, 6. Jg. (2. April-Heft)
–, 1959: Häuser der offenen Tür, in: Zentralblatt für Jugendrecht und Jugendwohl-
     fahrt, 46. Jg. (Heft 4)
–, 1966: Zur Ausbildung von Jugendpflegern an Höheren Fachschulen für Sozial-
     arbeit, in: Zentralblatt für Jugendrecht und Jugendwohlfahrt, 53. Jg. (Heft)
–, 1969: Das „Haus der offenen Tür" in der Krise, in: Recht der Jugend und des Bil-
     dungswesens, 17. Jg. (Heft 8)

Rosenwald, Walter/Theis, Bernd, 1984: Enttäuschung und Zuversicht. Zur Geschichte der Jugendarbeit in Hessen 1945–1950. München
Rössner, Lutz, 1965: Pädagogische Distanz in der offenen Jugendhilfe, in: deutsche jugend, 13. Jg. (Heft 2)
Ruckdäschel, Oskar, 1942: Hoheitsmacht in der Hand des jugendlichen HJ-Führers (Diss.). Würzburg
Sachße, Christoph, 1986: Mütterlichkeit als Beruf. Frankfurt
Sachße, Christoph/Tennstedt, Florian (Hg.), 1980: Geschichte der Armenfürsorge in Deutschland. Vom Spätmittelalter bis zum Ersten Weltkrieg. Stuttgart
Salomon, Alice, 1917: Soziale Frauenbildung und Berufsarbeit. Leipzig/Berlin
–, 1927: Die Ausbildung zum sozialen Beruf. Berlin
Sauter, Robert, 1989: Ehrenamtliche Mitarbeiter in der Jugendarbeit. Untersuchungen über Funktion und Bedeutung ehrenamtlicher Tätigkeit in den Jugendverbänden. München
Schellenberg, Ernst, 1930: Berufliche Fürsorge als ein Mittel der Sozialreaktion und die Aufgaben des proletarischen Wohlfahrtspflegers, in: Proletarische Sozialpolitik, 3. Jg. (Heft 8)
Schelsky, Helmut (wiss. Leitung – herausgegeben vom Deutschen Gewerkschaftsbund) 1952: Arbeitslosigkeit und Berufsnot der Jugend (2 Bände). Köln
Schelsky, Helmut, 1957: Die skeptische Generation. Eine Soziologie der deutschen Jugend. Stuttgart
Scherpner, Hans, 1957: Aufgabe des Sozialarbeiters in der heutigen Gesellschaft, in: Der Sozialarbeiter (Sonderheft)
Scheuner, Ellen, 1951: Die personelle Besetzung der Jugendämter, in: Zentralblatt für Jugendrecht und Jugendwohlfahrt, 38. Jg. (Heft 4)
–, 1956: Gegenwartsaufgaben der Jugendämter, in: Zentralblatt für Jugendrecht und Jugendwohlfahrt, 43. Jg. (Heft 2)
Schmidt-Waldherr, Hiltraut, 1987: Der Kampf um die neue Frau. Frankfurt/M.
Schmitt-Sasse, Joachim, 1985: „Der Führer ist immer der Jüngste". Nazi-Reden an die deutsche Jugend, in: Koebner, Thomas et al.
Schnabel, Reimund, 1938: Das Führerschulungswerk der Hitler-Jugend. Berlin
Schörken, Helene, 1949: Von den Aufgaben amtlicher Jugendpflege, in: Pädagogische Rundschau, 2. Jg. (Heft 5)
Schröder, Achim, 1991: Jugendgruppe und Kulturwandel. Die Bedeutung von Gruppenarbeit in der Adoleszenz. Frankfurt
Schulz, Wolfgang, 1965: Jugendpfleger und Lehrer (Zur Koordinierung zweier Berufe), 13. Jg. (Heft 12)
Schultz, Clemens, 1912: Die Halbstarken. Leipzig
Schultz, Jürgen, 1978: Die Akademie für Jugendführung der Hitlerjugend in Braunschweig. Braunschweig
Seubert, Rolf, 1989: „Jugend ist das Volk von morgen", in: Cogoy, Renate/Kluge, Irene/Meckler, Brigitte (Hg.), Erinnerung einer Profession. Erziehungsberatung, Jugendhilfe und Nationalsozialismus. Münster
Siegel, Elisabeth, 1949: Die geistigen und seelischen Voraussetzungen der Arbeit des Sozialtätigen, in: Die Sammlung, Jg. ?? (Heft ??)
Siemering, Hertha, 1929: Jugendpflegelehrgänge, in: Die Erziehung, 4. Jg. (Heft 8)
Siemering, Hertha (Hrsg.), 1931: Die Deutschen Jugendverbände. Ihre Ziele, ihre Organisation sowie ihre neuere Entwicklung und Tätigkeit. Berlin
Spranger, Eduard, 1924: Psychologie des Jugendalters. Leipzig
–, 1933: Wohlfahrtsethik und Opferethik in den Weltentscheidungen der Gegenwart, in: Die Erziehung, Jg. (März)

Stellrecht, Helmut, 1942: Neue Erziehung. Berlin
Stettner, Heinrich, 1966: Jugendpflege in der Bundesrepublik Deutschland. Versuch eines Überblicks. Neuwied

Tenbruck, Friedrich H., 1962: Jugend und Gesellschaft. Freiburg
Tenorth, Heinz-Elmar, 1989: Professionstheorie für die Pädagogik? in: Zeitschrift für Pädagogik, 35. Jg. (Heft 6)
Thole, Werner, 1991: Familie-Szene-Jugendhaus. Alltag und Subjektivität einer Jugendclique. Opladen
Thorun, Walter, 1965: Zur Neuordnung der sozialpädagogischen Ausbildung, in: Unsere Jugend (Heft 4)
Tumlirz, Otto, 1943: Abriß der Jugend- und Charakterkunde. Leipzig
von Friedeburg, Ludwig (Hrsg.), 1966: Jugend in der modernen Gesellschaft. Köln/Berlin
von Schirach, Baldur, 1936: Die Hitler-Jugend. Idee und Gestalt. Leipzig
–, 1939: Revolution der Erziehung. Reden aus den Jahren des Aufbaus. München

Voss, Wilhelm, 1934: Die lebensgesetzlichen Grundlagen des Nationalsozialismus. Frankfurt/M.

Wagner, Georg, 1931: Katholischer Jungmännerverband Deutschlands, in: Siemering, Hertha (Hrsg.) 1931: Die Deutschen Jugendverbände. Ihre Ziele, ihre Organisationen sowie ihre neuere Entwicklung und Tätigkeit. Berlin
Weber, Gottfried, 1962: Um die Welt zu erschließen (Von einem neuen Ansatz in der Ausbildung für die Jugendarbeit), in: deutsche jugend, 10. Jg. (Heft 7)
Wedekind, Kurt, 1971: Die Entstehung der Jugendpflege und ihre Ausgestaltung zu einem Bereich öffentlicher Erziehung. Köln
Weniger, Erich, 1930: Die persönlichen Voraussetzungen des Sozialarbeiters, in: Das Junge Deutschland, 24. Jg. (Heft 2)
–, 1952: Pädagogische Thesen zur Situation der Jugend, in: Die Sammlung, 7. Jg. (Heft 7)
–, 1990: Lehrerbildung, Sozialpädagogik, Militärpädagogik. Politik, Gesellschaft, Erziehung in der geisteswissenschaftlichen Pädagogik. Band 5 (ausgewählt und kommentiert von Helmut Gaßen). Weinheim und Basel
Wiegand, Karl, 1926: Die Ausbildung von Jugendführern und -führerinnen in den Jugendverbänden, in: Das junge Deutschland, 20. Jg. (Heft 4)
Winnicott, D.W., 1974: Reifungsprozesse und fördernde Umwelt. München
Wittrock, Christine, 1983: Weiblichkeitsmythen. Das Frauenbild im Faschismus und seine Vorläufer in der Frauenbewegung der 20er Jahre. Frankfurt
Wollasch, Horst, 1957: Die personelle Besetzung der Jugendämter als sozialpädagogische Aufgabe, in: Der Sozialarbeiter (Sonderheft)
Wuermeling, Franz-Josef, 1958: Fortentwicklung des Bundesjugendplans, in: Bulletin des Presse- und Informationsamtes
Wurzbacher, Gerhard, 1958: Leitbilder des gegenwärtigen Familienlebens. Stuttgart
–, 1965: Gesellungsformen der Jugend (Band 1). München
Wurzbacher, Gerhard/Jaide, Walter/Wald, Renate/von Recum, Hasso/Cremer, Marlies, 1958: Die Jungarbeiterin. Beiträge zur Sozialkunde und Jugendarbeit. München
Ziehe, Thomas, 1991: Zeitvergleiche. Jugend in kulturellen Modernisierungen. Weinheim und München

Aus dem Programm
Sozialwissenschaften

Rainer Zoll, Henri Bents, Heinz Brauer, Jutta Fieger, Enno Neumann und Mechthild Oechsle

„Nicht so wie unsere Eltern!"
Ein neues kulturelles Modell?
1989. 245 S. Kart.
ISBN 3-531-12049-2

Bei den Jugendlichen in der Bundesrepublik zeigen sich die Konturen eines neuen kulturellen Modells, das auch im übrigen Westeuropa, vor allem aber in den USA und in Kanada festzustellen ist. Es ist eine Absage an Selbstverleugnung, Leistung um ihrer selbst willen und an Rollenzwänge. Im Kern des neuen kulturellen Modells steht die Suche nach Selbstverwirklichung, die zum Gradmesser für alle menschlichen Aktivitäten, insbesondere aber die Lohnarbeit wird. Wichtige Medien dieser Suche sind die verbale Kommunikation und kreative Aktivitäten.

Harry Friebel (Hrsg.)

Berufliche Qualifikation und Persönlichkeitsentwicklung
Alltagserfahrungen Jugendlicher und sozialwissenschaftliche Deutung.
1985. 228 S. (Jugend zwischen Familie, Bildung, Beruf und Freizeit, Bd. 2) Kart.
ISBN 3-531-11622-3

Jugend im Prozeß beruflicher Ausbildung und persönlicher Entwicklung steht im Mittelpunkt dieses Bandes. Die lebensgeschichtliche Phase beruflicher Bildung Jugendlicher wird dokumentiert und interpretiert, indem Selbstdarstellungen und Alltagserfahrungen, sowie gesellschaftliche Zusammenhänge zwischen familiärer Herkunft, Ausbildung und Erwerbstätigkeit vorgestellt werden. Einem systematischen Überblick zur Ausbildungsplatzentwicklung in der Bundesrepublik folgen aktuelle Ergebnisse zur

beruflichen Qualifikation und persönlichen Entwicklung von Jugendlichen.

Harry Friebel (Hrsg.)

Von der Schule in den Beruf
Alltagserfahrungen Jugendlicher und sozialwissenschaftliche Deutung.
1983. 208 S. (Jugend zwischen Familie, Bildung/Beruf und Freizeit, Bd.1) Kart.
ISBN 3-531-11602-9

In diesem ersten Band des insgesamt dreibändigen Werkes über „Jugend zwischen Familie, Bildung/Beruf und Freizeit" wird für die Zeit des Übergangs von der Schule in den Beruf untersucht, in welcher Weise „Jugend" ein persönlicher Erfahrungsprozeß und ein gesellschaftliches Problem ist. Dabei werden Selbstdarstellungen und Alltagserfahrungen von Jugendlichen sowie die gesellschaftlichen Zusammenhänge wie die Verbindung zwischen familiärer Herkunft, Schulkarriere und Berufswahl dokumentiert und analysiert.

WESTDEUTSCHER
VERLAG
OPLADEN · WIESBADEN

Aus dem Programm Sozialwissenschaften

Peter Dudek
Erziehung durch Arbeit
Arbeitslagerbewegung und freiwilliger Arbeitsdienst 1920–1935.
1988. 308 S. Kart.
ISBN 3-531-11886-2

Arbeitsdienst hieß eine der Antworten auf die Frage nach der Organisierung der Arbeitslosigkeit in der Weimarer Republik. Die Studie rekonstruiert die Entstehung und den Verlauf der politisch wie pädagogisch motivierten Arbeitslagerbewegung und die Einführung des Arbeitsdienstes 1931. Die Zusammenfassung erwerbsloser Jugendlicher in Lagern galt sowohl der zeitgenössischen Pädagogik wie den politischen Parteien mit Ausnahme der Kommunisten als erzieherisch wertvolle Maßnahme, die der Erwachsenenbildung und Sozialpädagogik ein weites Betätigungsfeld eröffnete. In den Augen seiner Träger war er auch Ausdruck des Protestes gegen die politischen und sozialen Verhältnisse in der Endphase der Weimarer Republik, verbunden mit gesellschaftspolitischen Utopien, die im Dienstgedanken ein neues Prinzip der Arbeitsleistung sahen und deren soziale Träger sich als eine Bewegung verstanden.

versitäten in Forschung und Lehre. Der Band leistet einen Beitrag zur Jugendforschung wie zur Wissenschaftsgeschichte von Psychologie, Pädagogik, Soziologie und Psychoanalyse.

Helga und Horst Reimann (Hrsg.)
Die Jugend
Einführung in die interdisziplinäre Juventologie.
2., völlig neubearb. Aufl. 1987. 257 S. (WV studium, Bd. 133) Pb.
ISBN 3-531-22133-7

Dieses Lehrbuch vermittelt einen umfassenden Überblick über die Ergebnisse und den aktuellen Stand der sozialwissenschaftlichen Forschung zum Thema „Jugend in der Bundesrepublik".

Peter Dudek
Jugend als Objekt der Wissenschaften
Geschichte der Jugendforschung in Deutschland und Österreich 1890–1933.
1990. 440 S. Kart.
ISBN 3-531-12142-1

Das Buch untersucht auf breiter Materialbasis die Entstehung und Entwicklung der Jugendforschung innerhalb und außerhalb der Universitäten seit der Jahrhundertwende. Analysiert werden die wichtigsten Theorien und Theoretiker, die Etablierung des Jugenddiskurses in Fachzeitschriften, Vereinen, an den Uni-

WESTDEUTSCHER VERLAG
OPLADEN · WIESBADEN